中等职业教育"十三五"规划教材

中等职业教育经济管理类改革创新教材·物流专业

现代物流基础

王同科　主　编

杜洪丽　副主编

科学出版社

北　京

内 容 简 介

本书从中等职业教育物流服务与管理专业人才培养的基础性教学需要出发，采用模块化项目教学法，系统地介绍了现代物流中最核心的知识框架体系。本书共分 9 个项目，全面介绍了物流、运输、仓储、装卸搬运、包装、流通加工、配送、物流信息、客户服务等相关知识与技能。每个项目都设置了"项目概况""项目导入""知识导图"，每个任务都采用了"任务目标""任务导入""必备知识""任务实施""任务考评"等模块，每个项目后配备了相应的"模拟实训"任务，内容中间穿插"知识链接""想一想"等小栏目，全书内容丰富、图文并茂、深入浅出、易学易懂、案例突出，实践操作性强，较好地做到了在学中做，做中学，学做结合。

本书既可作为中等职业学校现代物流服务与管理、电子商务、国际商务等经贸类相关专业的教材，也可作为广大物流岗位从业人员的参考书籍。

图书在版编目(CIP)数据

现代物流基础 / 王同科主编. —北京：科学出版社，2019.12

（中等职业教育"十三五"规划教材·中等职业教育经济管理类改革创新教材·物流专业）

ISBN 978-7-03-063675-1

Ⅰ. ①现… Ⅱ. ①王… Ⅲ. ①物流—中等专业学校—教材 Ⅳ. ①F252

中国版本图书馆 CIP 数据核字（2019）第 280426 号

责任编辑：贾家琛 李 娜 / 责任校对：赵丽杰
责任印制：吕春珉 / 封面设计：东方人华平面设计部

科学出版社 出版
北京东黄城根北街 16 号
邮政编码：100717
http://www.sciencep.com
北京鑫丰华彩印有限公司 印刷
科学出版社发行 各地新华书店经销
*
2019 年 12 月第 一 版 开本：787×1092 1/16
2019 年 12 月第一次印刷 印张：17 1/4
字数：409 000

定价：43.00 元
（如有印装质量问题，我社负责调换〈鑫丰华〉）
销售部电话 010-62136230 编辑部电话 010-62135397-2041

中等职业教育经济管理类改革创新教材·物流专业

编写委员会

顾问　张志增

主任　郑学平

委员　（按姓氏拼音排序）

董双双　邝凤婵　李俊梅　刘　锐　刘沫行

邵　新　石新立　苏国锦　孙明贺　王淑荣

王同科　王维民　谢　璐　杨　敏　张圣起

张秀生　张毅力　张志磊　左立新

前　言

为了满足中等职业学校物流专业教育教学的需求，编者根据教育部《中等职业学校物流专业紧缺人才培养计划方案》《中等职业学校物流服务与管理专业教学标准》《职业学校学生实习管理规定》和教育部关于中等职业学校学生实践性教学的要求，结合目前中等职业学校学生的学习认知规律，综合多年工作经验及物流教学教研经验精心编写了本书。

本书的编写原则是打破传统教学体系，充分利用信息技术进入物流教学课堂，借助微课堂等现代教学技术，让先进的教学手段服务教学，并从企业实际出发，以工作任务为引领，以岗位为导向，既适合学生理论的学习，又适合其实践技能的提升。书中主要围绕现代物流活动进行内容和结构的布局，形成完整的供应链，为用户提供多功能、一体化的综合性服务。

本书内容主要具有如下特点。

1. 实践操作实用性

本书由中等职业学校资深骨干教师编写，根据授课经验及项目、任务活动效果制定理论和实践内容，具有较强的可操作性和实用性。全书紧密围绕物流企业实际岗位工作展开，实现零距离学习，帮助学生学习实践后即可上岗。

2. 信息运用灵活性

本书引入信息化教学手段，将"互联网+课堂"等多种信息化教学手段融入课堂，由被动管理学生的手机，变为鼓励学生利用手机进行学习，将智能手机的功能充分挖掘开发，可帮助教师生动教学、学生快乐学习。信息资源共享，既能够丰富授课教师的教学资源，让课堂更生动有趣，也能大大提高学生对学习的兴趣和专注度。

3. 职业素养规范性

培养中等职业学校学生的职业素养十分必要，本书将企业岗位需求与教学内容相融合，注重在学习过程中学生职业素养的提升，传递科学的教学理念，帮助学生提高学习能力、技能水平、社会能力，进而提高学习效果。

4. 校企对接目标性

本书紧密围绕京津冀经济圈企业实际需求，雄安新区物流发展新形势，与企业开展不同程度的校企合作与对接。案例、模拟教学环境、实践实训资料均来自相关企业的实际情况，实现校企合作人才培养目标。

本课程建议教学总学时 72 个，其中理论学时 48 个，认知实习 18 个，跟岗实习 2 个，顶岗实习 4 个。具体可参见下表执行。

项目	任务	学时分配	备注
项目一　认知物流	任务一　初识物流	2	
	任务二　认知物流行业与物流系统	1	
	任务三　认知物流的主要作用	1	
	任务四　熟悉物流从业人员的任职资格条件和职业素养	2	
	认知实习	2	参观访问
项目二　认知运输	任务一　初识运输	2	
	任务二　运输的主要方式	1	
	任务三　集装箱运输	1	
	任务四　合理运输设计	2	
	认知实习	2	参观访问
项目三　认知仓储	任务一　初识仓储	2	
	任务二　仓库的规划与布局设计	1	
	任务三　仓储作业管理	1	
	认知实习	2	参观访问
项目四　认知装卸搬运	任务一　初识装卸搬运	2	
	任务二　装卸搬运的分类和设备	1	
	任务三　装卸搬运的方法	1	
	任务四　装卸搬运的合理化	2	
	认知实习	2	参观访问
项目五　认知包装	任务一　初识包装	2	
	任务二　主要的包装技术和设备	1	
	任务三　包装分类及其合理化措施	2	
	任务四　包装管理创新	1	
	认知实习	2	参观访问
项目六　认知流通加工	任务一　初识流通加工	2	
	任务二　典型的流通加工技术	1	
	任务三　流通加工合理化	1	
	任务四　流通加工的管理	2	
	认知实习	2	参观访问
项目七　认知配送	任务一　初识配送	2	
	任务二　配送功能、作用和特点	1	
	任务三　配送要素和模式	1	
	任务四　配送管理	1	
	认知实习	2	参观访问

续表

项目	任务	学时分配	备注
项目八　认知物流信息	任务一　初识物流信息	1	
	任务二　物流信息的特点和作用	1	
	任务三　物流信息技术	2	
	任务四　物流信息处理	1	
	认知实习	2	参观访问
项目九　认知客户服务	任务一　初识客户服务	1	
	任务二　客户服务技术	2	
	任务三　物流客户关系维护	1	
	认知实习	2	参观访问
跟岗实习	在企业实习指导教师带领下进行	2	指导工作
顶岗实习	让学生真正体验物流工作岗位	4	体验工作
总学时		72	

　　本书由邯郸市第一财经学校王同科任主编，保定职教中心杜洪丽任副主编。具体分工如下：王同科编写项目一、六、九，邯郸市第一财经学校史烈英编写项目二，杜洪丽编写项目三、四，河北经济管理学校谢璐老师编写项目五，邢台现代职业学校刘兴录老师编写项目七、八。王同科对本书进行审核、修改并统稿，河北万合物流股份有限公司宋国明对本书编写提供了许多有益的经验和做法。在此，向所有支持和关心本书编写的领导和同仁表示最衷心的感谢。

　　本书是中等职业学校物流专业课程设置改革的探讨教材，书中难免存在不成熟和有待完善的地方，敬请各位专家、同仁批评指正。

目　　录

项目一
认 知 物 流

项目概况

物流学是社会科学和自然科学的交叉学科，又是管理科学和工程技术的交叉学科。物流学科从一开始就是为了解决物流社会经济活动中的矛盾——流通成本上升而出现的。认知物流的目的是在保证服务质量的前提下，有效地管理控制从供应商到消费者的物流活动要素全过程，使其消耗的总费用最少，以期实现利润最大化。

项目导入

我国物流业发展概况

20世纪70年代末，物流活动开始从国外引进过来，人们对物流的认知、熟悉和接受程度不断深入，一个新型的行业物流业诞生，并成为当代世界极具发展潜力和影响力的产业之一。它以物的动态流转过程为认识主体，不断融合物流活动各要素的内在联系，形成运输、仓储、包装、装卸搬运、流通加工、配送、物流信息、客户服务等方面活动的供应链条，实现了物流活动发展的空间效益和时间效益。

物流学是在物流业发展过程中涌现出来的一门综合性交叉学科，它以探索研究物流业的发展为目的，在保证物流服务质量的前提下，有效地管理控制从供应商到消费者的物流活动全过程，研究如何使其消耗的总成本费用最少，以期实现利润最大化。现代物流学科可以说是社会科学、经济科学、自然科学、管理科学和工程技术科学等多元化的交叉学科，是我国社会经济发展的新型的发展学科。

随着世界经济的快速发展和现代科学技术的进步，社会经济专业化分工进一步深化，在美国、欧洲、日本等一些发达国家和地区开始了一场对物流各活动功能要素进行整合的"物流革命"。现代物流业已经成为国民经济的一个重要服务部门，正在全球范围内迅速发展，逐渐呈现出新的发展趋势：物流手段电子商务化、物流产业内容绿色化、物流经济常态规模化、第三方物流服务化、物流空间国际化和物流技术标准化等。物流活动已经成为现代社会人们日常生活中不可或缺的重要组成部分。

知识导图

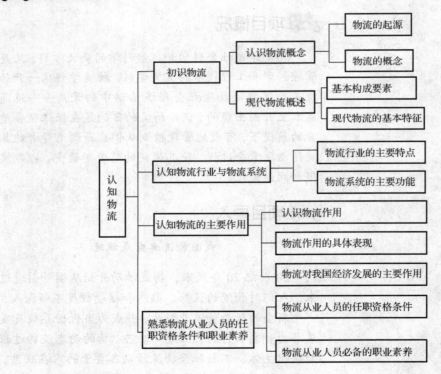

任务一　初 识 物 流

任务目标

教学知识目标
1．认识物流的起源、产生和发展过程。
2．了解物流在社会经济中的发展状态。
3．熟悉物流在现实生活中的具体表现。

岗位技能目标
1．学会分析并应用物流概念。
2．掌握物流的基本活动要素。
3．形成对现代物流的整体概念。

任务导入

沃尔玛公司超市物流

　　沃尔玛公司成立于 1962 年，是一家世界性连锁企业，主要涉足零售业，以营业额计算为全球最大的公司，其创始人是美国零售业传奇人物山姆·沃尔顿先生，其控股人为沃尔顿家族，总部位于美国阿肯色州的本顿维尔。沃尔玛公司是世界上雇员最多的企业，截至 2017 年，已连续四年在美国《财富》杂志全球 500 强企业中居首，公司有 8500 多家门店，分布于全球 15 个国家，员工总数 220 多万人。沃尔玛公司主要有沃尔玛购物广场、山姆会员商店、沃尔玛商店、沃尔玛社区店等四种营业形式。沃尔玛公司中文标志如图 1-1 所示。

图 1-1　沃尔玛公司中文标志

　　沃尔玛公司于 1996 年进入中国，在深圳开设了第一家沃尔玛购物广场和山姆会员商店。有数据表明，截至 2018 年 1 月底，全球每周光临沃尔玛的顾客超过 2.7 亿人次。沃尔玛的营业场所醒目地写着经营信条："第一条，顾客永远是对的；第二条，如有疑问，请参照第一条。"在产品和价格决策上，沃尔玛以低价销售全国性知名品牌，从而赢得了顾客的青睐。

◆ 问题

1. 你认识沃尔玛公司的中文标志吗？你是否认可公司的服务理念？为什么？
2. 沃尔玛超市物流与当地其他超市物流相比，在经营服务上有什么差异性？

◆ 分析

　　沃尔玛公司首先提出"帮顾客节省每一分钱"的宗旨，实现了价格最便宜的承诺。其次，沃尔玛公司一贯坚持服务顾客、尊重个人、追求卓越、诚信行事四项基本信仰，向顾客提供超一流服务的新体验。走进沃尔玛，顾客便可以亲身感受到周到的服务。再次，沃尔玛公司推行"一站式"购物新概念。顾客可以在最短的时间内购齐所有需要的商品，正是这种快捷便利的购物方式吸引了现代消费者。

必备知识

一、认识物流概念

（一）物流的起源

1. 市场营销的推动

　　物流（physical distribution，PD）一词最早出现于美国，由阿奇·萧于 1915 年提出，是指销售过程中的物流，这是最早的物流概念，其实质是"分销物流"。

　　1935 年，美国销售协会对实体配送进行了定义：实体配送是包含在销售之中的物质资料和服务从生产地点到消费地点的流动过程中伴随的种种经济活动。

　　20 世纪五六十年代，日本开始引进美国的物流概念，将其译为"物的流通"。日本的物流之父——平原直最早用"物流"这一简洁的表达方式代替"物的流通"，随后被广泛应用。

　　物流不仅包括分销物流，而且包括购进物流、生产（制造）物流、回收物流、废弃物物流和再生物流等。

> **想一想**
>
> 你知道我国历史上最早的物流吗？请上网查询、了解相关资料。

2. 军事后勤的贡献

1905 年美国少校琼斯·贝克认为"那个与军备的移动和供应相关的战争艺术的分支就叫物流（logistics，国内也翻译为'后勤'）"。

1963 年美国韦勃斯特大词典把后勤定义为"军事装备物资、设施与人员的获取、供给和运输"。

1970 年，美国空军在一份技术报告中对后勤学进行了定义：后勤学即"计划和从事部队的输送、补给和维修的科学"。

知识链接

军 事 物 流

军事物流是指国家之间为了达成一定的政治、经济目的，通过对军事物资进行跨区域采集、加工、包装、仓储、运输、供应等一系列环节，最终到达部队而被消耗使用，实现其空间转移的全过程。

第二次世界大战后，"后勤"一词在企业中得到广泛应用，并出现了商业后勤、流通后勤的提法，使后勤的外延推广到生产和流通等领域。经过长时间演变之后，后勤的范围已经远远超出了最开始的范畴，其内涵更为丰富。

3. 对外开放政策的推动

20 世纪 70 年代末，我国正式确立对外开放的基本国策，把"引进来"和"走出去"更好地结合起来，形成经济全球化条件下参与国际经济合作和竞争的新格局。

中国物流行业起步较晚，随着国民经济的飞速发展，中国物流行业保持较快增长速度，物流体系不断完善，行业运行日益成熟和规范。我国在引进物流概念的过程中，为了将 physical distribution 与 logistics 区分开来，也常常将前者称为"传统物流"，而将后者称为"现代物流"。

（二）物流的概念

1. 物流的社会定位

国家标准《物流术语》对物流的定义进行了新的社会定位，认为物流是个传统行业，但随着经济的迅速发展，高新技术的不断涌现，它已被赋予更新、更深的内涵和全新的概念，从而物流业进入一个蓬勃发展的创新社会阶段。

2. 物流的概念

物流（logistics）是指物品从供应地向接收地的实体流动过程。根据实际需要，将运输、仓储、装卸搬运、包装、流通加工、配送、物流信息等基本功能实施有机结合。

总的来说，物流是包括运输、仓储、装卸搬运、包装、流通加工、配送和物流信息、客户服务等基本功能的活动，它是由供应地流向接收地以满足社会需求的活动，是一种新常态的经济活动。

要准确理解物流的定义，必须把握以下几点。

（1）物流是由"物"和"流"两个基本要素组成的。

（2）物流并不是"物"和"流"的简单组合，而是特指物质资料从供给者到需求者之间的物理性运动。其主要目的是创造时间价值和场所价值，有时也是为了创造一定的加工价值。

（3）物流是物品由供应地向接收地的流动，是一种满足社会需求的经济活动。不属于经济活动的物质实体流动，不属于物流的范畴。

（4）物流具有普遍性。

（5）物流的活动包括运输、仓储、装卸搬运、包装、流通加工、配送、物流信息、客户服务等要素。

二、现代物流概述

（一）基本构成要素

现代物流指的是将信息、采购、运输、仓储、保管、装卸搬运以及包装等物流活动综合起来的一种新型的集成式管理，其任务是尽可能降低物流的总成本，为顾客提供最好的服务。

1. 现代物流的灵魂在于系统性开发与应用

现代物流就是把过去运输、仓储、装卸搬运、包装、流通加工、配送等一些分散的活动要素，归纳成一个系统，由所需位移的物资、运输工具、装卸搬运机械、仓储设施、包装加工设备、人员和通信等若干相互制约的动态要素，构成具有特定功能的有机整体，并用系统的观念、系统工程的一些基本方法和技术，实现各种物流环节的合理衔接，各种物流资源的有效配置和最佳整合，满足物流空间和时间的需要，取得最佳经济效益。

2. 现代物流的关键在于有品质的管理

现代物流是一个集运输、仓储、装卸搬运、包装、流通加工、配送、物流信息、客户服务等多功能为一体的系统行业，要实现其一体化的运作与经营，关键在于有品质的管理。就是要运用现代管理理论、方法与技术，把各种物流资源有效地配置和整合在一起。

3. 现代物流的发展在于体制的创新

现代物流是一个涉及面较广的新兴行业，也是一个综合的、系统的新生事物，要有效地对现代物流进行统一管理和宏观监控，体制的创新至关重要。

4. 现代物流的水平在于技术的不断进步

现代物流的发展目标是以最快捷的方式、最恰当的成本、最有效的物流运作方式，为社会提供最优质的服务。如互联网（Internet）、地理信息系统（geographic information system，GIS）、全球卫星定位系统（global positioning system，GPS）、条码（bar/code）、射频技术（radio frequency，RF）等，这些技术极大地推动和促进了现代物流的发展，也使我国物流业开始向更高水平迈进。

5. 现代物流的效率在于信息价值的整合

信息网络是构成现代物流体系的重要组成部分，也是提高现代物流服务效率的重要基础保障，没有现代信息网络作为依托，现代物流就难以实现，物流效率就无从谈起。

（二）现代物流的基本特征

1. 反应快速化

物流服务提供者对上下游的物流配送需求的反应速度越来越快，前置时间越来越短，配送间隔越来越短，物流配送速度越来越快，商品周转次数也越来越多。

 想一想

你能说明一下生活中的现代物流有什么特点吗？

2. 功能集成化

现代物流着重于将物流与供应链的其他环节进行集成，包括物流渠道与商流渠道的集成、物流渠道之间的集成、物流功能的集成、物流环节与制造环节的集成等。

3. 组织网络化

为了保证提供快速、全方位的物流支持，现代物流需要有完善、健全的物流网络体系，网络上点与点之间的物流活动保持系统性、一致性，这样可以保证整个物流网络有最优的库存总水平及库存分布，运输与配送快速、机动，既能铺开又能收拢，形成快速灵活的供应渠道。

4. 经营市场化

现代物流的具体经营采用市场机制，无论是企业自己组织物流，还是委托社会化物流企业承担物流任务，都以"服务-成本"的最佳配合为总目标，谁能提供最佳的"服务-成本"组合，就找谁服务。

5. 信息电子化

由于计算机信息技术的应用，现代物流过程的可见性（visibility）明显增加，物流过程中库存积压、延期交货、送货不及时、库存与运输不可控等风险大大降低，从而可以加强供应商、物流商、批发商、零售商在组织物流过程中的协调和配合以及对物流过程的控制。

6. 成本最小化

现代物流管理追求的是物流系统的最优化，它要求实现物流总成本最小化，这是物流合理化的重要标志。

7. 服务社会化

在现代经济时代，由于经济的快速发展和先进科学技术的应用，社会分工进一步细化，许多生产企业和流通企业为了发挥竞争优势、提高经济效益，把物流服务从企业内部转移出来，寻求社会化服务，促进了物流业网络平台的发展。

知识链接

物流人才的素质结构——青睐复合型人才

现代物流业是一个兼有知识密集和技术密集、资本密集和劳动密集特点的外向型和增值型的服务行业，其涉及领域十分广阔，在物流运作链上，商流、信息流、资金流贯穿其中，物流管理和营运工作需要各种知识和技术水平的劳动者。由于物流具有系统性和一体化，以及跨行业、跨部门、跨地域运作的特点，同时企业面临降低成本的压力而增加对岗位多面手的需求，因此具有较为广博的知识面和具备较高综合素质的复合型人才日益受到物流企业的青睐。

任务实施

在学习认识物流概念和现代物流理论知识基础上，任课教师可借助互联网搜集关于物流产生、发展历程等视频，借助多媒体设备播放，一边讲授内容，一边让学生观看视频资料，实现寓教于乐。

交流讨论

你接触过物流现象吗？结合自己的生活谈一下认识与感想。

任务考评

知识巩固

（一）单项选择题

1. 物流的概念最早是由（　　）提出来的。
　　A. 日本　　　　　B. 美国　　　　C. 德国　　　　　D. 新西兰
2. 要实现现代物流一体化的运作与经营，关键在于（　　）。
　　A. 利润最大化　　　　　　　B. 市场占有率最高
　　C. 有品质的管理　　　　　　D. 促销
3. 物流的本质就是（　　）。
　　A. 营销　　　　　B. 快递　　　　C. 销售　　　　　D. 服务
4. 现代物流的最主要任务是（　　）。
　　A. 提供有价值的信息　　　　B. 满足客户的需求
　　C. 以最低的成本提供最好的服务　　D. 创造更多的社会财富
5. 最早的物流内涵是指（　　）。
　　A. 市场营销　　　B. 公共关系　　　C. 分销物流　　　D. 促进销售

（二）多项选择题

1. 下列属于物流活动要素的有（　　）。
　　A. 运输　　　　　B. 仓储　　　　C. 装卸搬运　　　D. 流通加工
2. 下列关于物流定义的理解，正确的有（　　）。
　　A. 物流是由"物"和"流"两个基本要素组成的
　　B. 物流特指物质资料从供给者到需求者之间的所有运动
　　C. 物流是物品由供应地流向接收地的经济活动
　　D. 物流活动的本质就是服务

3. 现代物流的基本特征有（　　　）。

    A. 反应快速化　　　B. 组织网络化　　　C. 经营市场化　　　D. 服务社会化

4. 下列关于现代物流的表述，正确的有（　　　）。

    A. 现代物流的效率在于信息价值的整合

    B. 现代物流的水平在于技术的不断进步

    C. 现代物流的灵魂在于系统性开发与应用

    D. 现代物流的关键在于有品质的管理

5. 关于物流的认识，正确的有（　　　）。

    A. 物流是以经营者为中心，把商品卖给消费者的过程

    B. 社会经济的发展促进了现代物流的产生

    C. 对外开放的基本国策是我国物流发展的主要动因

    D. 只要是物品的流动都是物流的组成部分

（三）简答题

1. 现代物流的基本特征是什么？

2. 如何正确理解物流的本质？

3. 列举 3 个以上生活中的物流现象。

技能提高

为更好地适应未来物流服务的社会能力和水平，结合到物流企业参观学习和自己的实际情况，谈谈你为什么选择物流行业。

任务二　认知物流行业与物流系统

任务目标

教学知识目标

1. 认识物流行业的内涵。

2. 了解物流行业发展的主要特点。

3. 熟悉物流系统的主要功能表现。

岗位技能目标

1. 学会分析物流行业的主要特点。

2. 掌握物流系统的主要功能。

任务导入

传统的交通运输物流

随着物流业在我国社会经济运行中作用的不断显现，各个领域都在规划自己在物流方面的发展方向，并逐步形成具有本领域特点的物流体系。传统的交通运输业成为现代物流行业发展的重要力量，但交通运输业物流系统之间缺乏沟通和协调，因此很难使之系统化，一体化就更为遥远了。以铁路和公路两种主要的运输方式而言，在各自规划的节点中，大部分是"分立"的，也就是说，有铁路和铁路站点的地方没有规划相应的公路及公路站点，有公路及公路站点的地方没有规划铁路及铁路站点。只有少数地区同时具备了铁路、公路及其站点的条件，但是也没有将两者进行"一体化"的规划，仍然是你干你的，我干我的。

◆ 问题

1. 分析传统的交通运输物流存在的弊病及其产生的后果。
2. 请提出解决这些问题的可行性方案。

◆ 分析

当今世界，交通运输方式正朝着高速化、大型化、系统化和专业化的方向发展。各种运输方式各有优势，同时也受到一定条件的限制，因此要充分发挥各种运输方式的优势，取长补短，本着"多快好省"的原则，根据运输对象的特点和运输要求，选择合理的路线和运输工具，才能实现传统交通运输向现代物流整体系统的转变。

必备知识

一、物流行业的主要特点

（一）物流行业的定义

物流行业是指国民经济中的运输、仓储、装卸搬运、包装、流通加工、配送、信息处理及客户服务等基本产业活动要素的功能有机结合体。

> **想一想**
>
> 你知道第一、二利润源是什么吗？请大家利用手机搜索一下。

物流行业被业界称为"第三利润源"，被媒体称为21 世纪最大的行业，被老百姓称为"金饭碗"。2009年 2 月 25 日，物流行业成为国务院常务会议审议并原则通过十大产业振兴规划中的第十个产业。

（二）物流行业的特点

1. 物流行业是复合型产业

物流行业是指物流资源的产业化而形成的一种复合型或聚合型产业，物流资源有运输、仓储、装卸搬运、包装、流通加工、配送、信息处理和客户服务等，其中运输又包括铁路、公路、水运、航空和管道运输等。

2. 物流行业是生产性服务业

生产性服务业是指为第一、二、三产业的实物生产和服务生产提供服务的产业。作为今天的物流公司，如何判断趋势，顺应发展。目前看来，至少有 3 个方面会成为我国物流行业整合的重要驱动力。一是电子商务平台的发展，二是联盟或平台模式的发展，三是资本和人才的推动。

3. 物流行业是标准化服务业

物流标准化是对所有的物流企业和组织，或特定产品的供应链各环节都采用一个标准，并应用于物流行业的运作和管理。具体来说，现代物流标准化应当包括技术标准化和管理标准化两大类。

（1）技术标准化涉及信息软件系统、包装、仓储、机械装备、运输工具、周转工具等统一。

（2）管理标准化包括统一的物流术语、物流作业流程标准、物流费用核算标准、物流中心管理规范、物流统计标准、安全管理规范等。

现代物流标准化是集科学化、规范化、信息化于一体的综合性标准体系。除了技术标准化和管理标准化以外，物流服务标准化也不可忽视。

4. 物流行业电子化快速兴起

基于网络的电子商务的迅速发展促使了电子物流的兴起。消费者可以直接在网上获取有关产品或服务信息，实现网上购物。这种网上的"直通方式"使企业能迅速、准确、全面地了解需求信息，实现基于顾客订货的生产模式和物流服务。

5. 物流活动规模越来越大

（1）物流园区的建设。物流园区是多种物流设施和不同类型的物流企业在空间上集中布局的场所，是具有一定规模和综合服务功能的物流集散点。物流园区的建设，有利于实现物流企业的专业化和规模化，发挥它们的整体优势和互补优势。

（2）物流企业的兼并与合作。随着国际贸易的发展，美国和欧洲国家的一些大型物流企业跨越国境，展开连横合纵式的并购，大力拓展国际物流市场，以争取更大的市场份额。除此之外，另一种集约化方式是物流企业之间的合作与建立战略联盟。

6. 物流服务的优质化日趋提高

随着消费多样化、生产柔性化、流通高效化时代的到来，社会和客户对物流服务的要求越来越高，物流服务的优质化是今后物流发展的重要趋势。

知识链接

5R 的服务

把好的产品（the right product），在规定的时间（at the right time），在规定的地点（in the right place），以适当的数量（in the right quantity），以合适的价格（at the right price）提供给客户，将成为物流企业优质服务的共同标准。

7. 第三方物流的快速发展

第三方物流是指在物流渠道中由中间商提供的服务，中间商以合同的形式在一定期限内，提供企业所需的全部或部分物流服务。第三方物流提供者是一个为外部客户管理、控制和提供物流服务作业的公司，它并不在供应链中占有一席之地，仅是第三方，但通过提供一整套物流活动来服务于供应链。

8. 绿色物流是发展的重要方向

（1）对物流系统污染进行控制，即在物流系统和物流活动的规划与决策中尽量采用对环境污染小的方案，如采用排污量小的货车车型，近距离配送，夜间运货（减少交通阻塞，节省燃料和减少排放）等。

（2）建立工业和生活废料处理的物流系统。不断采用新的科学技术改造物流装备和提高管理水平。目前已经形成了以系统技术为核心，以信息技术、运输技术、配送技术、装卸搬运技术、自动化仓储技术、库存控制技术、包装技术等专业技术为支撑的现代化物流装备技术格局。

二、物流系统的主要功能

（一）物流系统的概念及特点

1. 物流系统的概念

物流系统是指在一定的时间和空间里，由所需输送的物料和包括有关设备、输送工具、仓储设备、人员以及通信联系等若干相互制约的动态要素构成的具有特定功能的有机整体。物流系统是由两个或两个以上的物流功能单元构成，以完成物流服务为目的的有机集合体。

物流系统的"输入"就是采购、运输、仓储、装卸搬运、包装、流通加工、配送、物流信息、客户服务等环节的劳务、设备、材料、资源等，由外部环境向系统提供的过程。

物流系统的主要目标在于追求时间和空间的效益。

2. 物流系统的特点

（1）物流系统是由物流各要素所组成的，物流各要素之间是存在有机联系的综合体。

（2）物流系统主要受内部环境以及外部环境的要素影响。物流系统整体构成十分复杂，其外部存在过多的不确定因素，其内部存在着相互依赖的物流功能因素。

（3）物流系统的成功要素是可以使物流系统整体优化以及合理化，并且服从或改善社会大系统的环境。

（二）物流系统的主要功能

物流系统的主要功能体现在以下 8 个方面。

1. 运输功能

运输是物流的核心业务之一，选择何种运输手段对于物流效率具有十分重要的意义。在决定运输手段时，必须权衡运输系统要求的运输服务和运输成本，可以以运输工具的服务特性作为判断的基准：运费、运输时间、频度、运输能力、货物的安全性、时间的准确性、适用性、伸缩性、网络性和信息化等。

2. 仓储功能

随着经济的发展，物流由少品种、大批量物流进入多品种、小批量或多批次、小批次物流时代，仓储功能从重视保管效率逐渐转变为重视如何才能顺利地进行发货和配送作业。流通仓库作为物流仓储的服务据点，在流通作业中发挥着重要的作用，它将不再以储存保管为其主要目的。

3. 包装功能

为使物流过程中的货物完好地运送到用户手中，并满足用户和服务对象的要求，需要对大多数商品进行不同方式、不同程度的包装。工业包装的作用是按单位分开产品，便于运输，并保护在途货物。商品包装的目的是便于销售。

4. 装卸搬运功能

装卸搬运是随运输和仓储而产生的必要的物流活动，是对运输、仓储、包装、流通加工等物流活动进行衔接的中间环节，以及在仓储等活动中为进行检验、维护、保养所进行的装卸活动，如货物的装上卸下、移送、拣选、分类等。

5. 流通加工功能

流通加工是在物品从生产领域向消费领域流动的过程中，为了促进产品销售、维护产品质量和实现物流效率化，对物品进行加工处理，使物品发生物理或化学性变化的功能。这种在流通过程中对商品进一步的辅助性加工，可以弥补企业、物资部门、商业部门生产过程中加工程度的不足，更有效地满足用户的需求，更好地衔接生产和需求环节，使流通过程更加合理化，是物流活动中的一项重要增值服务，也是现代物流发展的一个重要趋势。

想一想

你认为现代物流系统的服务功能如何？试举例说明。

6. 配送功能

配送是物流中的一种特殊的、综合的活动形式，是商流与物流的紧密结合。一般的配送集装卸、包装、仓储、运输于一身，通过这一系列活动完成将货物送达的目的。特殊的配送则还要以加工活动为支撑，所以其涉及面更广。

配送的主体活动与一般物流却有不同，一般物流的主体活动是运输及仓储，而配送的主体活动则是运输及分拣配货，分拣配货是配送的独特要求，也是配送中有特点的活动，以送货为目的的运输则是最后实现配送的主要手段，从这一主要手段出发，常常将配送简单地看成是运输中的一种。

7. 信息处理功能

信息处理的主要作用表现为缩短从接受订单到发出货物的时间；库存商品适量化；

提高装卸搬运作业效率；提高运输效率；提高订单处理的精度；防止发货和配送出现差错；调整需求和供给；提供信息咨询等。

8. 客户服务功能

客户服务是工商业作为竞争优势的增值工具。任何能提高客户满意度的内容都属于客户服务的范围。企业的根本目标是盈利，越来越多的企业认为，企业真正的盈利模式应该是不断地去为客户创造价值，所以全世界优秀的企业都宣传自己是服务型企业，服务的浪潮在 21 世纪再一次在全世界兴起，企业的竞争越来越多地进入服务领域。

知 识 链 接

我国物流业的现状

我国第三方物流业将朝着信息化、自动化、网络化的方向发展，它要求物流工作人员掌握计算机知识、网络知识、自动化技术，掌握物流优化管理的理论与方法。但目前我国物流企业工作人员的业务素质较低，难以达到第三方物流概念的要求，提供综合物流业务。第三方物流不但对物流企业自身管理的能力有很高的要求，还要求企业具备在复杂情况下（兼顾多方需求）管理和协调的能力。而我国的很多企业还停留在经验管理、粗放管理的阶段，未能解决好先进管理思想、管理方法、管理技术的实际应用问题；另外，技术、设备等条件的落后也致使管理水平难以提升。

任务实施

在集中学习认识物流行业概念和物流系统功能的基础上，任课教师可借助互联网，组织学生利用手机搜索物流行业、物流系统的图片及视频资料，通过多媒体设备或网络平台播放，调动学生主动学习的热情，达到物流信息资源共享。

交流讨论

你的学习生活与物流行业有关系吗？结合自己的实际情况谈一下认识与感想。

任务考评

知识巩固

（一）单项选择题

1. 物流行业被业界称为（　　）。

　　A. "第一利润源"　B. "第二利润源"　C. "第三利润源"　D. "第三方物流"

2. 物流服务的（　　）是今后物流发展的重要趋势。

　　A. 优质化　　　　B. 标准化　　　　C. 信息化　　　　D. 电子化

3. （　　）是指在物流渠道中由中间商提供的服务。

　　A. 电商物流　　　B. 快递物流　　　C. 销售物流　　　D. 第三方物流

4. 客户服务是工商业作为竞争优势的（　　）。

　　A. 增值工具　　　B. 创新工具　　　C. 单一工具　　　D. 综合工具

5. 基于网络的电子商务的迅速发展促使了（　　）的兴起。

　　A. 市场营销　　　B. 电子物流　　　C. 分销物流　　　D. 供应链物流

（二）多项选择题

1. 下列关于物流行业的认识，正确的有（　　）。

　　A. 被业界称为"第三利润源"　　　B. 被媒体称为21世纪最大的行业

　　C. 被老百姓称为"金饭碗"　　　　D. 最具创新性的制造业

2. 下列关于物流行业特点的表述，正确的有（　　）。

　　A. 第三方物流将取代现代物流业　B. 物流行业是复合型产业

　　C. 物流行业是标准化服务业　　　D. 物流行业是生产性服务产业

3. 物流系统的基本功能有（　　）。

　　A. 配送　　　　　B. 服务全球化　　C. 信息处理　　　D. 运输

4. 我国物流行业整合的重要驱动力包括（　　）。

　　A. 高铁运输的快速发展　　　　　B. 电子商务平台的发展

　　C. 联盟或平台模式的发展　　　　D. 资本和人才的推动

5. 我国物流的管理标准包括（　　）。

　　A. 统一的物流术语　　　　　　　B. 物流作业流程标准

　　C. 物流中心管理规范　　　　　　D. 安全管理规范

（三）简答题

1. 简述现代物流行业的主要特点。
2. 简述现代物流系统的主要功能表现。
3. 列举 5 个以上生活中的物流行业。

技能提高

"三百六十行，行行出状元。"结合自己的专业学习认知情况，开展一次对物流行业的实践调查活动，根据收集到的材料，谈谈你认为未来物流行业人才需要什么样的能力素质。

任务三　认知物流的主要作用

【任务目标

教学知识目标

1. 认识物流的主要作用。
2. 了解物流作用在生活中的体现。

岗位技能目标

1. 全面认识物流对我国社会经济发展的重要作用。
2. 学会对物流作用的主要方面进行分析。

任务导入

天下鲜果　一路顺丰

2016 年 11 月 1 日，顺丰携手赣南脐橙在江西赣州举行橘橙寄递行业解决方案发布会，再次掀起了水果寄递行业的讨论热潮。顺丰针对橘橙寄递的特点，相较于以往的水果寄递方案做出极大创新和改良。除了提供多元化产品（服务）、扩大物流运输网络、提升运输时效外，还特别针对北方寒冷地区，因温差导致橘橙冻伤冻坏，研发了专门专属的包装方案。

为助力全国橘橙产业发展，实现互利共赢，顺丰速运（图 1-2）实现了从枝头到餐桌的顺丰服务，并在橘橙寄递市场形成一套"顺丰标准"。顺丰速运始终秉承高品质物流服务，为橘橙经销商、果农提供专业的橘橙综合物流服务；同时，顺丰利用自有的渠道资源，帮助果农推广宣传本土橘橙品牌，创造更大的经济价值和品牌价值。

图 1-2　顺丰速运

◆**问题**

1. 顺丰公司以快速物流配送闻名退迩，你认可该公司的服务理念吗？为什么？
2. 分析顺丰快递物流与其他快递公司在经营服务理念上有什么差异。

◆**分析**

在持续强化快速服务的基础上，顺丰坚持以客户需求为核心，积极拓展多元化业务，针对电商、食品、医药、汽配、电子等不同类型的客户，开发出一站式供应链解决方案，并提供支付、融资、理财、保价等综合性的金融服务。与此同时，依托强大的物流优势成立顺丰优选，为客户提供品质生活服务，打造顺丰优质生活体验。

必备知识

一、认识物流作用

从广义上讲，物流作用是指物流在促进企业生产和流通，满足人们消费方面起到了什么改变的效果，而物流作用在某种意义上可以等同于效果。

物流业是重要的服务业，融合了运输业、仓储业、货运代理业和信息业等，是国民经济的重要组成部分。物流产业涉及的领域非常宽广，大量吸纳就业人数，在国民经济中起到促进生产和拉动消费的重要作用，在促进产业结构调整、转变经济发展方式和增强国民经济竞争力等方面都能够发挥重要作用，其发展水平成为衡量一个国家现代化程度和综合国力的重要标志之一。

 想一想

你在生活中体验过物流作用吗？请结合近年来快递业发展思考。

从微观来看，物流是企业实现连续生产的前提条件，是实现商品价值和使用价值的物质基础，物流信息是企业经营决策的依据，有利于增强企业的竞争优势，成为企业增长的第三利润源。

从宏观来看，物流是国民经济发展的重要基础，是联结社会各部门、各环节的主要纽带，通过整合社会资源，调整经济结构，达到优化资源配置的作用，有利于提高社会综合经济效益，成为现代电子商务等行业的发展支点。

知识链接

物流的六大效用

物流过程中的物化劳动和活劳动投入增加了产品的效用，具体表现为增加了产品的空间效用、时间效用、品种效用、批量效用、信息效用和风险效用等。

二、物流作用的具体表现

（一）服务并推动商流的发展

在商流活动中，商品所有权在购销合同签订的那一刻，便由供方转移到需方，而商品实体并没有因此而移动。除了非实物交割的期货交易，一般的商流必须伴随相应的物流过程，即按照需方（购方）的需要将商品实体由供方（卖方）以适当方式、途径向需方转移。

想一想

快递物流业的发展对我们的生活有影响吗？试举例说明。

（二）保障并促进生产的发展

从原材料的采购开始，便要求有相应的物流活动，将所采购的原材料到位，否则，整个生产过程便成了"无米之炊"；在生产的各工艺流程之间，也需要原材料、半成品的物流过程，实现生产的流动性。因此，整个生产过程实际上就是系列化的物流活动。合理化的物流，通过降低运输费用而降低成本，通过优化库存结构而减少资金占压，通过强化管理进而提高效率等方面的作用，从而达到有效促进整体社会经济水平提高的目的。

（三）节约资源并方便人们的生活

发展好物流能够节约自然资源、人力资源和能源，同时也能够方便人们的生活。例如，城市里的居民不知不觉地享受到物流进步带来的好处：南方产的香蕉全国各大城市一年四季都能买到；新疆的哈密瓜（图1-3）、宁夏的白兰瓜、东北的大米、天津的小站米等都能及时地供应市场；近年来中国的纺织品、玩具、日用品等大量进入世界市场，这充分说明物流正在使我们的生活更加便捷。

图 1-3　哈密瓜物流

（四）提高企业服务水平和竞争能力

在新经济时代，企业之间的竞争越来越激烈。由于企业物流服务水平的高低在很大程度上决定了企业竞争力的高低，因此，要努力提升物流服务水平来增强企业的竞争力。

（五）与产业相融合并保值

任何产品从生产出来到最终被消费，都必须经过一段时间、一段距离，都要经过运输、仓储、包装、装卸搬运等多环节、多次数的物流活动。在这个过程中，产品可能会淋雨受潮、水浸、生锈、破损、丢失等。物流的使命就是防止上述现象的发生，保证产品从生产者到消费者移动过程中的质量和数量，起到产品保值的作用，即保护产品的存在价值，使该产品在到达消费者时使用价值不变。

三、物流对我国经济发展的主要作用

目前，我国巨大的经济总量已经产生巨大的货物流量，同时也带来了一个巨大的潜在的物流市场。

（一）促进农业生产走向现代化

物流与第一产业——农业相结合，便成为农业物流业，围绕粮食生产、购销、运输、仓储、加工、配送的粮食物流、农业物流、支农物流是一个大有前景的服务性产业，有利于解决"三农"问题。农业物流也是现代物流的重要组成部分。

（二）引导工业发展与快速转型

物流与第二产业——工业相结合，便成为工业物流，目前我国已经成为世界加工中心，围绕加工生产进行的采购与供应、产成品分销竞争激烈，这使得我国工业物流率先与国际接轨并实现国际化，工业物流成为我国具有国际竞争力的行业，同时有利于促进我国工业结构调整。

（三）加快服务业的不断创新

物流与第三产业——服务业相结合，便成为服务业物流，连锁配送、快递服务是服务业物流的典型代表。我国服务业物流当中的"最后一公里"送达业务具有无法取代的优势。

知识链接

快递业发展"十三五"规划（部分）

2017 年 2 月 13 日，国家邮政局发布《快递业发展"十三五"规划》（以下简称《规划》）。《规划》提出了到 2020 年要基本建成普惠城乡、技术先进、服务优质、安全高效、绿色节能的快递服务体系，形成覆盖全国、联通国际的服务网络。具体来看，在产业能力方面，《规划》要求快递市场规模要稳居世界首位，服务网络进一步健全，基本实现乡乡有网点、村村通快递的目标。要建设一批辐射国内外的航空快递货运枢纽，积极打造"快递航母"，形成 3~4 家年业务量超百亿件或年业务收入超千亿元的快递企业集团，培育 2 个以上具有国际竞争力和良好商誉度的世界知名快递品牌。

任务实施

1. 通过理论讲授，帮助学生全面认识物流作用的具体表现和物流对我国经济发展的主要作用，同时任课教师可借助互联网，搜集我国物流业发展的相关视频，通过多媒体设备或通过网络平台播放，让学生树立物流意识。

2. 开展一次快递物流作用的实践调查活动，让学生真正地体验到我们的生活已经离不开物流。

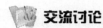 **交流讨论**

你接触过快递物流服务吗？结合自己的生活谈一下认识与感想。

 任务考评

知识巩固

（一）单项选择题

1. 物流作用在某种意义上可以等同于（　　　）。
   A. 效果　　　　　B. 效用　　　　　C. 效能　　　　　D. 效益

2. 物流业是国民经济的重要组成部分，是重要的（　　　）。
   A. 流通业　　　　B. 运输业　　　　C. 服务业　　　　D. 金融业

3. 物流与第一产业——农业相结合，便成为（　　　）。
   A. 农业服务　　　　　　　　　　B. 农业营销
   C. 农业快递　　　　　　　　　　D. 农业物流业

4. 物流与第二产业——工业相结合，便成为（　　　）。
   A. 制造物流　　　　　　　　　　B. 工业物流
   C. 销售物流　　　　　　　　　　D. 品牌物流

（二）多项选择题

1. 物流作用的具体表现包括（　　　）。
   A. 服务商流　　　B. 保障生产　　　C. 服务竞争　　　D. 方便生活

2. 下列关于物流效用的认识中，正确的有（　　　）。
   A. 扩大空间利用效用　　　　　　B. 充分实现信息交换效用
   C. 更好节约时间效用　　　　　　D. 发挥商品批量流通效用

3. 从宏观来看，物流的作用包括（　　　）。
   A. 企业实现连续生产的前提条件　　B. 整合社会资源，优化资源配置
   C. 提高社会综合经济效益　　　　　D. 联结社会各部门、各环节的主要纽带

4. 物流对我国经济发展的主要作用有（ ）。

    A. 加快服务业的不断创新   B. 促进工业发展与快速转型

    C. 促进农业生产走向现代化   D. 实现商品的价值

5. 从微观来看，物流的作用包括（ ）。

    A. 企业实现连续生产的前提条件   B. 实现商品价值和使用价值的物质基础

    C. 物流信息是企业经营决策的依据   D. 有利于增强企业的竞争优势

（三）简答题

1. 如何正确认识物流的作用？

2. 简述物流作用的具体表现。

3. 试举例说明物流对我国经济与社会发展的重要作用。

技能提高

    快递与物流都是将货物从一个地方运送到另外一个地方，但是两者的作用并不完全相同。快递是一种特殊形态的物流，目前快递与物流这两个词语的含义已有较大区别。请你结合生活实例分析快递与物流的主要区别和联系。

任务四 熟悉物流从业人员的任职资格条件和职业素养

任务目标

教学知识目标

1. 认识物流从业人员的任职资格条件。

2. 掌握物流从业人员必备的职业素养。

岗位技能目标

1. 正确理解物流从业人员的任职资格条件，增强岗位意识。

2. 全面掌握物流从业人员必备职业素养的主要内容。

任务导入

物流师职业资格证书

国家劳动和社会保障部2005年劳社厅函81号文通知在全国开展物流师国家职业资格统一鉴定，该职业共设4个等级，合格者将获得国家劳动和社会保障部门颁发的国家物流师职业资格证书，证书全国统一编号，网上注册登记管理，可在政府网站查询，全国范围通用，是业内唯一国家证书，具有法律效力，与我国有双边、多边关系的国家互认。

据了解，现在物流行业中高级职位普遍紧缺，不少企业在招聘物流配送总监、市场拓展总监、仓储经理、采购经理、国际货代销售主管等职位时都遇到过此类困难，招聘条件虽然十分诱人，但合适的人才不多。同样，在基层岗位上，物流行业也非常缺乏人才。尽管我国目前有很多学校开设物流专业，但其师资、教材、实验条件并不成熟，其物流专业的毕业生缺乏实际动手能力，很多学生毕业后，连物流企业如何运作都搞不清楚，这样的毕业生动手能力不强，上岗适应期也很长，所以，实用型物流人才的开发培训必将受到众多企业的青睐。

◆问题

1. 你知道物流师职业资格证书吗？你了解通过物流师考试鉴定需要具备的条件吗？
2. 请问：没有物流师资格证书能从事物流工作吗？

◆分析

职业资格证书是劳动就业制度的一项重要内容，也是一种特殊形式的国家考试制度。它是指按照国家制定的职业技能标准或任职资格条件，通过政府认定的考核鉴定机构，对劳动者的技能水平或职业资格进行客观公正、科学规范的评价和鉴定，对合格者授予相应的国家职业资格证书。开展职业技能鉴定，推行职业资格证书制度是我国人力资源开发的一项战略措施，对于提高劳动者素质，促进劳动力市场的建设，促进经济发展都具有重要意义。

必备知识

一、物流从业人员的任职资格条件

1. 严谨周密的思维方式

要保证货物在规定的时间内以约定的方式送到指运地点，过程的设计必须严谨、科学、合规合法。一体化物流过程中存在多个环节，任何一个环节出现问题，轻则可能增加不必要的费用支出，给企业造成经济损失，重则可能导致物流服务中断，给客户造成更大的损失，引起法律纠纷和大数额的索赔，所以物流从业人员的基本素质高低，将直接关系到物流企业的兴衰。

想一想

自己目前是否达到物流从业人员的任职要求？若未达到，请结合自身情况谈一谈应如何改变。

2. 团队合作和奉献精神

物流作业的物理特性表现为一种网状的结构，在这个网状结构中存在着多条线，每条线上又存在着多个作业点，任何一个作业点出现问题，若没有得到及时妥善的解决，就有可能造成网络的瘫痪。所以物流从业人员应具备强烈的团队合作和奉献精神，这是现代物流发展对从业人员的根本要求。

3. 信息技术的学习和应用能力

物流过程同时也是一个信息流的过程，在这个过程中，货物的供需双方要随时发出各种货物供需信息，及时了解货物在途、在库状态，时时监控物流作业的执行情况，而提供服务的物流企业，也必定要有这种准确及时的处理各种信息和提供各种信息服务的能力。

4. 组织管理和协调能力

物流的灵魂在于系统化方案设计、系统化资源整合和系统化组织管理，包括客户资源、信息资源和能力资源的整合和管理，在目前物流行业没有形成统一标准的情况下，物流从业人员更需要具备较强的组织管理和协调能力，在整合客户资源的前提下，贯彻企业的经营理念，充分利用设备、技术和人力等企业内部资源来满足外部客户的需求。

5. 对事故的处理能力

能够很好地执行作业指令，完成常规作业，只能说明员工具备了基本的业务操作能力，对事故的处理能力是衡量其综合素质的重要指标之一。

6. 物流质量的持续改进能力

由于科技的发展、社会的进步，市场对物流服务水平的期望将会越来越高，要求各级从业人员有能力不断发现潜在问题，及时采取治理措施，优化作业流程，持续改进作业方式，从而提高作业效率和服务水平。

物流资格证书考试管理

资格认证实行考培分离和"六统一"原则，"六统一"即统一标准、统一教材、统一培训、统一考试、统一阅卷、统一认证。同时，还成立了物流师职业资格认证专家委员会，专门负责指导、监督认证工作，实行从教材建设、培训、咨询、考试、阅卷、评分、证书发放全过程的监督指导，以确保认证工作规范、有序、透明，所有流程都有执行、确认、监督人员，各个环节有其独立性并环环相扣。考试合格者将获得物流师职业资格证书（图1-4）。

图1-4　资格证

二、物流从业人员必备的职业素养

（一）人文素养

人文素养体现在人类社会及其成员的心理、观念、情感和行为之中，并有它独立的价值聚合功能、类群归属功能、精神激励功能和审美愉悦功能，是维系人类社会及其成员自下而上发展的主要因素。

什么是人文素养

人文素养的灵魂，不是"能力"，而是"以人为对象，以人为中心的精神"，其核心内容是对人类生存意义和价值的关怀，这就是"人文精神"，也可以说是"人文系统"。这其实是一种为人处世的基本的"德性"、"价值观"和"人生哲学"，科学精神、艺术精神和道德精神均包含其中。它追求人生和社会的美好境界，推崇人的感性和情感，看重人的想象性和生活的多样化。

（二）专业技能素养

专业技能素养即职业岗位近期和长期所必需的理论知识。基础理论课必须按专业设置，强调针对性、实用性，打破学科体系，以够用为度，突出一个"精"字，讲清基本概述、分析问题的思路和方法，如高等数学中的求导、积分等运算难度等。

（三）职业道德素养

1. 发展职业能力

中等职业教育必须以加强学生适应经济和社会发展的职业能力为第一目标，培养学生较强的信息处理能力，力求学生能把握新事物的规律，掌握科学地预见未来发展的方法，所以，不但要普及计算机课程，更要强化其应用技术能力的培养。

2. 培养创新能力

当前科学的发展呈现出综合化、整体化趋势，人们所面对的科技问题、经济问题、生态环境问题等都是复杂的系统，新的发展往往在交叉学科、边缘学科之间产生，这就要求学校应实行课程综合化，重新组合各种相关学科知识，开设跨学科的边缘学科课程，培养学生综合运用知识解决问题的创新能力。

知识链接

物流从业人员的知识素质

物流从业人员应具备的知识包括以下6个方面：
（1）国际贸易和通关知识。
（2）仓储运输专业知识。
（3）财务成本管理知识。
（4）外语知识。
（5）安全管理知识。
（6）法律知识及其他。

任务实施

系统学习并掌握物流从业人员任职资格条件和职业素养基础上，任课教师可借助互联网，组织学生通过手机搜索物流人才职业素养的相关视频，讲授内容完成后可以借助多媒体设备或通过微信平台播放。然后开展一次讨论活动，让学生制订一份自己的物流职业素养提高计划，对照标准找出差距，提出整改计划和措施，确保目标实现。

交流讨论

你接触过物流从业人员吗？你认为他们的职业素养如何？结合自己的生活谈一下认识与感想。

 任务考评

知识巩固

（一）单项选择题

1. （   ）体现在人类社会及其成员的心理、观念、情感和行为之中，是维系人类社会及其成员自下而上发展的主要因素。

    A. 人文素养   B. 专业技能素养   C. 职业道德素养   D. 专业艺术素养

2. 人文素养的灵魂是（   ）的精神。

    A. 专业技能提高   B. 以人为对象，以人为中心

    C. 以职业道德为根本   D. 实现营利为目标

3. 中等职业教育必须以加强学生适应经济和社会发展的（   ）为第一目标。

    A. 营销能力   B. 快速反应能力   C. 职业能力   D. 创新能力

（二）多项选择题

1. 物流从业人员的任职资格条件包括（   ）。

    A. 严谨周密的思维方式   B. 信息技术的学习和应用能力

    C. 组织管理和协调能力   D. 物流质量的持续改进能力

2. 在网络经济和知识经济时代下，一个合格的物流从业人员应该具备的知识包括（   ）。

    A. 国际贸易和通关知识   B. 仓储运输专业知识

    C. 财务成本管理知识   D. 安全管理知识

3. 物流从业人员必备的职业素养包括（   ）。

    A. 人文素养   B. 专业技能素养

    C. 职业道德素养   D. 情商培养

（三）简答题

1. 现代物流从业人员必备的职业素养有哪些？

2. 如何正确理解物流从业人员的任职资格条件？

通过参加物流从业人员模拟招聘活动，对自己未来职业生涯规划进行一次反思，制订一份适合自己的未来职业发展计划。

模 拟 实 训

实训一 物流人员模拟招聘

一、实训分工

将全班分成 2 个大组：面试官组（10 人）、应聘者组（30 人左右）。再将面试官组分成 2 个小组，每组由 5 人组成，确定主考官 1 人、副主考官 3 人、招聘助理 1 人。应聘者组同样分为 2 个小组，每个小组由 15 人左右组成。

二、实训要求

进行模拟招聘时，模拟现场抽签决定 2 个小组的出场次序。全班同学进行观摩。结束后，2 个小组相互点评，最后由专家评委进行总结。

三、实训步骤

教师可利用业余时间组织学生设计布置模拟环境。面试开始时，先进行 1~2 分钟自我介绍，然后面试官考察面试者的沟通、分析、应对挑战和组织责任感等方面的能力素养，实行面试官与其进行多对一的交流。

四、注意事项

在模拟岗位招聘比赛前，指导学生制作个人简历，自己设计并制作应聘人员标志牌，统一配挂在指定位置，体验上岗环境。

实训二 体验网店物流

一、认识物流五要素

物流五要素（five elements of logistics）是指评价物流体系的五个主要要素，具体包括品质、数量、时间、地点和价格。品质是指物流过程中，物料的品质保持不变；数量是指符合经济性的数量要求和运输活动中往返运输载重尽可能满载等；时间是指以合理费用及时送达为原则做到的快速；地点是指选择合理的集运地及仓库，避免 2 次无效运输及多次转运；价格是指在保证质量及满足时间要求的前提下尽可能降低物流费用。

二、实训要求

1. 列出实体物品网店所需要用到的物流要素，并说明这些要素中哪些是最重要的，为什么？

2. 通过网络调研并查找：与淘宝网有关的物流公司主要有哪些？这些公司的价格、覆盖区域、服务质量有何不同？

3. 下载手机淘宝 App，注册成为会员，通过网店购买一种自己喜欢的宝贝，亲身体验一下网店物流的便捷。

项目一选择题答案

项目二
认 知 运 输

🚚 项目概况

    运输是国民经济的命脉，任何跨越空间的物质实体的流动，都可称为运输。在物流体系的所有动态功能中，运输功能是核心。运输功能所实现的是物质实体由供应地点向需求地点的移动。同样，运输功能既是对物质实体有用性得以实现的媒介，也是新的价值——某种形式的异地差值的创造过程。从社会经济的角度讲，运输功能的发挥，缩小了物质交流的空间，扩大了社会经济活动的范围，并实现在此范围内价值的平均化、合理化。

🚚 项目导入

物流运输的重要性

    运输是物流的重要职能之一，它贯穿产品的整个流通过程。从原材料采购到产品分销，各个节点之间物质实体的联系也是运输，运输不仅横贯了企业的各职能部门，而且越过了企业的边界，将上游和下游的企业联结起来。

　　由于当今的商业环境已经发生了重大而深刻的变化，企业面临日益激烈的竞争压力，尤其对以低成本取胜的中国制造企业而言，通过物流管理创新，降低物流成本，提高物流服务质量，来增强企业市场竞争力，意义是非常重大的。因此，物流管理创新已经越来越受到人们的重视。然而，目前我国物流运输业仍处在起步发展的阶段，还存在许多有待解决的问题。为此，如何提高我国物流运输管理水平，充分发挥我国铁路、公路、水运、航空和管道各种运输方式的特性和综合运输的优势，推行合理运输，对于现代物流的发展和竞争力的提升发挥着非常重要的作用。

知识导图

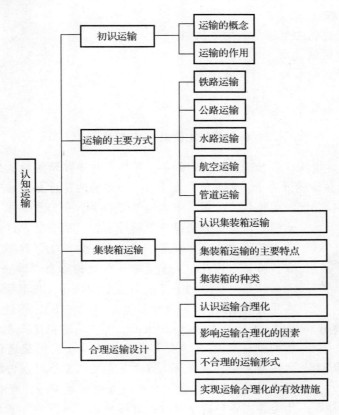

任务一 初识运输

任务目标

教学知识目标

1. 正确认识、理解运输的概念。
2. 了解运输业的发展现状。
3. 熟悉运输的地位、作用和应用技术。

岗位技能目标

1. 学会利用运输为生活服务的方法。
2. 掌握物流运输技术。
3. 学会应用运输合理化的有效措施。

任务导入

日本大和运输的"宅急便"

日本的大和运输株式会社成立于 1919 年，早期是从事陆地运输的专业运输公司。1976 年 2 月，大和运输开办了"宅急便"业务。大和运输的商标是母猫叼着小猫小心运送的图案（图 2-1）。大和运输认为，图案中母猫小心翼翼，不伤及小猫，轻轻衔住脖子运送的态度，如同谨慎搬运顾客托运的货物，这种印象与公司的宗旨正好吻合，体现了"我做事，你放心"的宗旨，并以此作为宣传标语。因此，人们又把大和运输称为"黑猫大队"。

图 2-1 大和运输的商标

"宅急便"的业务类似目前的快递，但其服务的内容更广。在运送货物时，"宅急便"讲究 3 个"S"，即速度（speed）、安全（safety）、服务（service）。大和运输在这三者之中，最优先考虑的是速度。"宅急便"的配送，除去夜间配送以外，基本是一天两回，即两次循环。凡时间距在 15 小时以内的货物，保证在翌日送达。"宅急便"受理货物的种类繁多，包括地方特产、企业文件、各种零件等，凡是各式各样的小货物，都可通过"宅急便"来运送。"宅急便"对礼品市场的扩展，也有相当的贡献。每年的情人节、母亲节，"宅急便"的需求量就呈现巅峰状态，即使是一盒巧克力，也可以利用"宅急便"来寄送。

现在大和运输与美国 UPS（united parcel service）合作，建立了国际快递网络。UPS 拥有世界 175 个国家和地区的配送网，大和运输已将这些国家和地区全部列入自己的服务区域。

◆问题

1. 你认识大和运输的标志吗？大和运输的标志的含义是什么？
2. "宅急便"经营有何特点？你认可其经营策略吗？

◆分析

运输是改变物品空间状态的主要手段，再配以搬运、配送等物流活动要素，就能圆满完成改变物品空间状态的全部任务。由于物品存在"场所效用"现象，因此，通过运输，改变物品的场所，将其运到效用最高的地方，就能发挥物品的潜力，实现资源的优化配置，促进物流企业的快速发展。开展"宅急便"业务大大促进了大和运输的发展。

必备知识

一、运输的概念

运输是指通过设备或工具，将物品从一地点向另一地点运送的物流活动。

运输是物流的主要功能要素之一，它与搬运的区别在于：运输是在不同的地域范围内对物品进行空间位移，是在较大空间范围内的移动；搬运则是在同一地域内的活动，一般是指短距离、小批量的运输。

对于运输的定义，应从以下几个方面理解。

（1）运输的目的是为了改变物品的空间位置，将物品的始发地和目的地连接起来，使物品超越空间限制，实现两地共享，从而最大限度地发挥物品的使用价值。

（2）运输的范围是从某一地点到另一地点，通常这两个地点相距较远。从一个国家到另一个国家的运输是国际运输，在同一国家两个城市之间或两个工厂之间或两个地区之间的运输是国内运输。

（3）现代运输手段是利用运输设备和工具进行运输。由于不同的运输设备和工具具有不同的优势，对它们进行合理选取和利用，是提高运输效率的关键。

（4）运输过程包括集货、搬运、中转、装入、卸下、分散等一系列操作，运输是这些操作的有机结合。

（5）运输生产的产品不是商品，而是服务。

二、运输的作用

1. 运输是物流的主要功能要素之一

按物流的概念，物流是"物"的物理性运动，这种运动不仅改变了物的时间状态，也改变了物的空间状态。而运输承担了改变空间状态的主要任务，运输是改变空间状态的主要手段，运输再配以搬运、配送等活动，就能圆满完成改变空间状态的全部任务。

想一想

你认为运输对我们有什么影响？请结合学习、生活实际谈体会。

2. 运输是社会物质生产的必要条件之一

运输是国民经济的基础和保障。马克思将运输称为"第四个物质生产部门"，就是将运输看成是生产过程的延续。这个延续虽然以生产过程为前提，但如果没有这个延续，生产过程则难以最后完成。

3. 运输可以创造"场所效用"

通过运输，将"物"运到场所效用最高的地方，就能使"物"的潜力得以发挥，从而实现资源的优化配置。从这个意义来讲，运输提高了"物"的使用价值。

4. 运输是"第三利润源"的主要源泉

从费用来看，运输费在全部物流费中占最高的比例，一般综合分析计算社会物流费用，运输费在其中占接近50%的比例，运输消耗的绝对数量大，其节约的潜力也就大。通过体制改革和运输合理化可大大缩短运输距离，从而节约成本。

知识链接

提升交通运输从业人员素质的意义

一是提高交通运输服务能力和水平的前提。交通运输从业人员是交通运输服务的直接提供者，他们的素质水平决定着交通运输生产的服务能力和水平，关系到人民群众对交通运输服务的满意程度，影响到交通运输行业的整体形象。

二是确保交通运输安全生产的基础。交通运输从业人员是安全生产的第一道防线，也是最重要的防线。交通运输安全生产事故的发生，重要原因有从业人员安全意识淡薄、没有严格执行操作规程以及存在违法行为等，究其本质还是从业人员的职业素质问题。

三是实现交通运输转型升级的关键。交通运输从业人员是交通运输事业发展的重要推动力量，其素质高低决定着交通运输转型升级的成败。大力提升交通运输从业人员的素质，增强凝聚力和向心力，提升创新驱动能力，能够为加快推进建设现代交通运输业注入强大动力。

任务实施

任课教师可借助互联网搜集物流运输的相关视频，供学生学习使用，也可以组织学生深入运输企业进行顶岗实习。

交流讨论

你接触过运输服务吗？结合自己的生活谈一下认识与感想。

任务考评

知识巩固

（一）单项选择题

1. （　　　）是国民经济的基础和保障。

　　A. 运输　　　　　　B. 包装　　　　　　C. 加工　　　　　　D. 配送

2. 马克思将运输称为"第（　　　）个物质生产部门"，就是将运输看成是生产过程的延续。

　　A. 一　　　　　　　B. 二　　　　　　　C. 三　　　　　　　D. 四

3. 运输是"第（　　　）利润源"的主要源泉。

　　A. 一　　　　　　　B. 二　　　　　　　C. 三　　　　　　　D. 四

4. 运输费在全部物流费用中占最高的比例，一般综合分析计算社会物流费用，运输费在其中占接近（　　　）的比例。

　　A. 10%　　　　　　B. 20%　　　　　　C. 30%　　　　　　D. 50%

（二）多项选择题

1. 运输的作用主要表现在（　　　）。

　　A. 运输是物流的主要功能要素之一　　　B. 运输是社会物质生产的必要条件之一

　　C. 运输可以创造"场所效用"　　　　　D. 运输是"第三利润源"的主要源泉

2. 下列有关运输的表述中，正确的有（　　　）。

　　A. 运输目的是为了改变物品的空间位置

　　B. 运输是物流的主要功能要素之一

　　C. 运输的范围是两个地点相距较远

　　D. 运输的范围是两个地点相距较近

（三）简答题

1. 如何理解运输的定义？
2. 如何理解运输的地位和作用？
3. 结合我国运输实际情况，说说你对运输业发展的建议。

技能提高

结合自己生活中对运输服务的体验，谈谈如何让运输更好地服务社会。

任务二　运输的主要方式

任务目标

教学知识目标

1. 了解目前主要的五大运输方式。
2. 掌握 5 种运输方式各自的特点及不同的适用范围。
3. 熟悉各种运输方式的主要业务。

岗位技能目标

1. 学会合理选择不同运输方式。
2. 提高解决运输实际问题的能力。
3. 学会分析判断运输活动是否合理。

任务导入

东航汶川地震救援运输

2008 年 5 月 12 日，汶川地震发生后，东航共执行抗震救灾飞行 498 架次，运送救灾人员和伤员 13175 人，"爱心"航班转运重伤员 562 人，运输救灾物资 3592 吨。同时，全体员工奉献爱心，累计为灾区捐款 3700 多万元。

在地震发生半小时后，东航即启动了应急预案，并对媒体发布消息，表示已预留充足运力，全力以赴投入抗震救灾工作。

东航在快速启动应急预案的同时，还积极组织赈灾捐助，第一批捐款达 430 万元。5 月 24 日，地震发生后 12 天，东航以企业名义捐款 1200 万元，职工捐款 600 万元，14851

名党员先后分 4 批缴纳"特殊党费",约 1022 万元。此外,东航飞行员自发组织开展定向募捐活动,以东航飞行员的名义向灾区援建希望小学,上海飞行部飞行员自发捐款 94 万元,云南分公司飞行员捐款 109 万元。2008 年 7 月 21 日,东航航班从成都分别飞往北京、上海、沈阳、武汉等 7 地运送救灾英雄。英雄们所使用的"爱心机票",体现了东航全方位、深层次支持抗震救灾的责任,每张"爱心机票"售价 500 元,由东航员工自愿认购。

◆问题

1. 你了解汶川的地理位置吗?在 2008 年的汶川地震后,为快速把救援物资送到灾区,你认为应当采用何种运输方式?

2. 航空运输与其他运输方式相比有哪些优势?

◆分析

航空运输常被看作是在其他运输方式不能运用时,用于紧急服务的一种极为保险的方式。它快速、及时,价格昂贵,但对于致力于全球市场的厂商来说,应当考虑库存和顾客服务问题。航空运输虽然起步较晚,但发展异常迅速,特别是受到现代化企业管理者的青睐,其原因就在于它具有许多其他运输方式所不能比拟的快捷性。

必备知识

按运输工具和运输设备的不同,运输可分为铁路运输、公路运输、水路运输、航空运输和管道运输 5 种。物流运输方式取决于货物属性及运输特点,不同运输方式具有不同的经济技术特性,适用于不同的场合。5 种运输方式的特点如表 2-1 所示。

表 2-1　5 种运输方式的特点

运输方式	优点	缺点	适用范围
铁路	运输量大、准时性好、运价低	投资大、建设周期长、不灵活	大宗货物长距离运输、长途客运
公路	机动灵活、速度快、投资少	能耗高、运输成本高、劳动生产率低	内陆地区短途运输
水路	运输量大、运价低、劳动生产率高	受自然条件影响大、速度慢	大宗货物运输
航空	速度快、机动性能好	能耗高、运输成本高、运输量小	长途旅客、体积小价值高的货物
管道	运输量大、运价低、占地少、受限制少	专用性强、起运输量与最高运输量间的幅度小	石油、天然气和固体料浆

一、铁路运输

铁路运输（图 2-2）是指在铁路上以车辆编组成列车，由机车牵引载运货物的一种陆上运输方式。它主要承担长距离、大批量的货物运输。

✎ **想一想**

你自己体验过几种运输方式，它们分别有什么优缺点？请结合实际生活思考。

图 2-2 铁路运输

（一）我国铁路的发展现状

近年来，我国加大铁路建设，铁路运营里程增速明显加快。截至 2017 年年底，全国铁路运营里程达到 12.7 万千米，其中高铁 2.5 万千米，占世界高铁总量的 66.3%。西部地区铁路运营里程 5.2 万千米，比上年增加 1663.5 千米，增长 3.3%。2011～2017 年我国铁路和高铁运营里程如图 2-3 所示。

图 2-3　2011～2017 年我国铁路和高铁运营里程（单位：万千米）

虽然我国铁路发展迅速，2017 年中国铁路按面积路网密度为 132.2 千米/万千米^2，比 2016 年的 127 千米/万千米^2 提高了 4%。但这一数据，仅高于地广人稀的俄罗斯，与美国、日本等发达国家相比仍有相当大差距。

"四纵四横"的运输网络

"四纵"：京沪客运专线（京沪高铁）、京港客运专线（京港高铁）、京哈客运专线、杭福深客运专线（东南沿海客运专线）。

"四横"：徐兰客运专线、沪昆客运专线、青太客运专线、沪汉蓉客运专线。

（二）铁路运输的特点

1. 铁路运输的主要优点

（1）具有较高的准确性和连续性。铁路运输受地理和气候的影响比较小，可以全年、全天候地进行定期的、有规律的、准确的运转。

（2）运行速度快。平均速度一般为 80～120 千米/时，我国铁路第六次提速后最高速度可达 200 千米/时，目前我国高速铁路运行速度已经超过 300 千米/时。

（3）牵引力大，运输能力强。铁路运输采用大功率机车牵引列车运行，不同类型的机车的最大牵引重量可达几千吨甚至上万吨，可以承担长距离、大运输量的运输任务，一般每列客车可载 1800 人左右，铁路一列货物列车一般能运送 3000～5000 吨货物，远远高于航空运输。

（4）运输成本较低。铁路运输费用仅为汽车运输费用的几分之一到十几分之一；运输耗油约是汽车运输的二十分之一。

（5）适应性强。铁路几乎可以修建在任何需要它的地方，现有的铁路网络四通八达，可以很好地满足远距离运输的需要。

2. 铁路运输的主要缺点

（1）资本密集、固定资产庞大和需要大量的资金和金属。铁路投入建设的大都是固定的资产，不可移作他用，固定资产比例较大。据统计，我国目前每修建 1 千米铁路，需要投资 400 万元以上，消耗 120～150 吨重的钢轨、零部件等金属。

（2）货损较高。铁路行驶时振幅比较大，容易造成货物损坏，且中转站较多，货物遗失率较大。

（3）营运缺乏弹性和灵活性，不能随货源或客源而改变路线，往往会有空车返回现象，导致营运成本增加。

（4）设备庞大，不易维修，且战时容易遭到破坏。

最高的铁路

青藏铁路连接青海的西宁和西藏的拉萨，全长 1956 千米，被誉为"天路"，是实施西部大开发战略的标志性工程。2006 年 7 月 1 日，青藏铁路正式通车运营，途经纳赤台、五道梁、沱沱河、雁石坪，翻越唐古拉山，再经西藏自治区安多、那曲、当雄、羊八井到拉萨。其中，海拔 4000 米以上的路段 960 千米，多年冻土地段 550 千米，翻越唐古拉山的铁路最高点海拔 5072 米。青藏铁路是世界上海拔最高、在冻土上路程最长、克服了世界级困难的高原铁路。

二、公路运输

公路运输（图 2-4）是指使用机动车辆在公路上进行客货运输的一种方式。它主要承担短距离、小批量货运，是铁路、水路运输方式不可缺少的衔接工具；它还承担铁路、水路运输难以实现的长距离、大批量货运。

图 2-4　公路运输

（一）我国公路的发展现状

2017 年年末全国公路总里程 477.35 万千米，比 2016 年增加 7.83 万千米。公路密度

49.72 千米/百千米^2，增加 0.81 千米/百千米^2。公路养护里程 467.46 万千米，占公路总里程的 97.9%。2013～2017 年全国公路总里程及公路密度如图 2-5 所示。

图 2-5　2013～2017 年全国公路总里程及公路密度

2017 年底全国四级及以上等级公路里程 433.86 万千米，比上年增加 11.31 万千米，占公路总里程的 90.9%，提高 0.9 个百分点。二级及以上等级公路里程 62.22 万千米，增加 2.28 万千米，占公路总里程的 13.0%，提高 0.3 个百分点。高速公路里程 13.65 万千米，增加 0.65 万千米；高速公路车道里程 60.44 万千米，增加 2.90 万千米。国家高速公路 10.23 万千米，增加 0.39 万千米。

（二）公路运输的特点

1. 公路运输的主要优点

（1）公路运输适应性强。由于公路运输网一般比铁路、水路网的密度要高十几倍，分布面也广，因此运输车辆可以无处不到、无时不有。公路运输时，既可以单个车辆独立运输，也可以由若干车辆组成车队同时运输，这种特点对抢险救灾工作和军事运输具有特别重要的意义。

（2）公路运输可以实现直达运输。由于汽车体积较小，中途一般也不需要换装，除了可沿分布较广的公路网运送外，还可离开路网深入到工厂企业、农村田间、城市居民住宅等地，即可以把旅客和货物从始发地门口直接运送到目的地门口，实现"门到门"直达运输。这是其他运输方式无法比拟的特点之一。

（3）公路运输运送速度较快。在中、短途运输中，公路运输可以实现"门到门"直达运输，中途不需要倒运、转乘就可以直接将客货运达目的地。因此，与其他运输方式相比，公路运输的客、货在途时间较短，运送速度较快。

（4）公路运输资金周转快。公路运输与铁路、水路、航空运输方式相比，所需固定设施简单，车辆购置费用一般也比较低，因此，投资兴办容易，投资回收期短。

（5）公路运输技术易掌握。与火车司机或飞机驾驶员的培训对比来看，汽车驾驶技术比较容易掌握，对驾驶员的各方面素质要求相对也比较低。

2. 公路运输的主要缺点

（1）公路运输运量较小。世界上最大的汽车是美国通用汽车公司生产的矿用自卸车，长 20 多米，自重 610 吨，载重 350 吨左右，但仍比火车、轮船的载重量少得多；由于汽车载重量小，行驶阻力比铁路大 9～14 倍，所消耗的燃料又是价格较高的液体汽油或柴油，因此，除了航空运输，就属汽车运输成本最高了。

> **想一想**
>
> 公路运输与铁路运输比较起来有什么优点？

（2）公路运输持续性差。有关统计资料表明，在各种现代运输方式中，公路的平均运距是最短的，运行持续性较差。

（3）公路运输安全性低。汽车所排出的尾气和产生的噪声也严重威胁着人类的健康，是大城市环境污染的污染源之一。

三、水路运输

（一）概述

水路运输是指以船舶为主要运输工具、以港口或港站为运输基地、以水域（包括海洋、河流和湖泊）为运输活动范围的一种运输方式。

水路运输是目前各主要运输方式中兴起最早、历史最长的运输方式，至今仍是世界许多国家最重要的运输方式之一。水路运输主要承担长距离、大批量的长途运输，在内河及沿海，水运也常作为小型运输工具使用，承担补充及衔接大批量干线运输的任务。

知识链接

京杭大运河

京杭大运河，是世界上里程最长、工程最大的古代运河，与长城、坎儿井并称为中国古代的三项伟大工程，是中国文化地位的象征之一。北起北京，南至杭州，流经天津、河北、山东、江苏和浙江四省一市，贯通海河、黄河、淮河、长江和钱塘江五大水系，全长 1794 千米。京杭大运河对中国南北地区之间的经济、文化发展与交流，特别是对沿线地区工农业经济的发展起了巨大作用。

（二）水路运输的特点

1. 水路运输的主要优点

（1）运输能力大。在 5 种运输方式中，水路运输能力最大，在长江干线，一支拖驳或顶推驳船队的载运能力已超过万吨，国外最大的顶推驳船队的载运能力达 3 万～4 万吨，世界上最大的油船已超过 50 万吨，远高于铁路列车。

（2）水运建设投资节省。水路运输只需利用江河湖海等自然水利资源，除必须投资购造船舶、建设港口之外，沿海航道几乎不需投资，整治航道也仅仅只有铁路建设费用的 1/5～1/3。

（3）运输成本低。与其他运输方式相比，海运的单位运输成本较低。我国沿海运输成本只有铁路的 40%，美国沿海运输成本只有铁路运输的 1/8，长江干线运输成本只有铁路运输的 84%，而美国密西西比河干流的运输成本只有铁路运输的 1/4～1/3。

（4）劳动生产率高。水路运输因运载量大，其劳动生产率较高。沿海运输劳动生产率是铁路运输的 6.4 倍，长江干线运输劳动生产率是铁路运输的 1.26 倍。

（5）平均运距长。水陆运输平均运距分别是铁路运输的 2.3 倍，公路运输的 59 倍，管道运输的 2.7 倍，航空运输的 68%。

2. 水路运输的主要缺点

 想一想

> 上海某公司现需要从连云港运进 10 万吨海盐，从需求的角度分析，最适合采用的交通工具是什么，并说明理由。

（1）受气候等自然条件影响较大。水路运输受水位、季节、气候影响较大，因而一年中中断运输的时间较长。另外，水路运输还会受到各种灾害性天气影响，如台风、暴雨，将会使海洋运输受到影响，如果处理不当，会造成很多不可想象的灾难。还有雾、雨、洪水等也会影响到航运的正常进行。

（2）运送速度慢。一般船只的行驶速度只能达到每小时 40 千米，比铁路和汽车的运输慢得多。

（3）可达性较差。水路运输只能在有水道的地方以及沿海加以利用，而在内陆地区，尤其是大陆干旱性地区就没有可用资源。

四、航空运输

（一）概述

航空运输是指使用飞机或其他航空器进行运输的一种方式。

20 世纪 90 年代，我国分别成立了专门从事航空货运、航空快递和航空邮件运输业务的中国货运航空公司、民航快递有限责任公司和中国邮政航空公司，在北京、上海、深圳等国际机场建设航空货运中心。在这一时期，我国陆续颁布了《民用航空运输销售代理业管理规定》《中国民用航空货物国内运输规则》《中国民用航空快递业管理规定》等与航空货运相关的法规和规章，规范并促进了航空货运的发展。

（二）航空运输的特点

1. 航空运输的主要优点

（1）速度快。距离越长，航空运输所能节约的时间越多，快速的特点也越显著。快捷的交通工具大大缩短了货物的在途时间。对于那些易腐烂、变质的鲜活商品，时效性强的报刊、节令性商品，抢险、救急品的运输，这一特点显得尤为突出和重要。

（2）机动性大。飞机对于地面条件恶劣、交通不便的内陆地区非常合适，有利于当地资源的出口，促进当地经济的发展。

（3）安全准确。与其他运输方式相比，航空运输的安全性较高。航空公司的运输管理制度也比较完善，货物的破损率较低，如果采用航空货运集装箱的方式运送货物，则更为安全。

（4）节约包装、保险、利息等费用。由于采用航空运输方式，货物的在途时间短，周转速度快，企业存货可以相应减少。

（5）基本建设周期短、投资小。要发展航空运输，从设备条件上讲，只要添置飞机和修建机场。这与修建铁路和公路相比，其建设周期短、占地少、投资省、收效快。

2. 航空运输的主要缺点

（1）运价比较高。由于航空货运存在以上的优点，这使得它的运价相对来说比较高，空运价格至少是海运价格的 10 倍，因此运输价值比较低、时间要求不严格的货物时，通常从运输成本考虑，会采用非航空货运的运输方式。

（2）载重量有限。由于飞机本身的载重容积的限制，通常航空货运的量相对于海运来说少得多，例如，安-225 运输机的货舱最大载重 250 吨，相对于海运几万吨、十几万吨的载重，两者相差很大。

（3）易受天气影响。飞机本身受天气的影响非常大，如遇到大雨、大风、雾等恶劣天气，航班无法正常运行，这对航空货物造成的影响就比较大。

此外，航空运输速度快的优点在短途运输中难以充分发挥。因此，航空运输比较适合距离在 500 千米以上的长途客运，以及对时间要求严格的鲜活易腐和价值高的货物的中长途运输。

五、管道运输

（一）概述

管道运输（图 2-6）是用管道作为运输工具的一种长距离输送液体和气体物资的运输方式，是一种专门从生产地向市场输送石油、天然气、煤和化学产品的运输方式，是统一运输网中干线运输的特殊组成部分。

图 2-6　管道运输

与其他运输方式相比，我国管道运输起步较晚，但随着我国石油和天然气工业的快速发展，油气管道建设突飞猛进。目前，管道运输已经成为我国陆上油气运输的主要方式。今后随着我国能源消费量的增加和能源消费结构的改善，油气供应量和运输量必将大幅度增加，由此也将会带动管道运输的大发展。

（二）管道运输的特点

1. 管道运输的主要优点

（1）可以实现连续运输，运输量大。根据运输管道的管径大小不同，其每年的运输量可达数百万吨到几千万吨，甚至超过亿吨。

（2）占用土地少，有利于环保。运输管道通常埋于地下，其占用的土地很少，因而对于土地的永久性占用很少，分别仅为公路占用量的 3%，铁路占用量的 10% 左右。管道运输受气候变化的影响较小，不污染环境，也不破坏生态平衡。

（3）管道运输建设周期短、费用低。国内外交通运输系统建设的大量实践证明，管道运输系统的建设周期与相同运量的铁路建设周期相比，一般来说要短 1/3 以上的周期。

（4）管道运输安全可靠、连续性强。由于石油天然气易燃、易爆、易挥发、易泄漏，采用管道运输方式，既安全，又可以大大减少挥发损耗，同时管道运输能较好地满足运输工程的绿色化要求。

（5）管道运输耗能少、成本低、效益好。发达国家采用管道运输石油，每吨千米的能耗不足铁路运输能耗的 1/7。在大量运输时，管道运输的成本与水运接近，因此在无水条件下，管道运输是一种最为节能的运输方式。

2. 管道运输的主要缺点

（1）灵活性差。承运的货物比较单一，管道运输常常要与铁路运输或汽车运输、水路运输配合才能完成全程输送。

（2）专用性强。只适合运输诸如石油、天然气、化学品、碎煤浆等气体和液体货物，而其他运输方式则没有这种限制，可以输送任何物料。

（3）专营性强。管道运输属于专用运输，其生产与运销混为一体，不提供给其他发货人使用。

（4）固定投资大。为了进行连续输送，还需要在各中间站建立储存库和加压站，以促进管道运输的畅通。

（5）只能定向、定点、定量输送。管道运输一般用于连续运输的物资，对于少量或不连续需求的物资，一般采用容器包装输送。

知识链接

道路运输从业人员管理规定（节选）

第六条 国家对经营性道路客货运输驾驶员、道路危险货物运输从业人员实行从业资格考试制度。

……

第九条 经营性道路旅客运输驾驶员应当符合下列条件：

（一）取得相应的机动车驾驶证 1 年以上；

（二）年龄不超过 60 周岁；

（三）3 年内无重大以上交通责任事故；

（四）掌握相关道路旅客运输法规、机动车维修和旅客急救基本知识；

（五）经考试合格，取得相应的从业资格证件。

第十条 经营性道路货物运输驾驶员应当符合下列条件：

（一）取得相应的机动车驾驶证；

（二）年龄不超过 60 周岁；

（三）掌握相关道路货物运输法规、机动车维修和货物装载保管基本知识；

（四）经考试合格，取得相应的从业资格证件。

第十一条　道路危险货物运输驾驶员应当符合下列条件：

　　（一）取得相应的机动车驾驶证；

　　（二）年龄不超过 60 周岁；

　　（三）3 年内无重大以上交通责任事故；

　　（四）取得经营性道路旅客运输或者货物运输驾驶员从业资格 2 年以上或者接受全日制驾驶职业教育的；

　　（五）接受相关法规、安全知识、专业技术、职业卫生防护和应急救援知识的培训，了解危险货物性质、危害特征、包装容器的使用特性和发生意外时的应急措施；

　　（六）经考试合格，取得相应的从业资格证件。

　　第十二条　道路危险货物运输装卸管理人员和押运人员应当符合下列条件：

　　（一）年龄不超过 60 周岁；

　　（二）初中以上学历；

　　（三）接受相关法规、安全知识、专业技术、职业卫生防护和应急救援知识的培训，了解危险货物性质、危害特征、包装容器的使用特性和发生意外时的应急措施；

　　（四）经考试合格，取得相应的从业资格证件。

任务实施

　　1. 任课教师可借助 PPT 课件、视频资料观看青藏铁路的有关图片和资料，了解青藏铁路建设过程中遇到的难题——冻土、缺氧、环境保护，以及建设青藏铁路的意义。

　　2. 介绍我国著名的西气东输工程，使学生了解我国西部大量的天然气是如何输送到上海的东部地区的，以及该工程建设的重要意义。

交流讨论

　　小李是一家经营全国货运业务的物流公司的职员，每天负责统筹安排订单货物的运输方式，以下是该公司某天接到的订单。

　　（1）把 3 箱急救药品从广州运到拉萨。

　　（2）把 1 吨活鱼从广州市区运至广州城区。

　　（3）把 50 吨钢材从武汉运到广州。

　　（4）把 10000 吨海盐从上海运到广州。

　　（5）把 100000 吨大米从武汉运到上海。

　　假如你是小李，你将如何安排以上货物的运输方式？

任务考评

知识巩固

（一）单项选择题

1. （　　）主要承担铁路运输、水路运输优势难以发挥的近距离、小批量的短途货运和铁路、水运难以到达地区的长途、大批量货运。

    A. 铁路运输　　　B. 公路运输　　　C. 航空运输　　　D. 管道运输

2. 可以实现"门到门"直达运输的是（　　）。

    A. 铁路运输　　　B. 公路运输　　　C. 航空运输　　　D. 水路运输

3. 航空运输的最大特点和优势是（　　）。

    A. 速度快　　　B. 安全准确　　　C. 节约包装费用　　　D. 运价高

4. 历史最短的运输方式是（　　）。

    A. 铁路运输　　　B. 公路运输　　　C. 航空运输　　　D. 管道运输

（二）多项选择题

1. 按运输工具和运输设备的不同，运输可分为（　　）。

    A. 铁路运输　　　　　　　　　B. 公路运输

    C. 水路运输　　　　　　　　　D. 航空运输及管道运输

2. 铁路运输的特点包括（　　）。

    A. 较高的准确性和连续性　　　B. 成本较低，能耗低

    C. 营运缺乏弹性　　　　　　　D. 设备庞大，不易维修

3. 水路运输的优点包括（　　）。

    A. 运输成本低　　　　　　　　B. 劳动生产率高

    C. 运送速度慢　　　　　　　　D. 平均运距长

4. 航空运输的主要缺点包括（　　）。

    A. 速度快　　　　　　　　　　B. 运价高

    C. 载重量有限　　　　　　　　D. 易受天气影响

5. 管道运输的主要优点包括（　　）。

    A. 可以实现连续运输　　　　　B. 有利于环保

    C. 耗能少、成本低、效益好　　D. 专用性强

（三）简答题

1. 简述铁路运输的特点。
2. 试述铁路运输的适用范围。
3. 简述公路、水路、航空和管道运输的特点。

技能提高

结合生活中的实际需要，模拟一次货物运输活动，合理选择不同的运输方式。

任务三　集装箱运输

任务目标

教学知识目标
1. 掌握集装箱的概念和特点。
2. 熟悉集装箱运输的优点。

岗位技能目标
1. 看图识别不同种类的集装箱。
2. 了解集装箱在货物联运时与一般运输方式相比的优越性。

任务导入

世浩集团集装箱运输业务的发展

世浩集团成立于 1997 年，其下属的世浩集运是一家专业从事集装箱运输的航运企业，成立之初是集团下属集装箱运输、油运、货运和客运四大专业化运输船队中规模最小的一家。当时其他三家航运公司在国内已颇具规模，而集装箱运输在集团内部只是一个新兴的产业，在国内市场无足轻重，更不用说同国际航运巨头竞争了。当时的世浩集团仅有 6 条三四百 TEU[twenty-feet equivalent unit，20 英尺标准集装箱（1 英尺≈0.3048 米）]的小船，没有一条中远程航线，营业网店仅仅覆盖中国少数几个主要港口，营业收入不足当时中国的集装箱龙头企业中远集团的 1/10。年轻的船队不断发展，使世浩集运具有交货快、效率高、成本低的竞争优势，令世浩集团在国际主干航线上更具有竞争力。今天，世浩集团已先后开辟了中国各港至日本、韩国、东南亚、澳大利亚、欧洲、地中海、北美、南美、西非、波斯湾等数十条国际集装箱班轮航线和国内沿海内贸线及外贸内支线。以集装箱吞吐量计算，世浩集运内贸航线在国内多个主要港口的市场占有率逾 50%，部分港口的占有率高达80%~90%。

◆问题

1. 分析世浩集团的集装箱运输业务是如何发展起来的。
2. 分析世浩集运有何经营优势。

◆分析

集装箱运输大大减少了传统运输方式中人力装卸搬运的次数，这就可以避免人为和自然因素造成的货物破损、湿损、丢失等货运事故，减少经济损失。使用集装箱运输，可以简化或不用运输包装，节省包装材料和费用，降低商品的成本，减少了繁杂的作业环节，简化了货运作业手续。由于集装箱的装卸作业适于机械化，其装卸作业效率得到了大幅度的提高。同时，大大缩短了集装箱的站（港）的停留时间，加速了车船的周转和货物的送达。

必备知识

一、认识集装箱运输

1. 集装箱的定义

集装箱（container）是指海、陆、空不同运输方式进行联运时用以装运货物的一种容器。我国香港地区称之为"货箱"，我国台湾地区称之为"货柜"。关于集装箱的定义，国际上不同国家、地区和组织的表述有所不同。

国际标准化组织（ISO）对集装箱定义如下：集装箱是一种运输设备；具有足够的强度，可长期反复使用；为便于商品运送而专门设计的，在一种或多种运输方式下运输时，无须中途换装；具有快速装卸和搬运的装置，特别是从一种运输方式转移到另一种运输方式时；设计时应注意到便于货物装满或卸空；内容积为1立方米或1立方米以上。

国家标准《物流术语》（GB/T 18354—2006）规定了集装箱的标准，标准箱（twenty-feet equivalent unit，TEU）以20英尺集装箱作为换算单位。

2. 集装箱运输的概念

集装箱运输（container transport），是指以集装箱这种大型容器为载体，将货物集合组装成集装单元，以便在现代流通领域内运用大型装卸机械和大型载运车辆进行装卸搬运作业和完成运输任务，从而更好地实现货物"门到门"运输的一种新型、高效率和高效益的运输方式。

集装箱运输根据集装箱数量和方式可以分为整箱和拼箱两种。

二、集装箱运输的主要特点

1. 运输强度高，对货物保护性强

集装箱由于自身结构的特点决定了它的强度比较高，防护能力强，可有效防止货损、货差、被盗，保证货物安全。

2. 有利于降低物流费用

使用集装箱，可节省包装材料和包装费用，减少理货手续，降低物流费用。

3. 有利于充分利用运输空间

集装箱便于堆放，节省占地面积，有利于充分利用空间。

4. 集装运输量大

与其他集装设备相比，集装箱的集装运输量较大，在散杂货的集装方式中，优势尤为明显。

5. 自身体重大，造价高

集装箱的自重大，这样无效运输和装卸的比重就比较大，降低了物流效率。此外，集装箱的自身造价高，限制了更为广泛的应用，同时也增加了物流成本。

三、集装箱的种类

随着集装箱运输的发展，为适应装载不同种类货物的需要，出现了不同种类的集装箱。这些集装箱的外观、结构、强度、尺寸都不相同。根据用途，集装箱可分为以下几种。

1. 普通集装箱

普通集装箱（图2-7），又称干货集装箱（dry container），用来运输无须控制温度的件杂货物，其使用范围极广，占全部集装箱的80%以上。这种集装箱通常为封闭式，在一端或侧面设有箱门。

干货集装箱通常用来装运文化用品、化工用品、电子机械、工艺品、医药、日用品、纺织品及仪器零件等，不受温度变化影响的各类固体散货、颗粒或粉末状的货物都可以通过这种集装箱装运。

> **想一想**
>
> 集装箱运输与其他运输方式比较有什么不同？请结合手机百度搜索了解。

2. 冷藏集装箱

冷藏集装箱（reefer container）（图 2-8）分外置式和内置式两种，使用温度可在 −28～+26℃调整。内置式集装箱在运输过程中可随意启动冷冻机，使集装箱保持指定温度；而外置式集装箱则必须依靠集装箱专用车、船和专用堆场、车站上配备的冷冻机来制冷。这种集装箱适合在夏天运输黄油、巧克力、冷冻鱼肉、炼乳、人造奶油等物品。

图 2-7　普通集装箱

图 2-8　冷藏集装箱

3. 开顶集装箱

开顶集装箱（open top container）（图 2-9）没有刚性箱顶，但有可折叠式或可折式顶梁支撑的帆布、塑料布或涂塑布制成的顶篷，其他构件与通用集装箱类似。这种集装箱适于装载大型货物和重货，如钢铁、木材，特别是玻璃板等易碎的重货，利用吊车从顶部吊入箱内不易损坏，而且也便于在箱内固定。

4. 框架集装箱

框架集装箱（flat rack container）（图 2-10）没有箱顶和侧壁，甚至连端壁也去掉了，只有底板和四个角柱。这种集装箱适合装载长大件和重货件，如重型机械、钢材、钢管、木材、钢锭等。框架集装箱没有水密性，怕水湿的货物可用帆布遮盖装运。

图 2-9　开顶集装箱

图 2-10　框架集装箱

5. 牲畜集装箱

牲畜集装箱（pen container）（图 2-11）是一种装运鸡、鸭、鹅等活家禽或牛、马、羊、猪等活家畜用的集装箱。为了遮蔽太阳，箱顶和侧壁采用玻璃钢制成，侧面和端面都有用铝丝网制成的窗，以求有良好的通风。侧壁下方设有清扫口和排水口，并配有上下移动的拉门，可把垃圾清扫出去，还装有喂食口。动物集装箱一般应装在甲板上，因为甲板上空气流通，便于清扫和照顾。

图 2-11　牲畜集装箱

6. 罐式集装箱

罐式集装箱（tank container）（图 2-12）是一种专供装运酒类、油类（如动植物油）、液体食品以及化学品等液体货物的集装箱。它还可以装运其他液体类危险货物。这种集装箱有单罐和多罐数种，罐体四角由支柱、撑杆构成整体框架。

图 2-12　罐式集装箱

7. 平台式集装箱

平台式集装箱（platform container）（图 2-13）形状类似铁路平板车，仅有底板而无上部结构，适宜装运超重、超长的货物，长度可达 6 米以上，宽 4 米以上，高 4.5 米左右，重量可达 40 吨，且两台平台式集装箱可以连接起来，装 80 吨的货物，用这种箱子装运汽车极为方便。

图 2-13　平台式集装箱

8. 通风集装箱

通风集装箱（ventilated container）（图 2-14）是一种为了装运水果、蔬菜等不需要冷冻且具有呼吸作用的货物，在端壁和侧壁上设有通风孔的集装箱。如将通风集装箱的通风口关闭，同样可以作为杂货集装箱使用。

9. 散货集装箱

散货集装箱（bulk container）（图 2-15）是一种密闭式集装箱，有玻璃钢制和钢制两种。前者由于侧壁强度较大，故一般装载麦芽和化学品等相对密度较大的散货，后者则用于装载相对密度较小的谷物。散货集装箱顶部的装货口应设水密性良好的盖，以防雨水浸入箱内。

图 2-14　通风集装箱

图 2-15　散货集装箱

10. 挂式集装箱

挂式集装箱（dress hanger container）（图 2-16）的特点是，在箱内上侧梁上装有许多根横杆，每根横杆上垂下若干条皮带扣、尼龙带扣或绳索，可以将成衣直接挂在带扣或绳索上。这种服装装载法属于无包装运输，它不仅节约了包装材料和包装费用，还提高了服装的运输质量。

11. 汽车集装箱

汽车集装箱（auto container）（图2-17）是一种运输小型轿车的专用集装箱，其特点是在简易箱底上装一个钢制框架，这种集装箱分为单层和双层两种。因为小轿车的高度为1.35～1.45米，如装在8英尺（约为2.438米）的标准箱内，其容积要浪费2/5以上，因而出现了双层集装箱。这种双层集装箱的高度有两种：一种为10.5英尺（约为3.2米），一种为8.5英尺高的2倍。因此，汽车集装箱一般不是国际标准集装箱。

图2-16 挂式集装箱

图2-17 汽车集装箱

知识链接

我国集装箱与多式联运发展

2018年全球集装箱海运量为2.01亿TEU，同比增长4.46%；中国集装箱全年产量约425万TEU，同比增长约12%，创历史最高水平，在全球市场占有率约96.1%。

2018年，中国多式联运呈现全面发展的良好势头，内贸运输以"散改集"为突破口快速增长，驼背运输、公铁两用车、智能空轨系统等新装备新技术带动下的多元化多式联运形态和服务开始起步。铁路系统全线发力，成为多式联运的主力军。港口、航空、水运和公路把多式联运作为业务创新与市场扩张的战略突破口。

《中国集装箱与多式联运发展报告（2018）》显示，2018年，中国规模以上港口集装箱吞吐量2.51亿TEU，增长5.2%；铁路集装箱发送量1375.1万TEU，增长33.4%；铁路集装箱运量占铁路总运量由5.46%上升至7.16%，但比重远远落后于欧美日等发达地区；中国规模以上港口完成集装箱铁水联运量450万TEU，占规模以上港口集装箱吞吐量的1.8%；中欧班列开行6363列，增长73%。

区域一体化带来更多政策红利、跨界合作平台型企业增加、技术装备创新不断涌现、枢纽与通道驱动下的规则与标准逐步建立等发展趋势正推动中国多式联运进入全面发展时期。

任务实施

天津港是我国华北、西北和京津地区的重要水路交通枢纽，对外交通十分发达，已形成了颇具规模的立体交通集疏运体系。指导学生搜集、整理资料，了解天津港集装箱运输的发展现状，发展过程中遇到的问题和解决问题的方案，对天津港集装箱运输的优势和问题进行探讨。

交流讨论

你认为你的家乡适合发展集装箱运输吗？试分析原因。

任务考评

知识巩固

（一）单项选择题

1. 集装箱内容积为（　　）立方米及以上。

    A. 1　　　　　　　　　B. 2　　　　　　　　　C. 3　　　　　　　　　D. 4

2. 没有箱顶和侧壁，甚至连端壁也去掉，只有底板和四个角柱的集装箱是（　　）。

    A. 开顶集装箱　　　　　　　　　　B. 干货集装箱

    C. 冷藏集装箱　　　　　　　　　　D. 框架集装箱

3. 装运鸡、鸭、鹅等活家禽或牛、马、羊、猪等活家畜的集装箱是（　　）。

    A. 开顶集装箱　　　　　　　　　　B. 通风集装箱

    C. 牲畜集装箱　　　　　　　　　　D. 框架集装箱

4. 专供装运酒类、油类（如动植物油）、液体食品以及化学品等液体货物的集装箱是（　　）。

    A. 通风集装箱　　　　　　　　　　B. 干货集装箱

    C. 罐式集装箱　　　　　　　　　　D. 框架集装箱

（二）多项选择题

1. 集装箱运输的特点包括（　　　）。
    A. 自重大，造价高
    B. 运输强度高，对货物保护性强
    C. 有利于降低物流费用
    D. 有利于充分利用运输空间

2. 下列有关集装箱的描述中，正确的有（　　　）。
    A. 是一种运输设备
    B. 具有足够的强度，可长期反复使用
    C. 无须中途换装
    D. 具有快速装卸和搬运的装置

（三）简答题

1. 集装箱运输的概念和特点分别是什么？
2. 集装箱运输的优点有哪些？

技能提高

集装箱运输的货物性质各不相同，在运输过程中需要采取不同的运输方式和保护措施，以保证货物的质量安全，思考哪些货物不能按"一批"办理托运。

任务四　合理运输设计

任务目标

教学知识目标
1. 认识运输合理化的概念。
2. 理解运输合理化的影响因素。
3. 熟悉实现运输合理化的有效措施。

岗位技能目标
1. 正确认识运输合理化的重要意义。
2. 学会合理组织运输活动。
3. 组织设计一次货物运输方案。

任务导入

沃尔玛公司的运输

沃尔玛公司是世界上最大的商业零售企业,在物流运营过程中,尽可能地降低成本是其经营的哲学。

沃尔玛公司主要采取了以下措施来降低成本:用一种尽可能大的卡车,大约有 16 米加长的货柜,比集装箱运输卡车更长或更高。把卡车装得非常满,产品从车厢的底部一直装到最高,这样非常有助于节约成本。车辆都是自有的,司机也是公司的员工。沃尔玛公司的车队大约有 5000 名非司机员工,有 3700 多名司机,车队每周一次运输可以达 7000~8000 千米。对于运输车队来说,保证安全是节约成本最重要的环节。沃尔玛公司的口号是"安全第一,礼貌第一",而不是"速度第一"。在运输过程中,卡车司机们都严格遵守交通规则。沃尔玛公司定期在公路上对运输车队进行调查,卡车上面都带有公司的号码,如果看到司机违章驾驶,调查人员就可以根据车上的号码报告,以便于进行惩处。采用全球定位系统对车辆进行定位,在任何时候,调度中心都可以知道这些车辆在什么地方,距离商店有多远,还需要多长时间才能将货物运到商店,这种估算可以精确到小时。沃尔玛公司知道卡车在哪里,产品在哪里。连锁商场的物流部门 24 小时进行工作,都能为卡车及时卸货。这里有一个非常重要的先决条件,就是沃尔玛公司的物流系统能够确保商场所得到的产品与发货单完全一致。

◆问题

1. 你去过沃尔玛购物吗?你知道该公司货物的运输方式吗?
2. 你认为沃尔玛公司的运输合理吗?请分析后提出改进方案。

◆分析

沃尔玛公司在物流运营过程中,十分注重降低成本。沃尔玛公司有时采用空运,有时采用船运,还有一些货物采用卡车公路运输。在中国,沃尔玛公司百分之百地采用公路运输,所以,如何降低卡车运输成本,是沃尔玛公司物流管理面临的一个重要问题。

必备知识

一、认识运输合理化

运输合理化是指从物流系统的总体目标出发,按照货物流通规律,运用系统理论和系统工程原理和方法，合理选择运输路线和运输工具，以最短的路径、最少的环节、最快的速度和最少的劳动消耗，组织好货物的运输与配送，以获取最大的经济效益。物流合理化在很大程度上依赖于运输合理化，主要体现在以下几个方面。

1. 充分利用运输能力

运输合理化能够充分利用运输能力，提高运输效率，推进各种运输方式的合理分工，以最少的劳动消耗，及时满足国民经济的运输需要。

2. 促进直达运输的发展

运输合理化能够使货物走最合理的路线，经最少的环节，以最快的时间和最短的里程到达目的地，从而加速货物流通，既可及时供应市场，又可降低物资部门的流通费用，加速资金周转，减少货损、货差，取得良好的社会效益和经济效益。

3. 消除运输过程中的浪费现象

运输合理化能够消除运输中的种种浪费现象，提高商品运输质量，充分发挥运输工具的效能，节约运力和劳动力。否则，不合理运输将形成大量人力、物力、财力的浪费，这些费用相应地转移和追加到产品中去，人为地加大了产品的价值量，提高产品价格，从而加重需求方的负担。

二、影响运输合理化的因素

影响运输合理化的因素主要有以下 5 个。

1. 运输距离

在运输时，运输时间、货损、运费、车辆周转等运输的若干技术经济指标，都与运输距离有一定关系，运输距离长短是运输能否合理化的一个最基本因素。因而，物流公司在组织商品运输时，首先要考虑运输距离，尽可能实现运输路径最优化。

2. 运输环节

运输业务活动需要进行装卸、搬运、包装等工作，每增加一次运输，多一道环节，不仅会耗费运输时间和增加运输费用，而且也会增加与运输相关的附属活动，如包装、装卸等。

3. 运输时间

运输是物流过程中耗费时间较多的环节，尤其是远程运输，在全部物流时间中占据了绝大部分。因此，缩短运输时间对提高整个物流系统的效率有着决定性的作用。此外，运输时间的缩短，有利于运输工具加速周转，充分发挥运输能力，还可以加快货主资金的周转，对运输合理化有很大贡献。

4. 运输工具

各种运输工具都有其使用的优势领域。对运输工具进行优化选择，要根据不同的商品特点，采用铁路、水运、汽运等适合的运输方式，选择最佳的运输线路，合理使用运力，最大限度地发挥所用运输工具的作用，这也是实现运输合理化重要的一环。

5. 运输费用

运输费用在全部物流费用中占很大比例，在很大程度上决定了整个物流系统的竞争能力。运输费用是衡量物流经济效益的重要指标，也是组织合理运输的主要目的之一。

三、不合理的运输形式

不合理运输是指在现有条件下可以达到的运输水平而未达到，从而造成了运力浪费、运输时间增加、运费超支等问题的运输形式。不合理的运输形式主要有以下几种。

（1）返程或起程空驶。空车无货载行驶，可以说是不合理运输的最严重形式。在实际运输组织中，有时候必须调运空车，从管理上不能将其看成不合理运输。但是，因调运不当、货源计划不周，不采用运输社会化而形成的空驶，是不合理运输的表现。

（2）对流运输，亦称"相向运输""交错运输"，指同一种货物，或彼此间可以互相代用而又不影响管理、技术及效益的货物，在同一线路上或平行线路上作相对方向的运送，而与对方运程的全部或一部分发生重叠交错的运输。已经制定了合理流向图的产品，一般必须按合理流向的方向运输，如果与合理流向图指定的方向相反，也属对流运输。

（3）迂回运输，是一种舍近取远的运输方式，具体表现为不选取短距离进行运输，却选择较长路线进行运输。迂回运输有一定复杂性，不能简单而论，只有当计划不周、地理环境不熟、组织不当而发生的迂回，才称为不合理运输；如果最短距离有交通阻塞、道路情况不好或有对噪声、排气等特殊限制而发生的迂回，不能称不合理运输。

（4）重复运输。本来可以直接将货物运到目的地，但是在未达目的之处，或目的地之外的其他场所将货卸下，再重复装运送达目的地，这是重复运输的一种形式。另一种形式是，同品种货物在同一地点运进，同时又向外运出。重复运输的最大缺点是增加了非必要的中间环节，延缓了流通速度，增加了费用，增大了货损。

（5）倒流运输，是指货物从销地或中转地向产地或起运地回流的一种运输现象。其不合理程度要甚于对流运输，其原因在于，往返两程的运输都是不必要的，形成了双程的浪费。倒流运输也可以看成是隐蔽对流的一种特殊形式。

（6）过远运输，是指调运物资时舍近求远，近处有资源不调而从远处调，这就造成可采取近程运输而未采取，拉长了货物运距的浪费现象。过远运输占用运力时间长、运输工具周转慢，占压资金时间长，远距离自然条件相差大，又易出现货损，增加了费用支出。

四、实现运输合理化的有效措施

1. 提高运输工具的实载率

提高实载率，如进行配载运输等，可以充分利用运输工具的额定能力，减少空驶和不满载行驶的时间，从而减少浪费，求得运输的合理化。

想一想

你遇到过不合理运输现象吗？试分析如何改进。

2. 减少动力投入，增加运输能力

运输的投入主要是能耗和基础设施的建设，在运输设施固定的情况下，尽量减少能源动力投入，从而大大节约运费，降低单位货物的运输成本，达到合理化的目的。例如，在铁路运输中，在机车能力允许的情况下，多加挂车皮；在水路运输中，将驳船编成队形，由机动船顶推前进；在公路运输中，实行汽车挂车运输，以增加运输能力等。

3. 发展社会化的运输体系

实行运输社会化，可以统一安排运输工具，避免空驶、对流、迂回、重复、倒流等多种不合理运输形式，不但可以追求组织效益，而且可以追求规模效益，所以发展社会化的运输体系是实现运输合理化非常重要的措施。

4. 合理分流运输

这一措施的优点：一是比较紧张的铁路运输，用公路分流后，可以得到一定程度的缓解，从而加大这一区段的运输能力；二是充分利用公路从门到门和在中途运输中速度快且灵活机动的优势，实现铁路运输服务难以达到的水平。

5. 尽量发展直达运输

直达运输，就是在组织货物运输的过程中，越过商业、物资仓库环节或交通中转环节，把货物从产地或起运地直接运到销地或用户，以减少中间环节。直达运输的优势，尤其是在一次运输批量和用户一次需求量达到了一整车时表现最为突出。

6. 提高技术装载量

最大限度地利用运输工具的载重吨位，充分使用车船装载容量。例如，专用散装及

罐车,解决了粉状或液状物运输损耗大、安全性差等问题;袋鼠式车皮,大型半挂车解决了大型设备整体运输问题;集装箱船比一般船能容纳更多的箱体,集装箱高速直达加快了运输速度等。

任务实施

借助PPT,组织学生学习韩国三星公司运输优化的策略,分组讨论三星公司对我国制造业运输合理化改革的启示。

交流讨论

结合自己的生活谈一下你对运输合理化的认识与感想。

任务考评

知识巩固

(一)单项选择题

1. 物流合理化在很大程度上依赖于(　　　)。
   A. 运输合理化　　　　　　　　　B. 仓储合理化
   C. 配送合理化　　　　　　　　　D. 加工合理化

2. (　　　)是一种舍近取远的运输方式。
   A. 迂回运输　　　　　　　　　　B. 对流运输
   C. 倒流运输　　　　　　　　　　D. 重复运输

3. (　　　)就是在组织货物运输的过程中,越过商业、物资仓库环节或交通中转环节,把货物从产地或起运地直接运到销地或用户。
   A. 倒流运输　　　　　　　　　　B. 中转运输
   C. 对流运输　　　　　　　　　　D. 直达运输

4. 在组织商品运输时,首先要考虑(　　　),尽可能实现运输路径最优化。
   A. 运输费用　　　　　　　　　　B. 运输距离
   C. 运输环节　　　　　　　　　　D. 运输时间

5. (　　　)可以说是不合理运输的最严重形式。
   A. 迂回运输　　　　　　　　　　B. 对流运输
   C. 返程或起程空驶　　　　　　　D. 重复运输

（二）多项选择题

1. 影响运输合理化的因素包括（　　　）。
　　A. 运输时间　　　　　　　　　　B. 运输距离
　　C. 运输费用　　　　　　　　　　D. 运输环节

2. 下列属于不合理运输的有（　　　）。
　　A. 倒流运输　　　　　　　　　　B. 配载运输
　　C. 对流运输　　　　　　　　　　D. 直达运输

3. 物流运输合理化的意义包括（　　　）。
　　A. 提高运输效率　　　　　　　　B. 充分利用运输能力
　　C. 加速货物流通　　　　　　　　D. 消除浪费现象

4. 实现运输合理化的有效措施有（　　　）。
　　A. 提高运输工具的实载率　　　　B. 尽量发展直达运输
　　C. 迂回运输　　　　　　　　　　D. 提高技术装载量

（三）简答题

1. 如何认识运输合理化？
2. 列举不合理运输的现象。
3. 列举运输合理化的有效措施。

技能提高

作为一名运输管理员，你准备把货物从北京市运送到海南省海口市，请你酌情为该批货物运输设计合理化方式。

模 拟 实 训

实训一　最优运输路线决策

已知配送中心 P_0 向 5 个用户 P_j 配送货物，其配送路线网络、配送中心与用户的距离以及用户之间的距离如图与表所示：图中括号内的数字表示客户的需求量（单位：吨），线路上的数字表示 2 个节点之间的距离（单位：千米），配送中心有 3 台最大载货量为 2 吨的卡车和 2 台最大载货量为 4 吨的卡车，这 2 种车辆可供使用。

1. 试利用节约里程法制订最优的配送方案。

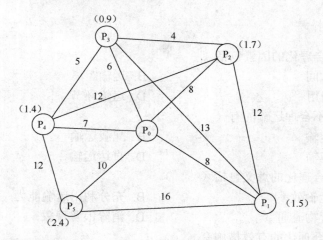

2. 设卡车行驶的平均速度为 40 千米/时，试比较优化后的方案比单独向各用户分送可节约多少时间。

需要量/吨	P_0					
1.5	8	P_1				
1.7	8	12	P_2			
0.9	6	13	4	P_3		
1.4	7	15	9	5	P_4	
2.4	10	16	18	16	12	P_5

第①步：做出运输里程表，列出配送中心到用户及用户间的最短距离。

需要量/吨	P_0					
1.5	8	P_1				
1.7	8	(4) 12	P_2			
0.9	6	(1) 13	(10) 4	P_3		
1.4	7	(0) 15	(6) 9	(8) 5	P_4	
2.4	10	(2) 16	(0) 18	(0) 16	(5) 12	P_5

第②步：由运输里程表、按节约里程公式，求得相应的节约里程数，如上表括号内。

第③步：将节约里程 s_{ij} 进行分类，从大到小排列。

序号	路线	节约里程/千米	序号	路线	节约里程/千米
1	P_2P_3	10	6	P_1P_5	2
2	P_3P_4	8	7	P_1P_3	1
3	P_2P_4	6	8	P_2P_5	0
4	P_4P_5	5	9	P_3P_5	0
5	P_1P_2	4	10	P_1P_4	0

第④步：确定单独送货的配送线路。

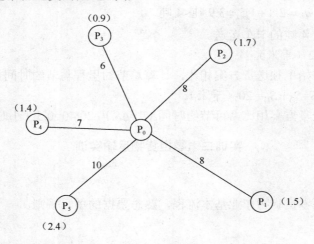

求得初始方案的配送距离=39×2=78（千米）。

第⑤步：根据载重量约束与节约里程长短，将各用户节点连接起来，形成 2 个配送路线，即 A、B 2 种配送方案。

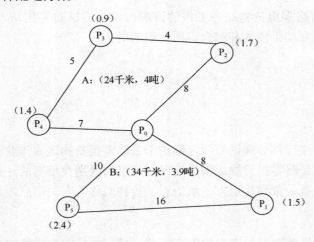

a. 配送线路 A：P_0—P_2—P_3—P_4—P_0

运量 $q_A = q_2 + q_3 + q_4$

$\qquad = 1.7 + 0.9 + 1.4$

$\qquad = 4$（吨）

用 1 辆载重量 4 吨的卡车运送。

节约距离 $S_A = 10 + 8 = 18$（千米）。

b. 配送线路 B：P_0—P_5—P_1—P_0

运量 $q_B = q_5 + q_1 = 2.4 + 1.5 = 3.9$ 吨 < 4 吨

用 1 辆载重量 4 吨的卡车运送。

节约距离 $S_B = 2$（千米）。

第⑥步：与初始单独送货方案相比，计算总节约里程与节约时间。

总节约里程 $\Delta S = S_A + S_B = 20$（千米）。

与初始单独送货方案相比，可节约时间 $\Delta T = \Delta S / V = 20/40 = 0.5$（小时）。

实训二　零担货物运输实训

一、实训目的

帮助学生掌握零担货物作业基本流程，熟悉票据的填写规则。

二、实验场所

物流模拟实训室或教室。

三、实训内容

通过教师对公路零担货物站务工作的讲解，学生尝试对零担基本运输单据进行填写，提高自身的独立动手能力和综合运用知识的能力。

四、材料用具

实用单据。

五、操作步骤

（1）有重点地进行部分理论教学，侧重于公路零担货物运输作业流程的讲解。

（2）重点讲解公路零担货物运输托运单与货票的区别及填写的注意事项。

（3）学生虚拟有关货物托运方、承运方、货物名称等有关信息，进行单据的填写。

六、实训要求

要求每一名学生都要参与实训的所有环节，最后教师对学生的实训作业进行点评。

项目二选择题答案

项目三
认 知 仓 储

📦 项目概况

物流活动的要素中，仓储一直被看作是其不可或缺的重要环节，其对整个物流作业系统的高效运行有着重要的意义。近几年随着科技进步，网络消费常态化，仓储业有了迅猛发展。作为实物流通中的一环，如何合理地利用仓储资源，有效地控制仓储作业成本，成为能否促进物流发展的又一问题。

📦 项目导入

走 近 仓 储

"仓廪实而知礼节，衣食足而知荣辱"，我国自古就把物资储备放在立国安邦的重要位置上，仓储制度和管理方法在历史进程中不断趋于成熟。

大家对仓储管理的认识多停留在"看库房"上，也就是看管货物，认为货物在数量上不丢失，质量上少损坏。或是认为，储备越多，取用越方便，就是好的仓储管理。于是形成了自备仓库自己用的习惯，这种相互封闭、重复建设的局面至今尚未完全改变。这些仓库普遍管理水平低、储存条件差、服务质量低，致使储存物资损坏变质、失窃等现象十分严重，从而导致仓储业社会化程度低。

作为现代物流中的重要环节，仓储管理是对仓库及仓库内的物资所进行的管理，是仓储企业利用现代化手段，充分利用仓储资源提供高效仓储服务所进行的计划、组织、控制和协调的过程。

知识导图

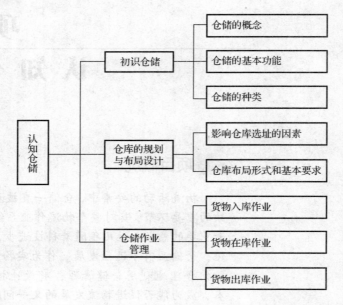

任务一 初 识 仓 储

任务目标

教学知识目标

1. 认识仓储。
2. 熟悉仓储的基本功能。
3. 了解仓储的种类。

岗位技能目标

1. 能够描述仓储在物流活动中所起的作用。
2. 学会区分不同的仓储企业类型，便于开展相应的仓储业务。

任务导入

京东商城的仓储配送

京东商城自成立后，不断优化服务引领着网络零售市场，目前已成为我国最大的综合网络零售商，在线销售数码通信、电脑、家电、母婴、图书、服饰、家居百货、食品、在线旅游等十三大类、数万个品牌、千万种商品。

2010年3月，京东推出"211限时达"极速配送服务。目前京东给出的服务承诺为：当日上午11:00前提交的现货订单（部分城市为上午10:00前），当天送达；当日23:00前提交的现货订单，次日15:00前送达。

这种运作模式除了得益于京东强大的信息技术、互联网科技外，还得益于京东为了全面满足客户的配送需求，而打造的万人专业服务团队、四通八达的运输网络、遍布全国的网店覆盖，以及日趋完善的信息系统平台。

京东物流在全国范围内拥有超过500个大型仓库，运营了14个大型智能化物流中心"亚洲一号"，物流基础设施面积超过1200万米^2。京东物流大件和中小件网络已实现大陆行政区县100%覆盖，自营配送服务覆盖了全国99%的人口，90%以上的订单24小时送达，将商品流通成本降低了70%，物流的运营效率提升了2倍以上。

◆ 问题

1. 你知道京东logo（图3-1）有何寓意吗？
2. 京东仓储系统管理在其整个运营模式上有何特点？
3. 京东的仓储属于哪种类型的仓储？具备什么功能？

图3-1 京东logo

◆ 分析

京东商城采取自建物流体系服务，逐渐从完全外包物流转为自营物流，从物流系统开发、仓储、配送等所有的电子商务的环节都慢慢地从外包转为自营，这说明其目前在中国第三方物流服务的落后是显而易见的，已经跟不上B2C电子商务市场上这些公司大踏步前进的速度了，物流的水准也直接决定了其公司的水准。目前，京东是全球唯一拥有中小件、大件、冷链、B2B、跨境和众包（达达）六大物流网络的企业，凭借这六张大网在全球范围内的覆盖以及大数据、云计算、智能设备的引入应用，京东物流将打造一个从产品销量分析预测，到入库出库、再到运输配送各个环节无所不包，综合效率最优、算法最科学的智慧供应链服务系统。

必备知识

一、仓储的概念

仓储是指产品生产、流通过程中因订单前置、市场预测前置或是其他因素影响而使产品、物品暂时存放。在整个供应链系统中，仓储是连接生产、供应、销售的节点，如采购与生产之间，生产部门与生产部门之间，生产与销售之间，批发与零售之间，甚至是不同运输方式转载之间等。同时，围绕着仓储实体活动，各种单证信息也同时进行着，因此，仓储是物流、信息流、单证流的合一。

《物流术语》（GB/T 18354—2006）对仓储（warehousing）的定义为：利用仓库及相关设施设备进行物品的入库、存贮、出库的活动。仓储中的"仓"，即仓库，为存放、保管、储存物品的建筑物和场地的总称，可以是房屋建筑、洞穴、大型容器或特定的场地等，其具有存放和保护物品的功能。仓储中的"储"，即储存、储备，表示收存以备使用，具有收存、保管、交付使用的意思。

由此可以看出，仓储管理不仅涉及仓库、仓库内各种物资的管理，同时也涉及动态的仓储作业管理。

知识链接

物流节点

广义的物流节点是指所有进行物资中转、集散和储运的节点，包括港口、空港、火车货运站、公路枢纽、大型公共仓库及现代物流（配送）中心、物流园区等。

狭义的物流节点仅指现代物流意义的物流（配送）中心、物流园区和配送网点。

物流节点在有的场合也称为物流据点。

二、仓储的基本功能

传统意义上仓储的功能主要体现在货物的出入库与在库管理上，而现代仓储除具备此基本功能以外，更注重信息之间的有效沟通，协调上下游，保质控成本，增加附加价值等，具体表现在以下几方面。

想一想

仓储除了创造时间效用，是否可以创造空间效用？请结合仓储功能进行分析。

1. 保障货物质量

货物在入库前需进行入库检验，只有符合要求的货物才允许入库。货物在库期间，要按要求进行保养与维护，尽量避免发生变质、破损、丢失等现象。货物出库时，要进行复检，保证其出库时符合市场的要求。

2. 创造时间效用

由于货物的生产与需求之间存在着一定的供需不同步，这就需要仓储发挥其"蓄水池"的调节功能，以保障货物可以持续地、均衡地流向接收地。

3. 集散功能

将各供应商货物集中存放于仓库中，进行统一管理，再按照不同客户的需求进行储存、分拣、组配、包装、分运、配载、配送等活动。

4. 保障流通的顺利进行

货物从供应地到接收地的流动过程，可能需要进行运输工具的转换，包装方式、组配方式等的变化，为了更好地满足不同需求，保障流通的顺利进行，货物在仓储中就可进行相应的衔接工作。

5. 客户服务功能

仓库可以为客户进行代储、代运、代加工、代售后等一系列服务。仓单本身可以作为一种融资工具，因而客户如果有需要，还可以使用仓单进行质押业务。

知识链接

仓储质押融资

我国的仓储质押融资业务最初起源于广东、江苏、浙江一带，业务分布主要是生产制造企业、物贸业密集的地区，各银行以不同方式推出如现货质押、仓单（提单）质押、买方信贷等多种金融物流品种，银行俗称保兑仓业务。仓储质押融资是指企业将拥有未来现金流的特定资产剥离开来，设计合理结构，以该特定资产为标的而进行的融资。它是结构融资的一种，具有强大的生命力。

三、仓储的种类

1. 按照仓储功能分类

1）储存型仓储

这类仓储通常存放的是不需要频繁周转的货物。货物品种比较单一，数量比较大。存放的货物具有需求比较单一、单次需求的量大等特点，如粮食仓储等。

2）配送中心型仓储

这类仓储通常是货物在交付消费者之前进行的短期储存业务。该类仓储的特点是货物品种繁多，单次需求量不大，但出货频次较多，需要根据客户需求进行拣选、加工、包装、分割、组配等作业。

3）转运型仓储

这类仓储一般是为了方便不同运输方式的转换衔接，减少运输途中的装卸与停留时间。该类仓储的特点是货物存储时间短、周转速度快，一般多设在机场、码头、车站等需要转化运输方式或配载方案的地方。

2. 按照仓储的对象分类

1）普通货物仓储

这类仓储储存的货物一般不需要特殊的保管条件，通常采用无特殊功能的通用仓库。货物一般无危险性，易于保管。

2）专用仓储

这类仓储专门用来存储某一类货物，由于货物本身的特殊性，需要配备相应的设施设备，以满足其保管、养护、流通加工等的需求，因而也称为专库专存。

3）特殊货物仓储

这类仓储保管的货物需要特殊的保管条件，由于货物本身的物理、化学、生物等特性，对建筑结构、安全性能、保管人员的素质等都有较高的要求。

4）保税仓储

这类仓储保管的是在经海关核准的保税仓库里存放的保税货物。保税货物是指暂时进境，还需要复运出境的货物，或是海关批准暂缓纳税的进口货物，目的是为了避免货物的重复征税。保税仓储受到海关的直接监控，虽然所存货物由存货人委托保管，但保管人要对海关负责，入库或出库单据需由海关签署。

3. 按照仓储经营的主体分类

1）自营仓储

自营仓储一般为生产企业和流通企业自营的仓储。规模相对较小，数量多，专用性较强，但专业化程度低，设施设备相对简陋。只能满足企业自用，仓储行为不具备独立性，一般不进行其他仓储经营。

2）营业仓储

仓储经营人以其拥有的仓储设施向社会提供商业性仓储服务，即为营业仓储。仓储经营人与存货人通过订立仓储合同的方式建立仓储关系，并依据合同约定提供仓储服务并收取仓储费用。由于营业仓储面向社会，以经营为手段，追求经营利润的最大化，因而其社会化程度高，管理更为专业，设施设备较先进，使用效率较高。

3）公共仓储

这类仓储是公用事业的配套服务设施，主要为车站、码头提供相应的仓储配套服务。公共仓储主要为了保障车站、码头的货物存放、运输等作业，具有内部服务的性质，从属于公共服务。对于存货人来说，公共仓储也适用营业仓储的关系，只是不独立订立仓储合同，而是将仓储关系包含在公共服务关系之中。

4）战略储备仓储

这类仓储是国家根据国防安全、社会稳定及应对重大自然灾害等的需要，对战略物资进行储备而设立的。战略储备仓储由国家有关部门进行整体控制，重视储备品的安全性，储备时间较长，所储备的物资主要有粮食、能源、有色金属等。

 想一想

请用自己的语言描述一下某一类仓储的特点，并结合典型企业举例说明。

知识链接

认识企业文化

企业文化是企业为解决生存和发展的问题而形成的，被全体成员认同且共享，并共同遵循的基本信念、愿景、价值观和经营理念。它是一个组织由其价值观、信念、仪式、符号、处事方式等组成的其特有的文化形象。

企业获得成功的主要原因是吸引其员工建立共同的目标和价值观念，生成员工对企业的忠诚，使企业具有更强的凝聚力和向心力。优秀的企业文化从根本上说是在向员工传递一个理念：企业是一所大学校，即学习型组织，员工在为企业做出奉献的同时，自身素质也会不断提高。这种文化氛围明确表达或暗示了企业宣扬什么和传播什么，支持什么和鼓励什么，反对什么和禁止什么。优秀的企业文化能激发企业员工归属感、积极性和创造性。

任务实施

教师带领学生采取互联网及实地考察的方式走进仓储企业，认识仓储现状和管理情况。

交流讨论

观察我们的周围，看看有哪些仓储类型的企业，其具备哪些功能。试着用自己的语言描述一下。

任务考评

知识巩固

（一）单项选择题

1. 通过对储存物的保管、保养，可以克服货物的生产与需求之间存在的供需不同步，创造货物的（　　）。

    A. 时间效用   B. 增值效用   C. 空间效用   D. 附加效用

2. 按仓储功能划分，仓储分为（　　）。

    A. 企业自营仓储、商业自营仓储、公共仓储和战略储备仓储

    B. 普通物品仓储和特殊物品仓储

    C. 储存型仓储、配送中心型仓储和转运型仓储

    D. 保管式仓储、加工式仓储和消费式仓储

3. 生产企业和流通企业自营的仓储，称为（　　）。

    A. 营业仓储   B. 公共仓储   C. 保税仓储   D. 自营仓储

4. 仓储经营人以其拥有的仓储设施向社会提供商业性仓储服务行为，称为（　　）。

    A. 自营仓储   B. 营业仓储   C. 公共仓储   D. 战略储备仓储

5. 存放、保管、储存物品的建筑物和场地的总称为（　　）。

    A. 管理室   B. 库房   C. 仓库   D. 储物间

（二）多项选择题

1. 按仓储功能分类，仓储可分为（　　）。

    A. 储存型仓储   B. 配送中心型仓储

    C. 转运型仓储   D. 自营型仓储

2. 按仓储的对象分类，仓储可分为（　　）。

    A. 普通货物仓储   B. 专用仓储

    C. 保税仓储   D. 特殊货物仓储

3. 按仓储经营的主体分类，仓储可分为（　　）。

    A. 自营仓储   B. 营业仓储   C. 公共仓储   D. 战略储备仓储

（三）简答题

1. 简述仓储在现代物流中的主要作用。

2. 简述配送中心型仓储的主要特点。

3. 简述仓储的基本功能。

技能提高

请结合实例说明，冷链物流对仓储管理的特殊要求有哪些？

任务二　仓库的规划与布局设计

任务目标

教学知识目标

1. 了解仓库的选址。
2. 熟知仓库的功能区域。
3. 掌握仓库的布局形式及布局相关要求。

岗位技能目标

1. 能够完成仓库的布局设计，并实施布置。
2. 进行仓库布局调查，体验仓库管理实践技术。

任务导入

智　慧　仓　储

2012 年"双十一"之后，出现了快递"爆仓"的现象，消费者半个月收不到货，这成为当年最受关注的问题。自此之后，各家电商企业在智慧仓储和智慧物流方面，一直在暗中较劲。

2013 年，阿里巴巴组建菜鸟网络，菜鸟又于 2015 年组建了"E.T.物流实验室"，研发物流前沿科技产品，希望将最前沿的科技引入中国物流行业，帮助物流企业提高生产效率、降低人工出错率、提高生产安全性。

2016 年 5 月，京东成立××事业部，布局智慧物流领域。京东××事业部专注于"互联网+物流"，以技术和科技强化物流体系，为京东自动化分拣中心等物流仓储提供智慧支持。京东××事业部也包括全自动物流中心、京东无人机、京东仓储机器人以及京东自动驾驶车辆送货等智能物流项目。

通过智能仓储、智能机器人以及自动化生产线来提升效率的做法在美国早有先例。2012 年，亚马逊豪掷 7.75 亿美元买下了专注于智能仓储的 KIVA 机器人公司。截至 2016 年 7 月，大约有 3 万台 KIVA 机器人在世界各地亚马逊的仓库中忙碌着。不仅如此，许多快递企业也在进行智慧物流布局。

◆问题

1. 你认为智慧物流的"智"体现在哪些方面?
2. 在仓库选址和库区布局时需注意哪些事项?

◆分析

2009 年,中国物流技术协会信息中心、《物流技术与应用》编辑部率先在行业提出"智慧物流"概念。进入 2010 年,物联网成为当年两会的热门话题,"积极推进'三网'融合,加快物联网的研发应用"也首次被写入政府工作报告。将物联网与现有的互联网整合起来,实现人类社会与物理系统的整合,达到"智慧"状态,提高资源利用率和生产力水平,改善人与自然之间的关系。

必备知识

一、影响仓库选址的因素

仓库选址也称为仓库位置布局,仓库选址时,应主要考虑以下影响因素。

1. 客户条件

考虑客户的需求情况,考虑与目标客户的距离,尽量接近较多客户,以便及时、准确地为目标客户提供服务。

2. 自然条件

考虑仓库所在地的自然条件是否符合仓库的建设和发展,如空气湿度、温度、水资源供给、排水便利情况、电力与能源的供给便利情况、环境保护问题等。

3. 用地条件

考虑仓库选址地的地价或租金情况及其周边环境等。

4. 运输条件

考虑仓库所在地公路、铁路等交通规划情况,同时考虑运输成本问题。

5. 劳动力条件

考虑仓库所在地的劳动力供给情况,同时也要考虑用工成本问题。

6. 企业自身条件

考虑企业自身的实力、作业条件、作业流程、企业规划与发展等问题。

7. 法规制度条件

考虑仓库所在地的法律法规制度及税收状况等是否有利于企业发展。

二、仓库布局形式和基本要求

仓库布局的目的，一方面是提高仓库平面和空间的利用率，另一方面是提高货物的保管质量，方便进出库作业，从而降低货物的仓储作业成本。

（一）仓库布置的基本思路——分区分类

（1）根据货物的特性分区分类存放，将特性相近的货物集中存放。

（2）按照轻重、大小分区分类存放，"大不压小、重不压轻、重物下置"，将单位体积大、质量大的货物存放在货架底层，并且靠近出库区和通道。

（3）按照货物周转率进行分区分类存放，将周转率高的货物存放在进出库装卸搬运最便捷的位置。

（4）按照客户分区分类存放，将同一供应商或者同一客户的货物集中存放，以便进行分拣配货作业。

（二）仓库布置的形式

为了达到平面、空间作业效率最优化，建立一个合适的设施，以及合理布置该设施的地上与内部布局就显得非常重要。

规划仓库布局时，在进行仓库业务流程分析的基础上，需要在空间、人力、设备等因素之间进行权衡比较。仓库的布局设计时，不但要考虑货物的出入库及储存的空间，而且还要考虑装卸、搬运、提供流通加工等增值服务以及员工的办公休息等的空间。

1. 仓库货区的布置

（1）平面布置：平面布置主要是对货区内的货垛或货架、通道、垛间距（架间距）、收发货区等进行合理的规划，并正确处理其相对位置。平面布置的形式主要分为垂直式布局和倾斜式布局两种（表3-1）。

表 3-1　平面布置的形式

形式（大类）	形式（细化类）	定义	特点
垂直式布局	横列式布局（图 3-2）	货垛或货架的长度方向与仓库侧墙互相垂直	主通道长且宽，副通道短，整齐美观，便于存取查点，还有利于通风和采光
	纵列式布局（图 3-3）	货垛或货架的长度方向与仓库侧墙互相平行	根据库存货物在库时间的不同和进出库的频繁程度安排货位。将在库时间短、进出库频繁的货物放置在主通道两侧；反之，放置在里侧
	纵横式布局（图 3-4）	在同一保管场所内，根据需要横列式布局和纵列式布局兼而有之	综合利用两种布局的优点，但可能会增加货位与储位管理的定位难度
倾斜式布局	货垛倾斜式布局（图 3-5）	是横列式布局的变形，货垛（货架）与仓库侧墙成 60°、45° 或 30° 夹角	便于叉车作业、缩小叉车的回转角度、提高作业效率
	通道倾斜式布局（图 3-6）	仓库的通道斜穿保管区，把仓库划分为具有不同作业特点的区域，如大量存储保管区、少量存储保管区、出入库频繁区等	便于综合利用，仓库内形式复杂，货位和进出库路径较多

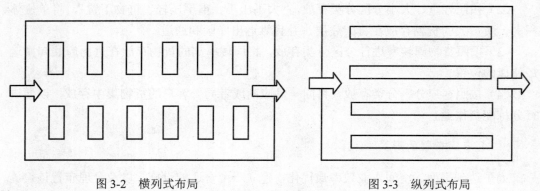

图 3-2　横列式布局　　　　　　　　　图 3-3　纵列式布局

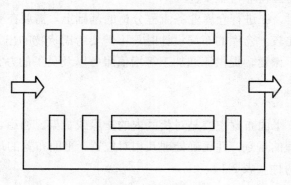

图 3-4　纵横式布局

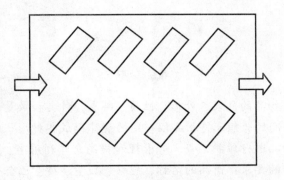

图 3-5　货垛倾斜式布局

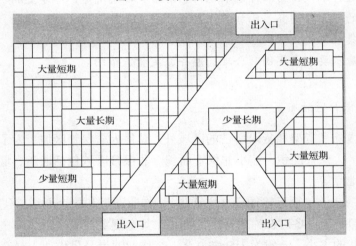

图 3-6　通道倾斜式布局

（2）空间布置：空间布置主要是库存货物在仓库立体空间上的布局，也称为仓库内部竖向布局，其目的在于充分有效地利用仓库空间。其主要形式包括就地堆码、上货架存放、架上平台和空中悬挂等，具体适宜放置的货物如表 3-2 所示。

 想一想

　　不同的仓库货区布置形式各有哪些特点？

表 3-2　空间布置

形式	适宜放置的货物
就地堆码	大批量、单一品种的货物
上货架存放	小批量、多品种的货物
架上平台	根据实际需要，可就地堆码货物或放置货架货物
空中悬挂	可配套悬挂输送机使用的货物、标志、警告语等

堆 码

　　堆码是指根据物品的包装、外形、性质、特点、种类和数量，结合季节和气候情况，以及储存时间的长短，将物品按一定的规律码成各种形状的货垛。堆码的主要目的是便于对物品进行维护、查点等管理和提高仓库利用率。

　　堆码前对货物的要求：商品的名称、规格、数量、质量已全查清；商品已根据物流的需要进行编码；商品外包装完好、清洁、标志清楚；部分受潮、锈蚀以及发生质量变化的不合格商品，已加工恢复或已剔除；为便于机械化作业，准备堆码的商品已进行集装单元化。

　　堆码的基本要求是牢固、合理、整齐、定量、节约。

2. 仓库非保管区的布置

　　仓库库房内除了货架和货垛所占的区域外，其他为非保管区域。为了有效利用仓库空间，应尽量扩大保管面积，缩小非保管面积。非保管区域包括通道、墙间距、收发货区、库内办公地点等。

　　（1）通道：通道包括运输通道（主通道）、作业通道和检查通道。①运输通道（主通道）是供装卸搬运设备时在库内行走的通道，其宽度主要取决于装卸搬运设备的外形尺寸和单元装载的大小，一般为1.5～3.0米。②作业通道是供作业人员存取搬运货物的运动通道，其宽度取决于作业方式和货物的大小，一般为0.5～1.0米。③检查通道是供仓库管理人员检查库存货物数量和质量的运动通道，其宽度只需使一名检查人员自由通过即可，一般为0.5米。

　　（2）墙间距：是货垛和货架与库墙保持的距离。其目的是避免货物受库外湿度的影响而受潮，同时也可作为检查和作业通道。其宽度一般为0.5米左右，兼做作业通道时，其宽度需增加一倍。墙间距兼做作业通道，可以使库内通道形成网络状，方便作业。

　　（3）收发货区：是库内供收货、发货时临时存放货物的作业场地。可根据需要分为收货区和发货区，也可设一个收发货区，供收发货共用，但要考虑到收货、发货互不干扰。收发货区一般靠近库门和运输通道，可根据需要设在库房的两端或适中的位置。如果条件允许，还可以在此处设置合格品区、不合格品区、待处理区等。

知识链接

收发货区面积大小的确定依据

（1）一次收发货批量的大小。

（2）供货方和用户的数量。

（3）货物规格品种的多少。

（4）收发货作业效率的高低。

（5）仓库的设备情况。

（6）收发货的均衡性。

（7）发货方式。

（4）库内办公地点：是仓库管理人员的办公地点，可设在库内，也可设在库外。最好设在库外，这样既经济，又安全。如果设在库内，可设简单的办公桌椅，还应做好防火隔离。

知识链接

货架（货场）货位定位能力

货位存放，保证"规格不串、材质不混、先进先出"。货位存放方式一般分为固定型和流动型两种。固定型是一种利用信息系统事先将货架进行分类、编号，并编制货架代码，各货架内放置的货物事先加以确定的货位存放方式。流动型是所有货物按顺序摆放在空的货架中，不事先确定各类货物专用的货架。通常情况下，仓库货位定位采用固定型。

货位编号的方法有：地址法（"四号定位""六号定位""八号定位"等）、区段法和品类群法。地址法定位较常用，是利用保管区中的现成参考单位，如建筑物第几栋、区段、排、行、层、格等，按相关顺序编号。通常采用的编号方法为"四号定位"法。"四号定位"是采用4个数字号对应库房（货棚、货场）、货架（货区）、层次（排次）、货位（垛位）进行统一编号，如"3—4—2—7"指的是3号库房（货棚、货场）、4号货架（货区）、第2层（排）、7号货位（垛位）。

编号时，库房一般用"K"代表，货棚用"P"代表，货场用"C"代表。面向货架从下往上编写层号，从左往右编写货架号和货架列号。

任务实施

在仓库实训室或合适场地进行现场布局，对布局设计完成较好的作业进行展示。

交流讨论

仓库货物分区分类和货位编码的具体操作方法是怎样的？

任务考评

知识巩固

（一）单项选择题

1. 适宜放置大批量、单一品种的货物的空间布置形式是（　　）。
   A. 空中悬挂　　　　　　　　　　B. 架上平台
   C. 上货架存放　　　　　　　　　D. 就地堆码
2. 属于倾斜式布局的形式是（　　）。
   A. 横列式布局　　　　　　　　　B. 纵列式布局
   C. 货垛倾斜式布局　　　　　　　D. 纵横式布局
3. 货垛（货架）的长度方向与仓库侧墙互相垂直的布局是（　　）。
   A. 横列式布局　　B. 纵列式布局　　C. 纵横式布局　　D. 通道倾斜布局

（二）多项选择题

1. 仓库建筑位置的一般要求包括（　　）。
   A. 客户条件　　B. 自然条件　　C. 运输条件　　D. 劳动力条件
2. 堆码的基本要求包括（　　）。
   A. 合理　　　　B. 牢固　　　　C. 定量　　　　D. 整齐
3. 仓库非保管区域包括（　　）。
   A. 通道　　　　B. 墙间距　　　C. 收发货区　　D. 库内办公地点

（三）简答题

1. 简述仓库布置的基本思路。
2. 简述仓库选址时应注意的问题。

为确保货物安全，你认为在选择货位时应注意哪些问题？

任务三　仓储作业管理

任务目标

教学知识目标

1. 了解仓库作业所需的单据。

2. 熟悉仓储业务流程的三大环节和具体业务。

岗位技能目标

能够按规范完成仓储出入库和在库作业任务。

任务导入

苏宁仓储配送管理系统

南京苏宁物流基地位于雨花现代综合物流园，集苏宁电器服务总部、物流配送中心、售后服务中心、客服呼叫中心、培训中心及全国性数据中心于一体，是苏宁电器第三代综合性物流基地，占地面积 350 亩（1 亩≈666.7 平方米）。基地的物流配送中心采用普通货架库与自动化立体仓库相结合的建设方式，仓库面积 46000 平方米，引入了先进的存储、搬运、输送、分拣设备和信息管理系统，可实现物流的机械化、自动化、信息化操作和管理，日吞吐能力可达最大入库 17000 台，最大出库 24000 台。

物流配送中心使用 WMS（warehouse management system，仓库管理系统），可以有效支持不同用户的不同信息需求，更加合理地平衡工作负载，减少级别错误，提高库存准确性和仓储空间利用率，降低作业成本。物流配送中心的另一个重要核心软件系统 TMS（transportation management system，运输管理系统）能够针对订单的零售配送和长途配送，优化路线排程计划，有效减少配送里程和工作时间，彻底转变人工排程的传统作业方式。计划建立的多媒体监控系统，具有图像监控、通信视频、信息汇聚、指挥调度等功能，可以对全国所有连锁店面、物流中心、售后网点进行监控和实时管理。建成后，苏宁物流配送中心可实现 200 千米范围内 24 小时直接送货上门，支持年销售额达 120 亿元。

◆ 问题

1. 结合案例分析仓储业务的基本流程是什么。

2. 货物在库时需注意些什么？

3. 试想作为一名仓管员，该如何做好自己的工作。

◆分析

仓储配送即能为客户提供仓储，运输，配送，包装；为商贸流通企业、生产企业等提供一体化的供应链解决方案和整体物流服务，帮助企业、客户降低物流成本，解除后顾之忧的第三方物流企业专业综合物流服务。仓储能对货物进入下一个环节前的质量起保证作用，是保证社会再生产过程顺利进行的必要条件，是加快商品流通、节约流通费用的重要手段。

必备知识

仓储作业管理可以划分为 3 个主要环节，即货物入库作业、货物在库作业、货物出库作业。

一、货物入库作业

货物入库作业又称为收货业务，主要包括以下内容。

1. 预入库准备

在货物到达仓库之前，仓储管理部门会与客户进行沟通，将入库货物清单发给仓储方，作为仓储方需做以下工作。

想一想

作为一名仓管员，货物入库前首先要做哪些工作？

（1）仔细研究合同副本。仓储方与客户先就双方需求进行仓储合同的签订。仓库主管组织相关人员仔细研究合同副本的内容，并进行相关准备。

（2）熟悉入库货物的状况（品种、规格、数量、包装状态、到库确切时间、存期等）。

（3）现场实地参观（实际情况）。查看入库期间仓库的库容、设备、人员的变动情况（特别是一些特殊设备），必要时做好清查、清理归位及腾仓工作。

（4）制订仓储计划。据货物情况、仓库情况、设备情况、仓库人员情况等制订计划。

（5）妥善安排货位。分区分类，依据货物性能、数量、类别等安排合理的货位；进行必要的清洁、消毒、除虫，检查通风、照明等。

（6）苫垫材料、作业工具（验收、点数、称重、测试、开箱工具等）的准备。

（7）文件单据的准备，如各种报表、单证、账簿等。

（8）装卸搬运工艺的设计，包括使用的工具、行走的线路等。

（9）组织人员到位。依据入库货物的具体情况组织相关人员（设备、场地）。

2. 货物接运

货物接运是与货物交付方办理交接手续，提取入库货物的过程，要做到手续清楚、责任明确。

按照仓库货物的来源方式，货物接运形式包括以下几种。

（1）提货：又可分为到车站、码头提货；到货主单位提货；托运单位送货到库接货；铁路专用线到货接运。在提货时，要做好入库准备，熟悉货物；当场验收（双方都在场），索取相关证明，做好相关记录；办理交接手续，接收货物。

（2）仓库收货：货物到库后，仓库收货人核对入库凭证与所收货物是否一致，当场验收，无误后与送货人办理交接手续。

（3）过户：库存货物的所有权因购销业务发生变化，但货物仍在仓库保管，仓管员需在双方都在场的情况下下达调拨单和入库单。

（4）转库：因某些原因，货物保管位置发生改变，仓管员需凭转库单办理入库手续。

3. 货物验收

货物验收是仓库在货物正式入库之前，仓管员按照一定的程序和手续，对到库货物进行数量和质量的检查。货物验收是入库环节中的"重头戏"，其直接影响后期的在库和出库作业管理。

（1）验收前准备：根据货物性质、数量等情况，做好验收前人员、设备、器具、凭证等准备工作。

（2）核单：货物到库后，仓管员核对送货人提供的送货单和之前发来的入库货物清单，确认是否与所到货物一致。

知识链接

检验货物的方法

（1）视觉检验，利用视觉来检查货物的状态、外形、颜色等。

（2）听觉检查，通过轻度敲击、操作等方法听音辨质。

（3）触觉检验，利用手感来辨质。

（4）嗅觉、味觉检验，通过闻气味来判断，一般不提倡通过味觉来判断。

（5）仪器检验，使用专业仪器来辨质。

（3）检查货物：包括货物质量检验和数量检验。货物质量检验有包装检验（查外包装、包装标准与依据，如有特殊需要，还需开箱检验）和货物本身的检验。数量检验主

想一想

哪些类型的货物需要全检，哪些类型的货物只需抽检？

要有计件、检斤、检尺等形式，有全检和抽检两种方式。

（4）验收异常情况处理：入库验收中发现异常情况，应依据相关对策及时进行处理，划清责任，记录在册。

（5）签收单据：验收无误后，在送货单上的“验收情况”处填写相关内容，并签字。

4. 入库存储

将检验合格的货物，放置在事先安排好的货位处，并办理相关入库手续，具体包括以下几点。

（1）登记收货台账：根据入库单填制收货台账，如图3-7所示。

年　月

物资编号	物资名称	规格型号	单位	单价	入仓数量	实收数量	品质等级	采购单号	交货人	检验员	收货员	存储位置	备注

复核：　　　　登记：　　　　仓库主管：

图3-7　收货台账

（2）立卡：货位卡应放置在货物所在货架或货垛的明显位置，填写货物的名称、规格、数量、出入状态、经办人等信息。

（3）建档：可以将与货物相关的单证等资料按客户分别建档，以便仓储方后期业务的开展。

（4）签单：仓库主管签发仓单，交给客户保管。

二、货物在库作业

对在库货物及随货物一起入库的配套设备等进行养护、安全作业和库存管理，即货物在库作业。

1. 养护、安全作业

对在库货物及随货物一起入库的配套设备等进行保养和维护等日常管理，包括货物状态、仓库温湿度、仓库的 5S 标准检查、消防安全等。

2. 库存管理

为了更好地发挥供给与需求的调节作用，保障商品流通的顺利进行，需要对库存货物进行计划、组织、控制等仓储库存管理作业，包括对库存货物进行盘点、数据处理、保管、发放等。

知识链接

盘　　点

为了更好地掌握仓库货物的流动情况，需要定期或临时对库存货物的实际数量进行清查、清点的作业，以便准确地掌握库存数量。

盘点分为手工盘点、盘点机盘点。

盘点流程具体如下。

（1）盘点前准备：编制盘点计划、确定盘点时间、盘点环境准备、单据准备、盘点工具准备、人员安排与培训等。如果有必要，还需通知货主暂时封库，在此期间不办理送货和提货业务，结清各种未办手续。

（2）进行预盘和复盘：需进行账面盘点和实物盘点，有时只进行账面盘点。做好记录，明确责任。

（3）盘后工作：包括盘后整理和盘点结果处理。盘后整理主要进行货物和环境整理，以保证后期存储业务的开展。针对盘点差异，一定要查明原因，划清责任，对于盘点结果差异较大的，还需进行重新盘点。

三、货物出库作业

货物出库作业是仓库根据货主开具的货物出库凭证（提货单、调拨单），按其所列商品名称、规格、型号、数量等项目，组织货物出库，并进行核单、备货、复核、清点交接、清理现场、登账等一系列工作的总称。

1. 货物出库前准备

货物出库的方式无论是客户自提、送货上门、代办托运，还是过户、转仓和取样，都要进行货物出库前的准备工作，以保证货物能及时、准确出库。

（1）包装整理：货物经过多次装卸、搬运、翻仓、拆检，其包装可能会受损。在出库前，要视情况对包装进行更换、整理、加固或更换包装标志等，以利于货物的在途运输和客户的满意体验。

（2）配货：根据货主的需要进行配货，如有些需要拆零，有些需要拼箱等，应该提前做好准备，以免延误时间。

（3）用品、设备准备：货物出库时，会根据需要进行包装材料、衬垫物、打包工具、刷唛用具等的准备，也会根据货物特性和场地条件进行装卸、搬运设备等的准备。

（4）人员、单证准备：合理组织相关人员，备齐相关单证材料，顺利完成出库作业。

2. 核对凭证

仓管人员要仔细审核提货人出具的出库凭证的真实性和合法性，同时核对上面所列货物的名称、数量、规格、型号、单价、包装等信息与仓库出库单上所列货物的信息是否一致。

3. 备货、理货

备货、理货，也称为拣货作业，仓管人员要按出库凭证所列货物的内容进行备货，为了提高货物的出库效率，应先理单，将出库单按照一定规律排序，找准货位，以单找货，同时完成下架、销卡作业。在拣选货物时，常常根据订单情况，采用"摘果式"、"播种式"或两者结合式进行备货。备货完成后，将出库货物按照不同分类方式（客户、商品类别等）放置在备货区，进行核对、置唛等理货作业。

> **想一想**
>
> 在拣选方式中，"摘果式"和"播种式"分别适合哪种出库单？

4. 复核

为了避免货物出库差错，备货后需进行复核，包括出库货物与出库单所列内容是否一致；与货物一同出库的相关单证、配套设备、附件等是否齐全；货物外观质量、包装等是否完好。

5. 包装、刷唛

为了保障货物在运输途中不受损坏，提高客户的满意度，货物需要根据具体要求进行包装、加固、衬垫等包装作业，同时要在包装相应位置填制唛头，以方便运输作业。

6. 清点交接

仓管员与提货人进行现场清点交接，双方在相应位置填写内容并签字，对一些特殊情况，如货物使用方法、注意事项等，仓管员应与提货人交代清楚，划清责任。

7. 清理作业现场

货物出库后，仓管员应将因为出库作业造成的货垛被拆、货位闲置、设备离位等情况进行合理处置，完成相应的并垛、挪位等作业，同时要对作业现场进行清扫处理，以保持保管场所的整洁。

8. 登账

仓管员需要根据出库单登账，准确记录货物的变动情况，如出库数、结余、货位变动等情况。

9. 货物出库后异常问题的处理

在货物出库作业中，可能会出现一些问题，应及时处理。

（1）货物规格混串、数量不符。如果货物已出库但未离开仓储单位的，经协商后，错配货物经入库验收后重新入库，再将符合要求的货物重新出库；如果货物在途，则需及时联系追回。划清责任，及时处理。

（2）货物有质量问题，客户要求退、换货的，应由质检部门出具相关证明材料，经主管部门同意后，方可退、换货。退、换货商品须达到入库验收的标准，才能入库。

（3）货物出库后，发现账实不符。应派专员及时查明原因，是多发、错发，还是其他情况，查找追回，避免损失。

知识链接

物 流 安 全

安全是生产和生活中最重要、最基本的需求，安全是人类永恒的话题。随着我国物流业的发展，物流安全越来越受到重视。

我国国家标准《物流术语》对物流（logistics）的定义是："物品从供应地向接收地的实体流动过程。根据实际需要，将运输、仓储、装卸搬运、包装、流通加工、配送、信息处理等基本功能实施有机结合。"依据物流的发展情况和物流对安全的需求，可以认为，物流安全是为了保证物品在从供应地向接收地的实体流动过程中的运输、仓储、装卸搬运、包装、流通加工、配送、信息处理等基本功能的顺利实现，保障人、设施设备、货物、信息等的安全、不受损害，确保最大的经济和安全效益。

物流安全应加强预防及应急处理工作，为物流活动提供安全保障。

任务实施

科学、高效地完成仓储出入库和在库作业任务。

交流讨论

仓储岗位有哪些，各岗位的职责是什么？

任务考评

知识巩固

（一）单项选择题

1. 货物入库作业又称为（   ）。
   A. 核单业务   B. 库存管理业务
   C. 收货业务   D. 在库业务
2. 预入库准备不包括（   ）。
   A. 仔细研究合同副本   B. 熟悉入库货物的状况
   C. 检查货物   D. 制订仓储计划
3. 直接影响后期的在库和出库作业管理的是（   ）。
   A. 货物验收   B. 货物接运
   C. 凭证核对   D. 仓库管理水平

（二）多项选择题

1. 入库储存包括（   ）。
   A. 登记收货台账   B. 立卡
   C. 建档   D. 签单
2. 仓储作业管理的主要环节包括（   ）。
   A. 货物入库作业   B. 货物在库作业
   C. 货物出库作业   D. 货物运输作业
3. 属于货物出库作业的有（   ）。
   A. 核对凭证   B. 包装、刷唛
   C. 清点交接   D. 备货、理货

（三）简答题

1. 简述货物出库前应做哪些准备。
2. 简述检验合格的货物，需要办理哪些入库手续。

技能提高

2016 年华创环宇物流公司仓库由于备货时不够仔细，导致错发货，将货主计划近期只在华东地区销售的货物品种发送至异地，从而打乱了货主的整个营销策略，使货主的预期目标不能实现。根据合同中的有关条款，该物流公司将赔付高达 30 万元的罚款，后经与货主多次协商，对方才做出了让步。

请分析回答下列问题：

1. 分析该仓库的事故可能出在哪些环节。
2. 货物出库时有哪些要求？

模 拟 实 训

实训　入库作业训练

一、实训目标

灵活地运用所学知识，完成入库流程操作和入库单的填制。

二、实训内容

（1）入库单的填制。
（2）入库作业流程的操作。

三、实训要点

（1）入库信息处理。信息员根据入库通知单录入入库订单，生成作业计划，打印入库单。

（2）入库验收作业。根据入库单，到收货理货区验收货物，根据实际验收情况填写入库单。当出现实收货物数量与入库单上的数量不符或质量问题时，仓库管理员要在入库单上注明情况，并以实际收货数量入库。验收无误后，仓库管理员在入库单上签字确认并与送货人员进行交接。

（3）入库理货作业。利用设备或人工从托盘存放区抬取空托盘到收货理货区，若人工抬取空托盘，则必须由两个人一起搬运，而且一次只允许抬取一个空托盘。利用 RF 手持终端扫描货物标签和托盘标签完成组盘作业。

（4）入库搬运作业。利用 RF 手持终端扫描托盘标签，下载入库搬运任务，利用手动搬运车将货物从收货理货区运至托盘货架交接区。

（5）入库上架作业。用堆高车从托盘货架交接区接收待上架托盘，利用 RF 手持终端扫描托盘标签下载入库上架任务，完成货物上架，并确认目标货位地址。

四、实训要求

将全班学生分组，每组 5～8 人，安排组长 1 名。实训时要相互配合，充分发挥团队精神。要遵守纪律，听从指挥，具有安全意识。

项目三选择题答案

项目四
认知装卸搬运

项目概况

在整个物流过程中，装卸搬运是不断出现和反复进行的，它出现的频率高于其他各项物流活动。装卸搬运作业技巧复杂，配备的设备科技含量高，花费时间长，消耗人力多，接触货物频率高，直接影响物流效率和物流成本，决定物流技术经济效果。因此，装卸搬运的合理性、科学性在整个物流活动中处于重要地位。

项目导入

走近装卸搬运

有不少企业，货物的销量不错，但盈利甚少，到底是什么阻滞了企业的发展呢？经过深入调查发现，这些企业普遍存在一个问题就是成本居高不下，其中物流成本就占总成本的一半以上。

装卸搬运是衔接物流各环节活动正常进行的关键，而企业往往会忽视这一点，原本出于节约成本的考虑，配备的搬运设备比较简易，现代化程度低，可能只有几个小型货架和手推车，大多数作业仍处于人工作业为主的原始状态，工作效率低，且易损坏货物。

再加之仓库设计得不合理，造成长距离的搬运。库内作业流程混乱，形成重复搬运，损坏了商品，也浪费了时间，最后得不偿失。

现代化的装卸搬运工艺，除了配备科技含量较高的设备，还需合理设计搬运路线，科学规划装卸搬运场地等。

知识导图

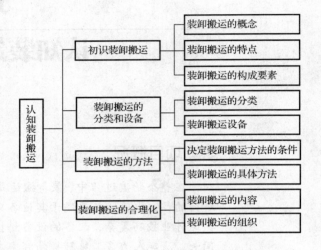

任务一　初识装卸搬运

任务目标

教学知识目标

1. 认识装卸搬运的概念。

2. 了解装卸搬运的特点。

3. 熟知装卸搬运的构成要素。

岗位技能目标

1. 能够描述装卸搬运在物流活动中所起的作用。

2. 掌握装卸搬运中构成要素是如何相互配合的。

任务导入

联华便利物流

联华超市创建于 1991 年 5 月，其 logo 如图 4-1 所示，它是上海首家以发展连锁经营为特色的商业公司。该公司拥有高效便捷的物流配送中心，总面积达 8000 平方米，由 4 层楼的复式结构组成。为了实现货物的便捷装卸搬运，配备的装卸搬运机械设备主要包括电动叉车 8 辆、手动托盘搬运车 20 辆、垂直升降机 2 台、笼车 1000 辆、辊道输送机 5 条、数字拣选设备 2400 套等。

图 4-1 联华超市 logo

装卸搬运货物的具体操作过程如下：卸下货物后，将其装在托盘上，由手动叉车搬运至入库运载处。入库运载装置上升，将货物送上入库输送带。接到向 1 层搬送指令的托盘，在经过升降机平台时，不需要搬运，直接从当前位置经过 1 层的入库输送带自动分配到 1 层的入库区等待入库；接到向 2～4 层搬送指令的托盘，由垂直升降机将其自动传输到所需楼层。当升降机到达指定楼层时，由各层的入库输送带自动搬送货物至入库区，再由叉车从输送带上取下托盘，完成货物入库。

出库时，根据订单进行拣选配货，拣选后的出库货物用笼车装载，由各层平台通过笼车垂直输送机送至 1 层的出货区，装到相应的运输车上。

先进、实用的装卸搬运系统，为联华超市的发展提供了强大的支持，使联华便利物流的运作能力和效率大大提高。

◆问题

1. 结合案例描述装卸搬运在物流活动中所起的作用。
2. 案例中装卸搬运的构成要素是如何配合运作的？

◆分析

装卸搬运在整个物流过程中占有很重要的位置。物流过程各环节之间以及同一环节不同活动之间，都是通过装卸搬运作业有机结合起来的。装卸搬运活动使货物在各环节、各种活动中处于连续运动或流动状态。各种不同的运输方式之所以能联合运输，也是由于装卸搬运才实现的。在许多生产领域和流通领域中，装卸搬运已经成为生产过程的重要组成部分和保障系统。

必备知识

一、装卸搬运的概念

我国《物流术语》对装卸的定义为：物品在指定地点以人力或机械实施垂直位移的作业。《物流术语》对搬运的定义为：在同一场所内，对物品进行水平移动为主的作业。实际操作中，装卸和搬运活动往往是密不可分的，因此通常合称为"装卸搬运"。装卸搬运是指在同一区域范围内，以改变物品的存放状态和空间位置为主要内容和目的的活动。其具体包括装上、卸下、移送、拣选、分类、堆垛、入库、出库等。装卸搬运是衔接物流各作业环节的纽带，是各环节活动正常进行的关键。

二、装卸搬运的特点

1. 装卸搬运具有附属性和伴生性

装卸搬运存在于整个物流活动中。装卸搬运是物流每一项活动开始及结束时必然发生的活动。比如在运输过程中，无论采取哪一种运输方式，其运输过程都包括了装货—运送—卸货这 3 个主要环节，装卸搬运是第一环节，也是最终环节。因此，装货是运输的开始，卸货是运输的结束。没有装卸搬运，运输无法进行，也无法完成。

2. 装卸搬运是支持性、保障性的活动

装卸搬运的保障与服务，影响着其他物流活动的质量和速度。在物流活动过程中，由于货物的多样性，需要不同的装卸搬运工艺的支持。装卸搬运时间所占比重很大，装卸搬运工艺的合理化，是缩短装卸搬运时间、加速周转、提高效率、降低成本的重要途径。装卸搬运作业需要人与货物、场地、设备等相结合，作业量大，作业环境复杂，导致了装卸搬运作业中存在着不安全的因素和隐患，这就需要严格执行安全操作规程，确保装卸搬运活动的质量。

> **想一想**
>
> 举例说明装卸搬运活动的支持性、保障性体现在哪些方面。

3. 装卸搬运是一种衔接性的活动

装卸搬运是一项物流活动的开始，也是另一项物流活动的终结，具有"起讫"性。物流活动中各要素中，如运输、储存、包装等以装卸搬运为始，以装卸搬运为终。装卸搬运是物流各功能之间能否形成有机联系和紧密衔接的关键，有效的衔接可以推动整个物流系统的有效运转。如联合运输方式就是着力解决这种衔接而实现的。

4. 装卸搬运的作业量大

装卸搬运在整个物流活动中是不断出现和反复进行的，它出现的频率高，作业量大。比如在仓储作业中，装卸搬运作业就有堆码、堆装、拆装作业和分拣、配（备）货作业等。

5. 装卸搬运的作业对象复杂

通常认为装卸搬运只是改变货物的存放状态和几何位置，作业比较简单，事实是装卸搬运常常与运输、仓储等紧密衔接，除基本的装卸搬运以外，还要同时进行堆码、堆装、加固、拆装、计量、取样、检验、分拣、配货等作业，以便充分利用载运工具、仓容等，因而作业对象相对复杂。

6. 装卸搬运的作业不均衡

装卸搬运应该力求与生产、流通领域过程一致，均衡作业，但是由于现实物流活动过程中运输工具的到发时间、货物出入库的不均衡，作业活动经常是突击的、间歇的、波动的，因而装卸搬运的作业也表现出不均衡。

7. 装卸搬运作业对安全性要求较高

装卸搬运的作业对象相对复杂，而且其在整个物流活动中具有伴生性、衔接性等特点，因而其是否安全、有效作业，直接影响整个物流活动各功能要素的协同作业的好坏。

8. 装卸搬运作业是增加物流成本的活动

装卸搬运既不增加作业对象的使用价值，也不能直接增加货物的价值，而且在装卸搬运过程中易造成货物数量、质量的缺失，因而装卸搬运作业是增加物流成本的活动。

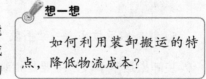

想一想

如何利用装卸搬运的特点，降低物流成本？

三、装卸搬运的构成要素

1. 装卸搬运主体——"劳动者"

装卸搬运的主体"劳动者"应进行过培训，考试合格，必须具有较高的安全意识，具备安全装卸、搬运技能。

2. 装卸搬运对象——"物"

装卸搬运的对象"物"，在运输里可称之为货物、物资等，在仓储里可称之为货物、商品、物品等。"物"的品种繁多，形式多样，对装卸搬运的工艺要求较高。

3. 装卸搬运环境——"场所"

装卸搬运的环境"场所"，可以在运输的两个端点，即起始、终点，也可以在库房、码头、车站等，装卸搬运因"场所"不同，应配备相应的装卸搬运机器、工具和方式、方法。

4. 装卸搬运要求——"时间"

装卸搬运持续的时间，包括准备、实施、清理等作业需要的时间。由于装卸搬运作业对象的复杂性，导致装卸搬运所花费的时间有所不同。比如货物包装的状态不同时，装卸搬运的时间不同，即使货物不变，装卸搬运的时间也会不同。

知识链接

装卸搬运的作用

装卸搬运的作用主要有以下几点。

（1）对缩短生产周期，降低生产过程中的物流费用，提升周转速度起到重要作用。

（2）保障生产和流通各环节得以顺利进行的重要条件。

（3）制约着物流过程中的其他各项活动，是提升物流速度的关键。

5. 装卸搬运技术——"手段"

装卸搬运"手段"主要是指装卸搬运作业过程中所使用的方式、方法等，比如装卸手段不同，速度不同，对物流成本产生的影响也不同。要想适应现代化的装卸搬运要求，就应该使用一些技术含量高的机械设备和先进的装卸搬运工艺等。

知识链接

装卸搬运人员的职权及相关要求

装卸搬运过程中消耗的人力不少，但科学、安全的装卸搬运技能可以大大降低人工作业的强度，提高物流效率。除了配置相关的设备以外，装卸搬运劳动者应进行过培养训练，具备较高的安全意识，掌握安全装卸搬运技能。

装卸搬运人员职权包括仓库安全作业、货物搬运、货物储存、5S 推行等各项工作的完善、优化建议权；有权且必须制止发生在仓库的各种违反消防及安全、货物进出仓管理、损坏货物、保密制度、5S 推行等的行为。

装卸搬运人员应该熟悉货物规格、型号以及货物性能，同时熟悉物流作业流程管理，及时按要求完成装卸搬运作业。

 任务实施

教师带领学生拜访仓储企业，实地完成一次库内装卸搬运作业或跟岗实习。

交流讨论

在实际装卸搬运的作业过程中，其构成要素如何配合才能提高效率？

任务考评

知识巩固

（一）单项选择题

1. 在同一区域范围内，以改变物品的存放状态和空间位置为主要内容和目的的活动称为（   ）。

    A. 运输　　　　　　B. 仓储　　　　　　C. 物流　　　　　　D. 装卸搬运

2. 以下对装卸搬运作业的特点描述不正确的是（   ）。

    A. 作业对象复杂　B. 作业量小　　　C. 作业不均衡　　D. 安全性要求高

3. 衔接物流各作业环节的纽带是（   ）。

    A. 运输　　　　　　B. 仓储　　　　　　C. 配送　　　　　　D. 装卸搬运

4. 装卸搬运中的"装卸"作业主要是（   ）。

    A. 垂直运动　　　　B. 水平运动　　　　C. 左右运动　　　　D. 前后运动

（二）多项选择题

1. 装卸搬运包括（   ）。

    A. 装上、卸下　　　　　　　　　　B. 入库、出库

    C. 移送　　　　　　　　　　　　　D. 拣选

2. 装卸搬运的特点包括（　　　）。

    A. 具有附属性和伴生性　　　　　B. 支持性、保障性

    C. 衔接性　　　　　　　　　　　D. 作业量小

3. 装卸搬运的构成要素有（　　　）。

    A. 劳动者　　　　B. 商家　　　　C. 场所　　　　D. 手段

（三）简答题

1. 简述装卸搬运在物流活动中所起作用。

2. 简述装卸搬运的特点。

3. 简述装卸搬运的构成要素。

技能提高

到装卸搬运企业参观学习，结合所学知识谈一谈如何降低消耗，提高作业效率和作业质量。

任务二　装卸搬运的分类和设备

任务目标

教学知识目标

1. 熟悉装卸搬运的分类依据。

2. 熟悉装卸搬运设备和工具。

3. 掌握装卸搬运设备的选择依据。

岗位技能目标

1. 能够识别不同场所的货物装卸搬运形式。

2. 学会选择合适、高效的装卸搬运设备和工具。

任务导入

居高不下的装卸搬运成本

云南双鹤医药有限公司，是西南地区经营药品品种较多、较全的医药专业公司。公司成立以来，效益一直稳居云南同行业前列。目前，云南双鹤虽已形成规模化的产品生产和网络化的市场销售，但其流通过程中物流管理严重滞后，造成物流成本居高不下，

不能形成价格优势。这严重阻碍了物流客户服务的开拓与发展，成为公司业务发展的"瓶颈"。

装卸搬运活动是衔接物流各环节活动正常进行的关键，而云南双鹤恰好忽视了这一点，由于装卸搬运设备的现代化程度低，只配备了简易的手推车和堆高设备，大多数作业仍处于人工作业为主的原始状态，工作效率低，且易损坏物品。库内作业流程混乱，形成重复搬运，这种过多的搬运次数，损坏了商品，也浪费了时间。

◆问题

1. 结合案例分析，如何才能改变云南双鹤公司物流管理现状。
2. 结合云南双鹤公司仓库的现状，帮其选择合适、高效的装卸搬运设备和工具。

◆分析

装卸搬运成本是物品在装卸搬运过程中所支出费用的总和，由装卸搬运直接费用和营运间接费用构成。装卸搬运作业合理化要坚持省力化、短距化、顺畅化、集中化和人性化原则，尽量采用集装箱装卸、托盘一贯制装卸、多式联运、机械水平搬运、流水线作业、专业装卸线、专业装卸区以及厂矿仓库共用专用线等，既要保证货物完好无损，也要坚持文明装卸，保障人身安全。其目标是节省时间和劳动力，合理组织装卸搬运作业，提高装卸搬运效率，优化装卸搬运成本。

必备知识

一、装卸搬运的分类

装卸搬运主要有以下几种类型。

1. 按作业场所分类

（1）车间装卸搬运：在车间内部各工序间进行的，如原材料、零部件、半成品、在制品、产成品等的取放、分拣、包装、堆码、输送等作业。

（2）站台装卸搬运：在车站、码头或仓库外的装卸站台上进行的，如装车（船）、卸车（船）、集装箱装卸、搬运等作业。

（3）仓库装卸搬运：在仓库、堆场、物流中心、配送中心等进行的，如堆码、分拣、配货、装车等作业。

2. 按作业对象分类

（1）单件货物装卸搬运：对单件逐件货品进行装卸搬运，一般是体积比较大或形状

想一想

你了解装卸搬运工作环境吗？请结合不同的货物需要思考。

比较特殊的货品。

（2）集装货物装卸搬运：将货物集装化后再进行装卸搬运活动。按集装化方式的不同，集装货物装卸搬运可分为集装箱作业法、托盘作业法、货捆作业法、滑板作业法、挂车作业法等。

（3）散装货物装卸搬运：对如煤炭、建材、粮食、水泥、化工原料等大宗货物，为提高装卸搬运效率、降低成本，通常采用散装、散卸的方法。

3. 按作业方式分类

（1）吊上吊下：该方式利用各种起重机械从货物上部起吊，依靠起吊装置的垂直移动实现装卸，并在吊车运行或回转的范围内实现装卸搬运。由于吊起及放下属于垂直运动，这种装卸方式属于垂直装卸。

（2）叉上叉下：该方式利用叉车从货物底部托起货物，并依靠叉车的运动进行货物的位移，搬运完全靠叉车本身，货物可不经中途落地直接放置到目的处。这种方式垂直运动不多而主要是水平运动，属于水平装卸。

（3）滚上滚下：该方式利用叉车、半挂车或汽车承载货物，连同车辆一起开上船，到达目的地后再从船上开下，属于水平装卸。滚上滚下方式需要有专门的船舶，对码头也有不同要求，这种专门的船舶称为"滚装船"。

（4）移上移下：该方式是在两种运输工具之间（如汽车、火车、飞机等）进行靠接，然后利用各种方式将货物通过水平移动从一个运输工具移到另一个运输工具上。移上移下方式需要使两种运输工具水平靠接，因此，需对站台或车辆货台进行改变，并配合移动工具实现这种装卸。

4. 按作业手段及组织水平分类

（1）人工作业：在装卸搬运作业过程中，以人力为主要手段完成作业。

（2）机械化作业：在装卸搬运作业过程中，主要靠机械设备完成货物的装卸搬运，现代化程度高。

（3）综合机械化作业：在装卸搬运作业过程中，实现人机结合，提高作业效率和作业质量。

二、装卸搬运设备

装卸搬运设备是指用来搬移、升降、装卸和短距离输送物料或货物的机械。装卸搬运设备是实现装卸搬运作业机械化的基础，是物流设备中重要的机械设备。

装卸搬运设备为了顺利完成装卸搬运任务，必须适应装卸搬运作业要求。装卸搬运作业要求装卸搬运设备结构简单牢固，作业稳定，造价低廉，易于维修保养，操作灵活方便，安全可靠，能最大程度地发挥其工作能力。装卸搬运的机械性能和作业效率对整个物流系统的作业效率影响很大，其主要工作特点如下。

（1）适应性强：装卸搬运作业受货物品种、作业时间、作业环境等因素的影响较大，而装卸搬运活动又各具特点，这就要求装卸搬运设备具有较强的适应性，能够在各种环境下正常工作。

（2）工作能力强：装卸搬运设备起重能力大，起重范围广，生产作业效率高，具有很强的装卸搬运作业能力。

（3）机动性较差：大部分装卸搬运设备都在设施内完成装卸搬运任务，只有个别装卸搬运设备可在设施外作业。

1. 装卸搬运设备的分类

装卸搬运设备按照主要用途和结构特点，可分为以下几类。

（1）起重机械：用于垂直升降或者垂直升降并水平移动重物的机电设备。起重机械根据结构特点、起升高度、吊装重量、适用范围等不同，可以分为桥式起重机、门式起重机、塔式起重机、流动式起重机、门式起重机、升降机、缆索式起重机等。

（2）装卸搬运车辆：依靠机械本身的运行和装卸机构的功能，实现货物的水平搬运和装卸、码垛的车辆。装卸搬运车辆具有无轨运行机构，绝大多数是轮胎式运行机构，可在特定的区域内工作，如叉车、铲车、单斗车、跨运车、牵引车、挂车、搬运车及集装箱装卸搬运机械等。

（3）连续输送机械：可以将货物在一定的输送线路上，从装载起点到卸载终点以恒定的或变化的速度进行输送，形成连续或脉动物流的机械。连续输送机械的特点是在工作时连续不断地沿同一方向输送散料或质量不大的单件货物，搬运效率高，如带式输送机、刮板输送机、埋刮板输送机、斗式提升机、悬挂输送机等。

（4）自动导引搬运车（AGV）：装有自动导引装置，能沿规定的路径行驶，在车体上还具有编程和停车选择装置、安全保护装置及各种货物移载功能的搬运车辆。自动导引搬运车自动化程度高、美观、方便，占地面积少。

2. 装卸搬运设备的选择

（1）根据不同货物的装卸搬运特征和要求及现场作业量，合理选择具有相应技术特性的装卸搬运设备。

到学校图书馆体验图书装卸搬运的工作环节,思考其中有什么特殊要求。

（2）根据运输与储存的具体条件和作业现场的需要,在正确评估装卸搬运设备的利用率的基础上,合理选择装卸搬运设备。

（3）在能完成同样工作量的前提下,应选择性能好,节省能源,便于维修,有利于环保,方便配套,成本较低的装卸搬运设备。

知 识 链 接

叉车安全驾驶

叉车是搬运车辆,是指对成件托盘货物进行装卸、堆垛和短距离运输作业的各种轮式搬运车辆。叉车广泛应用于车站、港口、机场、工厂、仓库等各地,是机械化装卸、堆垛和短距离运输的高效设备。

作为一名合格的叉车司机应注意以下内容。

（1）只有通过叉车培训及考核,拥有驾驶证的人员才能操作叉车。

（2）叉车禁止在公路上行驶,应在许可的范围内作业。

（3）驾驶工装穿戴齐全,戴安全帽、防护镜、耳套等。

（4）使用前,对叉车进行检查。保持驾驶室清洁。确保所驾驶的叉车处于安全的操作状态。

（5）驾驶前调整好座椅,适当地系紧安全带,工作时手臂等身体部位不要露出护顶架。

（6）注意工作区域内的安全,绝对不允许载人。

（7）装载货物过高挡住视线应倒车行驶或有专人指引,应遵守交通规则及警告、指示性标志。

（8）空载时上坡倒退行驶,下坡时正面行驶。斜坡上启动叉车应注意刹车。

（9）转弯时应避免碰到人、货架、货垛等。

（10）叉车不使用时应降下货叉（货叉上不允许放置货物）,刹车,将方向杆放在中位,使门架向前倾,将叉车停放在指定区域,拔下钥匙。

（11）维护前关闭引擎,未经许可禁止随意增减叉车零件。

任务实施

结合参观场所（或实训场地）和货物特性,选择合适、高效的装卸搬运设备和工具。可借助于互联网观看装卸搬运设备的使用操作规范。

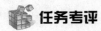 **交流讨论**

列出在物流作业中选配的装卸搬运设备的特点和适用范围，并说明其使用规范。

任务考评

知识巩固

（一）单项选择题

1. 下列装卸搬运的作业方式中，属于垂直装卸的是（　　）。
   A. 叉上叉下　　　　　　　　　　B. 滚上滚下
   C. 吊上吊下　　　　　　　　　　D. 移上移下

2. 利用叉车、半挂车或汽车承载货物，连同车辆一起开上船，到达目的地后再从船上开下，这种装卸搬运的作业方式叫作（　　）。
   A. 滚上滚下　　　　　　　　　　B. 叉上叉下
   C. 吊上吊下　　　　　　　　　　D. 移上移下

3. 在装卸搬运作业过程中，实现人机结合，提高作业效率和作业质量的作业方法是（　　）。
   A. 人工作业　　　　　　　　　　B. 集装作业
   C. 机械化作业　　　　　　　　　D. 综合机械化作业

（二）多项选择题

1. 按作业方法分类，装卸搬运的作业方法包括（　　）。
   A. 吊上吊下　　　　　　　　　　B. 叉上叉下
   C. 滚上滚下　　　　　　　　　　D. 移上移下

2. 根据作业场所不同，装卸搬运可分为（　　）。
   A. 车间装卸搬运　　　　　　　　B. 站台装卸搬运
   C. 单件货物装卸搬运　　　　　　D. 仓库装卸搬运

3. 按作业手段及组织水平分类，装卸搬运可分为（　　）。
   A. 人工作业　　　　　　　　　　B. 集装作业
   C. 机械化作业　　　　　　　　　D. 综合机械化作业

4. 装卸搬运设备按照主要用途和结构特点可分为（　　）。
   A. 起重机械　　　　　　　　　　B. 连续输送机械
   C. 装卸搬运车辆　　　　　　　　D. 自动导引搬运车

5. 起重机械根据结构特点、起升高度、吊装重量、适用范围等不同,可分为（　　）。

    A. 桥式起重机　　　　　　　　B. 门式起重机

    C. 塔式起重机　　　　　　　　D. 流动式起重机

（三）简答题

1. 装卸搬运按作业对象分类,包括哪几类?

2. 装卸搬运按作业手段及组织水平分类,包括哪几类?

3. 简述装卸搬运设备的分类。

技能提高

组织学生在练习场开展叉车"8"字桩和"工"字桩行驶练习。

任务三　装卸搬运的方法

任务目标

教学知识目标

1. 熟悉决定装卸搬运方法的条件。

2. 掌握装卸搬运的方法。

岗位技能目标

1. 识别装卸搬运作业的方法。

2. 能够结合装卸搬运作业的条件选择合适的装卸搬运方法。

任务导入

外包的物流业务

某制药厂,作为制药行业中的旗舰企业,多年来一直保持着较高的市场占有率,但企业实际收益增长缓慢,究其根本,在于其成本支出所占比重很大,其中物流费用占到企业成本的30%～40%,这应是药品成本高居不下的原因之一。为了节约成本,该制药厂将核心业务放在药品研发和市场开拓上,将物流业务外包给了第三方物流企业。

第三方物流企业结合该制药厂的具体情况,为其制定了一整套物流方案。经过一段时期的运作实践,该制药厂的物流成本明显下降。其中的装卸搬运的成本下降得最为明显。根据第三方物流企业出具的分析报告可见，针对药剂物流的特殊性，主要采取集装单元化作业，装卸搬运全程主要靠自动化分拣设备，人员主要负责装卸搬运作业管理的设计、组织及监察工作，信息化程度较高。

◆**问题**

1. 是什么阻碍了该制药厂收益的增长速度？
2. 第三方物流企业根据什么来确定装卸搬运作业的方法？

◆**分析**

为了有效地防止和消除无效装卸搬运作业，可以从以下几个方面入手：尽量减少装卸次数，要使装卸次数降到最少。包装要适宜，包装是物流中不可缺少的辅助作业手段。包装的轻型化、简单化、实用化会不同程度地减少用于包装上的无效劳动。缩短搬运作业的距离，物料在装卸、搬运当中，要实现水平和垂直两个方向的位移，选择最短的路线完成这一活动，就可避免无效劳动。

将物流和装卸业务外包给第三方物流企业，可以使企业实现资源的优化配置，减少用于物流业务方面的车辆、仓库和人力的投入，将有限的人力、财力集中于核心业务，享受专业管理带来的效率和效益。而第三方物流企业利用规模经营的专业优势和成本优势，通过提高各环节能力的利用率，实现节省开支，节约成本的目的。

必备知识

一、决定装卸搬运方法的条件

装卸搬运在整个物流过程中占有很重要的位置。装卸搬运是物流活动得以进行的必要条件之一，在全部物流活动中占有重要地位，发挥重要作用。选择合适的装卸搬运作业方法，可以优化资源，节约成本，提高效率，加快资金周转。

 想一想

不同的商品装卸搬运方法相同吗？试结合图书装卸搬运进行分析。

决定装卸搬运方法的条件包括外在条件和内在条件。此外，在装卸作业组织工作中还要考虑货车装卸搬运的一般条件。

（一）外在条件

1. 货物特征

货物经由包装、集装等活动形成的形态、质量、尺寸（如件装、集装、散装货物）

等对装卸搬运方法的选择有至关重要的影响。如托盘系列集装货物，就宜选择叉车进行装卸的有关作业。

2. 作业内容

装卸搬运中的重点是堆码、装车、拆垛、分拣、配载、搬运等作业，其中以哪一种作业为主或哪几种作业组合，也影响到装卸搬运方法的选择。

3. 运输设备

不同的运输设备，如汽车、轮船、火车、飞机等的装载与运输能力、装运设备尺寸都影响到装卸搬运方法的选择。

4. 运输、仓储设施

运输、仓储设施的配置情况、规模、尺寸大小影响到作业场地、作业设备及作业方法的选择。

（二）内在条件

1. 货物状态

货物状态主要指货物在装卸搬运前后的状态。

2. 装卸搬运动作

装卸搬运动作指在货物装卸搬运各项具体作业中的单个动作及组合。

3. 装卸搬运机械

装卸搬运机械所能实现的动作方式、能力大小、状态尺寸、使用条件、配套工具等以及与其他机械的组合也成为影响装卸搬运方法选择的因素。

4. 作业组织

参加装卸搬运作业的人员素质、工作负荷、时间要求、技能要求对装卸搬运作业方法的选择也有很重要的影响。

（三）货车装卸搬运的一般条件

1. 零担货物装卸搬运

较多地使用人力和手推车、台车和输送机等作业工具，可使用笼式托盘、箱式托盘，以提高货车装卸、分拣及配货等作业的效率。

2. 整车货物装卸搬运

较多采用托盘系列及叉车进行装卸搬运作业。

3. 专用货车装卸搬运

往往需用适合不同货物的固定设施和装卸设备，以满足装卸搬运时的特殊技术要求。如自卸货车，载货部位具有自动倾卸装置，作业时需要连接输送设备，以便顺利完成装卸搬运作业。

以上所述的决定装卸搬运方法的外在条件，同时也是决定其内在条件的因素，而内在条件受外部条件影响所采取的货物状态、装卸搬运动作、装卸搬运机械、工作环境和方式方法，则成为直接决定装卸搬运方法的因素。

想一想

零担运输与整车运输的区别有哪些？试运用手机百度搜索分析。

二、装卸搬运的具体方法

（一）单件作业法

一般单件货物，一些零散货物，长、大、笨重货物，不宜集装的危险货物以及行包等，多采用单件作业法。单件作业法根据作业环境和工作条件可以采用人工作业法、机械化作业法、半机械化作业法、半自动化作业法。

（二）集装作业法

集装作业法是对货物先进行集装，再对集装单元进行装卸搬运的方法。集装作业法一次装卸搬运量大，速度快，由于仅对集装单元进行作业，因而货损、货差小。集装作业法的适用范围较广，一般货物都可进行集装。

1. 托盘作业法

托盘作业法是指用托盘系列集装工具将货物组成集装单元，以便采用叉车等设备实现机械化作业的装卸搬运方法。一些不宜采用平托盘的散件货物可采用笼式托盘组成集装单元。一些批量很大的散装货物，如粮食、食糖、啤酒等可采用专用箱式托盘组成集装单元，再以相应的装载机械、泵压设备等配套，实现托盘作业法。或是将这些散装货物，先经过流通加工装于袋、罐或箱后，再置于平托上。

托盘作为装卸运的重要工具，其主要的优点有：货物装入托盘后，搬运或出入库场可用机械操作，从而缩短货运时间，降低劳动强度；以托盘为运输单位，货物件数变少，体积和重量变大，且每个托盘所装货物数量相同，便于点数、理货交接；货物装盘后可采用捆扎、加固、紧包等技术处理，又可以减少货损、货差事故的发生；托盘投资小，容易相互代用。

托盘根据结构特征不同，可分为平托盘、箱式托盘、柱式托盘、轮式托盘、特种专用托盘等。

2. 集装箱作业法

集装箱作业法是指用集装箱系列集装工具使货物形成集装单元，以便采用相关设备实现机械化作业的装卸搬运方法。该方法多在港口作业或有集装箱专列的火车站采用。装卸搬运集装箱时通常采用垂直装卸法和水平装卸法，有的集装箱在货物堆场也可采用运输能力很大的集装箱叉车装卸搬运。

想一想

集装箱作业法的优点有哪些？举几个生活中的例子说明。

（1）垂直装卸法：在港口可采用集装箱起重机装卸搬运，目前以跨运车方式应用最为广泛，但龙门起重机方式的发展前景较好。在车站以轨道式龙门起重机方式为主，配以叉车较为经济合理，轮胎龙门起重机方式、跨运车方式、动臂起重机方式、侧面装卸机方式也采用得比较多。

（2）水平装卸法：在港口以挂车和叉车为主要装卸搬运设备；在车站主要采用叉车或平移装卸机的方式，在车辆与挂车间或车辆与平移装卸机间进行换装。

集装箱装卸作业的配套设施有维修、清洗、动力、照明、监控、计量、信息和管理设施等。在工业发达国家集装箱堆场作业全自动化已经实现。

3. 框架作业法

框架作业法是指采用木制或金属材料制作成有一定的刚度、韧性，质量较轻的框架来保护商品，以方便装卸搬运的方法。框架作业法适用于管件以及各种易碎建材，如陶瓷产品、玻璃产品等。

4. 货捆作业法

货捆作业法是指用捆装工具将散件货物组成一个集装单元，使其在物流过程中保持形态不变，从而能与其他机械设备配合，实现装卸搬运机械化。木材、建材、金属之类货物最适合采用货捆作业法。

带有与各种货捆配套的专用吊具的门式起重机和悬臂式起重机是货捆作业法的主要装卸机械，叉车、侧叉车、跨车等是配套的搬运机械。

5. 滑板作业法

滑板是用纸板、纤维板、塑料板或金属板制成的，与托盘尺寸一致的、带有翼板的平板，用来放货物组成的搬运单元。与其匹配的装卸搬运机械是带推拉器的叉车。叉取货物时推拉器的钳口夹住滑板的翼板（又称勾舌或卷边），将货物运上货叉，卸货时先对好位，然后叉车后退、推拉器前推，货物放置就位。

滑板作业法虽具有托盘作业法的优点且占用作业场地少，但带推拉器的叉车较重，机动性较差，对货物包装与规格化的要求也很高，不易顺利作业。

6. 网袋作业法

将粉粒状货物装入多种合成纤维和人造纤维编织成的集装袋，将各种袋装货物装入多种合成纤维或人造纤维编织成的网，将各种块状货物装入用钢丝绳编织成的网，这种先集装再进行装卸搬运的方法称为网袋作业法。该作业法适宜于粉粒状货物、各种袋装货物、块状货物、粗杂货物的装卸搬运。网袋集装工具体积小，自重轻，回送方便，可一次或多次使用。

7. 挂车作业法

挂车作业法是指先将货物装到挂车里，然后将挂车拖上或吊到铁路平板车上的作业方法。通常将此作业完成后形成的运输组织方式称为背负式运输，是公路铁路联运的常用组织方式。

（三）散装作业法

为了提高货物装卸搬运效率，散装作业法的应用日益广泛。该方法是指对大批粉状、粒状货物进行无包装的散装、散卸的装卸搬运方法（图4-2）。散装作业法具体可分为重力法、倾翻法、机械法和气力输送法。

图 4-2　散装作业

1. 重力法

重力法是指利用货物的势能来完成装卸搬运作业的方法。它主要适用于铁路运输，汽车也可利用这种装卸搬运作业法。

重力法装车设备有筒仓、溜槽、隧洞等几类。重力法卸车主要指底门开车或漏斗车在高架线或卸车坑道上自动开启车门、煤或矿石依靠重力自行流出的卸车方法。

2. 倾翻法

倾翻法是指将运载工具的载货部分倾翻而将货物卸出的方法。它主要用于铁路敞车和自卸汽车的卸载方法，汽车一般是依靠液压机械装置顶起货厢实现卸载的。

3. 机械法

机械法是指采用各种机械设备，使其工作机构直接作用于货物，如通过舀、抓、铲等作业方式达到装卸搬运目的的方法。

常用的机械设备有带式输送机、堆取料机、装船机、链斗装车机、单斗和多斗装载机、挖掘机及各种抓斗等。

4. 气力输送法

气力输送法是指由具有正压或负压的空气带动粉粒状物料在管道内流动，实现在水平和垂直方向上的移动输送的方法。它主要是利用风机在管道内形成气流，依靠气体的动能或压差输送货物。这种方法便于实现机械化、自动化，可减轻劳动强度，节省人力。在输送过程中，可以同时进行多种工艺操作，如混合、粉碎、分选、干燥、冷却等。气力输送法在铸造、冶金、化工、建材、粮食加工等部门都得到广泛应用。

知识链接

装卸搬运规范

（1）搬运时请轻拿轻放，所有产品不超出托盘的边缘，严禁抛货。

（2）装载或存放时请按要求摆放，重不压轻，大不压小。

（3）装卸或摆放归位时请不要倒放、斜放，应将箭头向上。

（4）所有产品的摆放齐托盘的边缘，成水平垂直直角。

（5）按产品的摆放标识进行摆放，请不要超高。

（6）存放时请把所有的产品标识朝外。

（7）拉货时先做好货物防护（绑带或缠绕膜），再匀速行驶。

（8）严禁溜车，慎防人、货损伤。

（9）作业时请戴上安全帽，装卸时请穿戴好必要的防护用品，垫上五合板或定制的塑料垫板，严禁直接踩踏在货物上。

（10）装载完毕后请叉车司机、仓管员协助司机盖好雨布，严禁直接站在货上盖雨布，并检查好盖完雨布后的状态、质量。

（11）收货时每一个单品的尾数（只允许一个）必须放在最上层，并用红色粉笔标识在外箱上，慎防发货时出错。

任务实施

结合参观场所（或实训场地）和货物特性等，选择适宜的装卸搬运方法。

交流讨论

列出货物的特性、场地特点、机械设备的性能等。

任务考评

知识巩固

（一）单项选择题

1. 一般单件货物，一些零散货物，长、大、笨重货物，不宜集装的危险货物以及行包等，多采用（　　）。

　　A. 单件作业法　　B. 集装作业法　　C. 散装作业法　　D. 机械化作业法

2. 由具有正压或负压的空气带动粉粒状物料在管道内流动，实现在水平和垂直方向上的移动输送的方法为（　　）。

　　A. 气力输送法　　B. 倾翻法　　　　C. 重力法　　　　D. 机械法

3. 先将货物装到挂车里，然后将挂车拖上或吊到铁路平板车上的方法叫作（　　）。

　　A. 框架作业法　　B. 滑板作业法　　C. 挂车作业法　　D. 网袋作业法

4. 对货物先进行集装，再对集装单元进行装卸搬运的方法叫作（　　）。

　　A. 机械化作业法　　　　　　　　　　B. 散装作业法

　　C. 单件作业法　　　　　　　　　　　D. 集装作业法

5. 用捆装工具将散件货物组成一个集装单元，使其在物流过程中保持形态不变，从而能与其他机械设备配合，实现装卸搬运机械化，这样的方法叫作（   ）。

    A. 框架作业法   B. 集装箱作业法

    C. 货捆作业法   D. 网袋作业法

（二）多项选择题

1. 决定装卸搬运方法的条件包括（   ）。

    A. 内在条件   B. 外在条件

    C. 货车装卸搬运的一般条件   D. 特殊条件

2. 决定装卸搬运方法的外在条件包括（   ）。

    A. 货物特征   B. 作业内容

    C. 运输设备   D. 运输、仓储设施

3. 货车装卸搬运的一般条件包括（   ）。

    A. 运输设备   B. 零担货物装卸搬运

    C. 整车货物装卸搬运   D. 专用货车装卸搬运

4. 滑板作业法需要使用滑板，可制作滑板的材料包括（   ）。

    A. 纸板   B. 纤维板

    C. 塑料板   D. 金属板

5. 集装作业法包括（   ）。

    A. 托盘作业法   B. 集装箱作业法

    C. 框架作业法   D. 重力作业法

（三）简答题

1. 简述决定装卸搬运方法的外在条件。

2. 简述决定装卸搬运方法的内在条件。

3. 简述托盘作业法的概念及优点。

技能提高

学校实训仓库储存了一批水果（苹果 95#/70 箱、橙子 85#/65 箱、柚子 5/30 袋），需要发往同城的 A（苹果 25、橙子 20）、B（橙子 27、柚子 10）、C（苹果、橙子、柚子各 7）3 个客户手中，请为仓库出库时的作业设计装卸搬运工艺。

任务四　装卸搬运的合理化

任务目标

教学知识目标

1. 熟悉装卸搬运作业的内容。

2. 熟悉装卸搬运的活性指数。

3. 掌握装卸搬运的合理化措施。

岗位技能目标

1. 能够结合活性理论，改善装卸搬运作业。

2. 能够合理选择装卸搬运设备，合理设计工步和工序，以达到作业合理化、节省劳力、降低能耗，提高搬运效率。

任务导入

渔业公司降下来的物流成本

渤海渔业公司是一家集鱼类收购、加工、储存、销售、出口为一体的大型企业，其生产加工、仓储能力强。经过多年经营，公司获取了良好的社会效益和经济效益。

渤海渔业公司现已步入现代化鱼品深加工企业之列，面对新的机遇与挑战，渤海渔业一方面发挥企业优势，不断创新，另一方面采取行之有效的措施降低成本，提高企业利润。为了降低物流成本，公司改进了现有的生产物流系统，主要采取了以下措施。

（1）深度研究各项装卸搬运作业的必要性，取消、合并装卸搬运环节，降低装卸搬运次数。

（2）在货场内部，同一等级、产地等特性的鱼产品尽可能集中在同一区域进行物流作业。

（3）充分利用和发挥机械作业，增大操作单元，提高作业效率和生产物流的活性，实现物流作业标准化。

（4）合理分解装卸搬运作业环节，提高装卸搬运效率，力争作业时间最短。

（5）建设信息网络，提高生产物流的快速反应能力。

◆ 问题

1. 渤海渔业公司靠什么降低了企业的物流成本？

2. 结合案例分析装卸搬运如何能够做到合理化作业。

◆分析

物流成本是产品在实物运动过程中，如包装、装卸运输、仓储、流通加工等各个活动中所支出的人力、财力和物力的总和。加强物流成本管理就是对物流相关费用进行全面、科学的计划、协调与控制。尽管物流总成本观念对物流管理来讲是一个非常重要的指导思想，但是在物流决策中并没有得到很好的应用。形成这种局面除了经理人员的"隧道视野""本位主义"观念之外，主要障碍来自大多数企业采用账号划分成本，物流成本无法单列示，使分布在采购、生产、销售领域的各项物流成本无法汇总核算。

必备知识

一、装卸搬运的内容

装卸搬运的内容包括以下 3 点。

1. 搬送、移送

为了完成装卸、搬运、分拣活动而发生的较短范围内的货物位移作业，称为搬送、移送，其包括水平搬送、垂直搬送、斜行搬送、组合式搬运等。

> **想一想**
>
> 装卸搬运中最关键的环节是什么？请结合图书的装卸搬运思考。

2. 堆码、取出

堆码是指把货物移动或举升到装运设备或固定设备的指定位置，再按所要求的状态放置的作业。取出是堆码的逆向作业。

3. 分拣、配货

分拣是指在堆码前后或配送之前把货物按品种、出入先后次序、货物流向等进行分类，再放到指定地点的作业。配货是把货物从所定的位置按品种、发货对象、下一步作业种类进行分类的作业。

二、装卸搬运的组织

做好装卸搬运的组织工作，不仅能降低成本，还能大幅度降低风险，缩短装卸搬运所耗时间，还能加快物流速度。

装卸搬运的组织原则

（1）减少装卸搬运环节，装卸搬运程序化。
（2）文明装卸，科学运营。
（3）集中作业，集散分工。
（4）省力节能，提高活性。
（5）协调兼顾，标准通用。
（6）巧装满载，安全高效。

1. 装卸搬运合理化的方法

装卸搬运合理化的目标是防止和消除无效作业。无效作业是指超出必要的装卸、搬运量的作业。防止和消除无效作业对装卸搬运合理化有着重要的影响，具体手段包括包装适宜，尽量减少装卸次数，缩短搬运作业距离。

1）提高货物装卸搬运的灵活性和可运性

货物装卸搬运的活性指数是指货物进行装卸搬运作业的难易程度。活性指数分5级，即0～4级（表4-1），级数越大，装卸搬运越容易。

表4-1 装卸搬运活性指数

级数	状态说明	后期作业说明
0	货物散堆于地面上的状态	集中、搬起、升起、运走
1	货物装箱或经过捆扎后的状态	搬起、升起、运走
2	指数1状态下的货物，放置在托盘或衬垫物上，便于叉车或其他机械作业的状态	升起、运走
3	货物放在叉车、其他搬运机械上或用起重机吊钩勾住，即将移动的状态	运走
4	货物已经在输送设备上，处于启动或作业的状态	保持运动

提高货物装卸搬运的灵活性和可运性，也就是通常所说的提高装卸搬运的活性指数。

2）注意利用重力作用来降低能量消耗

重力式移动货架就是典型的利用重力作用省力的方法，能达到减轻劳动强度和能量消耗的目的。利用重力装卸的实例很多，如一些单位自制的滑梯式运送工具。

3）合理选择装卸搬运机械

一方面，装卸搬运机械化是提高装卸搬运效率的重要环节。不仅要从是否经济合理来考虑，而且还要从加快物流速度、减轻劳动强度和保证人与物的安全等方面来考虑。

另一方面，装卸搬运机械的选择必须依据装卸搬运的货物的性质来决定，对配以箱、袋或集合包装的货物可以采用叉车、吊车、货车装卸，散装粉粒体货物可以使用传送带装卸，散装液体物可以直接向装运设备或储存设备装取。

4）合理选择装卸搬运方式

在装卸搬运过程中，必须根据货物的种类、性质、形状、重量来确定装卸搬运方式。在装卸时对货物的处理大体有 3 种方式：①"分块处理"，即按普通包装对货物逐个进行装卸搬运；②"散装处理"，即对粉粒状货物不加小包装而进行的原样装卸搬运；③"单元组合处理"，即货物以托盘、集装箱为单位进行组合后的装卸搬运。

5）改进装卸搬运的作业方法

装卸搬运是物流过程中重要的一环。合理分解装卸搬运活动，对于改进装卸搬运各项作业，提高装卸搬运效率有着重要的意义。选择作业方法时，既要考虑外在因素，如外形尺寸、包装、作业种类、数量、运输设备、设施等，又要考虑内在因素，如货物状态（散装、组合、液体、固体、气体）、机械性能、作业人员素质能力等。尽量采用现代化管理方法和手段，实现装卸搬运的连贯、顺畅、均衡。

6）创建"复合终端"

所谓的"复合终端"，是对不同运输方式的终端装卸搬运场所，集中建设不同的装卸搬运设施。例如，在复合终端内集中设置水运港、铁路站场、汽车站场等，这样就可以合理配置装卸搬运机械，使各种运输方式有机地联结起来，从而减少装卸搬运次数，大幅提高装卸搬运速度。

2. 装卸搬运作业的要求

装卸搬运作业必须组织严密，加强对人、设备、工艺的管理，严格执行安全操作规定，否则，极易造成人员伤亡、机械和货物损坏的事故。

（1）统一的现场指挥。指挥时有明确固定的信号，以防作业混乱、拥挤、阻塞，发生事故。现场工作人员严格遵守劳动纪律，服从指挥。非现场人员不得在作业区域内逗留。

（2）按操作规则作业。机械作业人员必须经过专门岗位培训，取得相关岗位证书；作业时，严格执行操作规定，不准超负荷作业和超负荷装载或超速度运行。

（3）保证货物和包装完好。杜绝野蛮作业，以免造成货物变形、破损、丢失。做到轻装轻卸，堆码整齐，捆扎牢固，衬垫合理。

（4）禁止各种混装。如人货混装，危险品和普通货物混装，有毒、易污染货物和食品混装。

（5）作业验收完毕后，需要苫盖、捆扎、上锁、封闭，防止运输途中货物的损坏。

除此之外，装卸搬运作业还应以降低资源消耗，提高劳动生产率为目标。

知 识 链 接

货 物 堆 码

提高装卸搬运效率的典型办法就是将单件的货物组合成更大的单元，如托盘、集装箱，目的是在物流过程中加大保护作用和方便装卸搬运。

将货物集装成单元化，就需要对货物进行堆码。货物堆码是根据货物的特性、形状、规格、重量及包装质量等情况，将货物分别叠堆成各种码垛。在进行堆码作业之前，货物必须在数量和质量方面已经验收合格，包装完好，标志清楚，包装外的尘土、雨雪已清理干净。在堆码作业中应坚持"合理、牢固、定量、整齐、节约、方便"的原则。

堆码的方式有重叠式、纵横交错式、旋转交错式、压缝式、衬垫式、俯仰相间式、栽桩式、"五五化"、直立式等。

科学的货物堆码技术、合理的码垛，有利于装卸搬运作业的顺利开展，对降低损耗、提高效率有重大影响。

任务实施

根据作业现场情况，结合活性理论，改善装卸搬运作业，合理选择搬运设备，合理设计工序和工步，以达到作业合理化，节省劳力，降低能耗，提高装卸搬运效率的目的。

交流讨论

装卸搬运合理化应注意哪些问题？

任务考评

（一）单项选择题

1. 将散堆于地面上的货物放置在托盘或衬垫物上，便于叉车或其他机械作业的状态，被定为（   ）。

    A. 1 级活性　　　　B. 2 级活性　　　　C. 3 级活性　　　　D. 4 级活性

2. 把货物移动或举升到装运设备或固定设备的指定位置,再按所要求的状态放置的作业叫作（　　）。

    A. 分拣　　　　　　B. 堆码　　　　　　C. 配货　　　　　　D. 移送

3. 按普通包装对货物逐个进行装卸搬运的货物处理方式叫作（　　）。

    A. 分块处理　　　B. 单元组合处理　　C. 散装处理　　　D. 整批处理

4. 在堆码前后或配送之前把货物按品种、出入先后次序、货物流向等进行分类,再放到指定地点的作业叫作（　　）。

    A. 移送　　　　　　B. 堆码　　　　　　C. 配送　　　　　　D. 分拣

5. 装卸搬运的合理化目标是（　　）。

    A. 节省成本　　　　　　　　　　　　B. 提高作业质量

    C. 防止和消除无效作业　　　　　　D. 保护机械设备

（二）多项选择题

1. 装卸搬运的内容包括（　　）。

    A. 运输　　　　　　　　　　　　　　B. 搬送、移送

    C. 堆码、取出　　　　　　　　　　D. 分拣、配货

2. 装卸搬运的组织原则包括（　　）。

    A. 减少装卸搬运环节,装卸搬运程序化

    B. 集中作业,集散分工

    C. 省力节能,提高活性

    D. 协调兼顾,标准通用

3. 应被禁止混装的货物包括（　　）。

    A. 危险货与普通货物混装　　　　　B. 普通货物混装

    C. 有毒货物和食品混装　　　　　　D. 易污染货物与食品混装

4. 装卸搬运作业的要求包括（　　）。

    A. 按操作规则作业　　　　　　　　B. 统一的现场指挥

    C. 保证货物和包装完好　　　　　　D. 禁止各种混装

5. 货物装箱或经过捆扎后处于装卸搬运活性 1 级,接下来需要完成的作业包括（　　）。

    A. 搬起　　　　　　B. 集中　　　　　　C. 升起　　　　　　D. 运走

（三）简答题

1. 简述不合理装卸搬运的表现。

2. 简述装卸搬运作业合理化的方法。

3. 简述装卸搬运作业的要求。

技能提高

青岛渔业基地为了提高装卸搬运效率，引进了一批先进的装卸搬运设备，但运作一段时间后，发现有部分设备与企业实际作业不能很好地衔接，导致高投入低产出。试分析其中存在的问题。

模 拟 实 训

实训 货物堆垛作业训练

一、货物堆垛的基本方法

常见的堆垛法有以下几种。

① 重叠式［图 4-3（a）]：货物逐件、逐层向上整齐地码放。该方法方便作业和计数，但其稳定性较差，容易倒垛，适用于袋装货物、箱装货物及平板货物、片式货物等。

② 纵横交错式［图 4-3（b）]：每层货物都改变方向向上堆放。采用该方法垛堆稳固，不易倒垛，但其操作不便，每层堆码需转换堆码方向，适用于管材、捆装、长箱装等货物。

③ 俯仰相间式［图 4-3（c）]：对于上下两面可判别凹凸的货物，如槽钢、钢轨、笆筐等，将货物仰放一层，再反向俯放一层，俯仰相间相扣。采用该方法垛堆极为稳定，但其操作不便。

④ 正反交错式［图 4-3（d）]：同一层中，不同列的货物以 90° 垂直码放，相邻两层的货物以相差 180° 的形式码放。采用该方法稳定性高，但操作不便，且包装体之间相互挤压，下部容易压坏。

⑤ 旋转交错式［图 4-3（e）]：第一层相邻的两个包装体互为 90°，两层间码放又相差180°，这样相邻两层之间互相交叉。采用该方法稳定性较高，不易塌垛，但是码放的难度较大，且中间形成空穴，降低了托盘的利用效率。

⑥ 压缝式［图 4-3（f）]：将底层并排摆放，上层放在下层的两件货物之间。如果每层货物都不改变方向，则形成梯形形状；如果每层都改变方向，则类似于纵横交错式。上下层件数的关系分为"2顶1""3顶2""4顶3""5顶4"等。采用该方法垛堆稳固，不易倒垛，但每层码堆的数量不一致，不易计数，适用于圆桶形的、圆管形的货物。

⑦ 通风式［图 4-3（g）]：在堆码货物时，相邻的货物之间应留有空隙，以便通风。层与层之间采用压缝式或纵横交叉式，有利于通风散热，但垛堆所占面积较大，适用于需通风散热的货物。

⑧ 栽柱式 [图 4-3（h）]：码放货物前在货垛两侧栽上木桩或钢棒（如 U 形货架），然后将货物平码在桩与柱之间，码放几层后用铁丝将相对两边的柱拴住，再往上摆放货物。此法适用于棒材、管材等长条状货物。

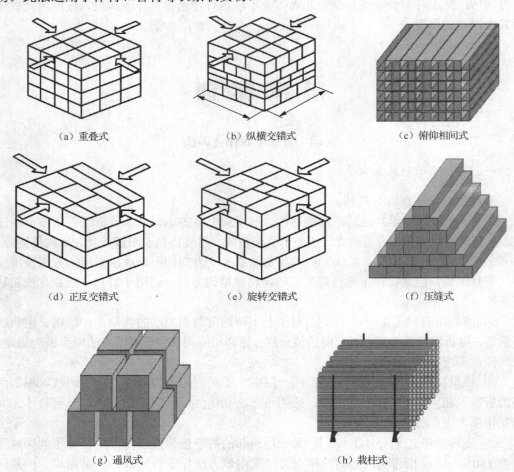

（a）重叠式　　　　　　　　（b）纵横交错式　　　　　　　　（c）俯仰相间式

（d）正反交错式　　　　　　（e）旋转交错式　　　　　　　　（f）压缝式

（g）通风式　　　　　　　　　　　　　　（h）栽柱式

图 4-3　常见堆垛法的示意图

二、实训目标

掌握货物堆垛的方法。

三、实训内容

最好在学校物流实训室进行，没有条件的可由学生自己动手准备若干种数量的货物，参照上述方法练习堆垛技术，教师做好现场指导，确保堆垛方法科学合理。

四、注意事项

堆垛作业容易发生砸伤、碰伤、扭伤等伤害，作业时应注意以下几点。

（1）单人搬运时，要注意腿弯曲、腰部前倾，多发挥腿部力量；双人抬运时，杠子上肩要同起同落；多人抬运时，要有专人喊号子，同时起落，抬运中步伐一致。

（2）用手推车搬运货物，注意平稳，掌握重心，不得猛跑或撒把溜放。前后车距，平地时不小于 2 米，下坡时不小于 10 米。

（3）用汽车装运货物，在搬家车辆停稳后方可进行，货物要按次序堆放平稳整齐。在斜坡地面停车，要将车轮填塞住。

（4）装运有扬尘的垃圾要洒水湿润，装运白灰、水泥等粉状材料要戴口罩。

需要说明的是，在实际工作中，装运化学危险品（如炸药、氧气瓶、乙炔气瓶等）和有毒物品时，要按照安全技术交底的要求进行作业，并由熟练工人作业。作业中要轻拿轻放，互不碰撞，防止剧烈震动。作业人员按规定穿工作服，戴口罩和手套。

项目四选择题答案

项目五
认知包装

项目概况

　　早期的包装主要是保护产品，随着科技进步和商品经济的发展，人们对包装的认识也不断深化。商品的现代包装技术业已成为商品在生产领域和消费领域的延伸服务。在社会再生产的过程中，包装既是生产的终点，又是物流的始点。集装化包装和柔性包装是现代包装的趋势。包装标准化便于包装自动化，能够节省包装成本，提高包装容器的生产效率，加速货物的流通，对改进商业经营有特殊的意义，还可以简化商店的库存管理，可以说，包装标准化是现代物流管理的基础。

项目导入

包装材料的发展趋势

　　塑料用作包装材料是现代包装技术发展的重要标志，因其原材料来源丰富、成本低廉、性能优良、流通使用方便，成为近几十年来世界上发展最快、用量巨大的包装材料之一。但是，塑料包装材料用于食品包装也有很明显的缺点，如存在着一些卫生安全方面的问题及包装废弃物对环境污染的问题。

随着环境保护要求的提高，落后包装被淘汰是必然趋势。塑料材料的改进也是当务之急。在今后一段时间，我国食品和饮料包装的发展将是最明显的：

（1）无菌包装的进一步发展将减少冷藏设备的需要。柔性包装材料也在向优质发展。现在我们已经能自己制造柔性版印刷机及其基材、各种柔性印刷油墨。特别是水性油墨和水性上光剂的正规化生产，可以在其他类型油墨上面再加套一色水性上光，遮住了其余有毒溶剂的挥发，又可直接接触食品，从而保证了食品的安全卫生。

（2）通过改进包装材料性能来降低包装成本，而不是片面追求材料价格的降低，需要经常装料、包封、贮存、运输等商品流程，来保证和提高包装质量。包装轻型化将会继续取得进展。传统的纤维质包装材料（玻璃纸及半透明纸）有逐步被淘汰的趋势。最有可能完全代替玻璃纸的是聚丙烯薄膜。半透明纸（及防油脂纸）将为高密度和低密度的金属箔所代替，尤其是双金属挤压同时加有树脂者，功能可以大大提升。

知识导图

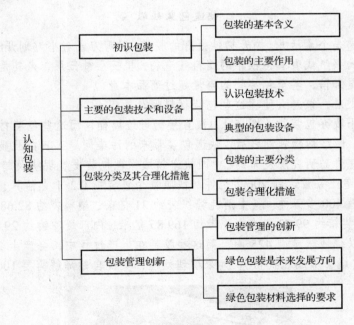

任务一 初识包装

任务目标

教学知识目标
1. 认识生活中的包装现象。
2. 熟悉包装在现实生活中的作用。

岗位技能目标
1. 学会分析包装的主要作用。
2. 掌握包装的广义与狭义之分。

任务导入

快递包装垃圾

现在拆快递是个累活儿。撕开韧性极好的胶带，用剪刀或者小刀划开纸箱或者封套，拿出塞得满满的报纸或者缠得很牢的塑料气泡袋，里三层外三层，尤其是那些易碎易坏物品，包装更是加倍，甚至包装物的重量超过商品本身。

拆完包裹之后，该怎么处理这些包装材料呢？

很多情况下废弃包装物（图 5-1）被直接扔进垃圾桶，而这些包装材料给环境带来了很大的威胁。网络购物狂潮之后，快递包装带来的污染问题正日益凸显。国家邮政局与北京印刷学院青岛研究院发布的《中国快递领域绿色包装发展现状及趋势报告》显示，2015 年全国快递业务量达到 206.7 亿件。按照每个包装箱 0.2 千克估算，200 亿个包裹产生的包装垃圾 400 多万吨。其中消耗编织袋约 31 亿条、塑料袋约 82.68 亿个、封套约 31.05 亿个、包装箱约 99.22 亿个、胶带约 169.85 亿米、内部缓冲物约 29.77 亿个。仅胶带总长度就可以绕地球赤道 425 圈，而这些胶带在生产过程中，会产生 2800 千克气体溶剂 VOCs（焚烧会形成霾状物）。如果填埋处理，实现自然降解需要 100~150 年。

图 5-1 废弃包装物

◆问题

1. 你知道身边的快递包装浪费现象有哪些?
2. 简要分析包装在物流当中的作用。

◆分析

近几年,随着网购和快递业的迅速发展,纸箱、胶带、填充物等快件拆封之后所产生的快递包装随处可见,不仅占用空间,回收起来困难,也给城乡环境造成污染。只有尽快通过立法,形成规范快递垃圾处理,才能更好地节约社会资源,保护好我们的生活环境。

 必备知识

一、包装的基本含义

我国《包装术语 第一部分:基础》中对包装的定义是:"为在流通过程中保护产品,方便储运,促进销售,按一定技术方法而采用的容器、材料及辅助物等的总体名称。也指为了达到上述目的而采用容器、材料和辅助物的过程中施加一定技术方法等的操作活动。"简而言之,包装为包装物和包装操作的总称,具有动、静两层含义。

> **想一想**
>
> 你知道商品为什么需要包装吗?试结合生活实例思考。

不同的国家或组织对包装的含义有不同的表述和理解,但基本意思是一致的,都以包装功能和作用为其核心内容,一般有两重含义:

(1)关于盛装商品的容器、材料及辅助物品,即包装物。
(2)关于实施盛装和封缄、包扎等的技术活动。

二、包装的主要作用

(一)保护商品

包装具有保护商品的作用,目的是使商品无损流通,实现所有权转移。包装的保护作用体现在以下几点。

1. 防止商品破损变形

包装能承受在装卸搬运、运输、保管过程中各种外力的作用,如冲击、震动、颠簸、压缩等的作用,形成对外力破坏的抵抗防护作用。

2. 防止商品发生化学变化

为防止商品在运输、保管过程中发生一系列的化学变化，如吸潮发霉、变质、生锈等，这就要求包装能在一定程度上阻隔水分、溶液、潮气、光线、空气中的酸性气体等，从而起到对商品的保护作用。

3. 防止鼠虫侵入

商品在运输、保管过程中可能发生鼠咬虫食，包装具有阻隔鼠、虫侵入的能力，形成对有害生物的防护作用。

此外，包装还有防止异物混入、污物污染，防止丢失、散失、盗失等作用。

知识链接

鸡蛋的包装

木箱、竹篓包装——平均破损率10%，每年内贸损失5000万千克，价值两亿元。

蛋盒包装——用再生纸浆制作的蛋盒包装，材料再生纸浆极具质感，有一定的韧性和柔性，能有效地减少对蛋壳的冲击，很好地发挥了其保护功能，加之再生纸浆可再回收利用，使得这种包装选材极具环保意义。

（二）方便储运

包装具有方便储运的功能。在物流全程中，科学合理的包装会大大提高物流作业的效率和效果。这就要求包装大小、形态、包装材料、包装重量、包装标志等便于运输、保管、验收、装卸搬运。

（三）标识及促销

包装的外部形态是商品很好的宣传媒介，富有特色的包装可以激发顾客对商品的偏爱和购买欲望。标识功能使商品容易被识别，并创造商品形象，具有广告效力，唤起顾客的购买欲望，起到促销的作用。同时包装物上对操作的说明可用于指导装卸搬运作业。

（四）服务功能

在为客户设计包装时，充分考虑包装与客户使用的装卸搬运、储存设备相适应，尽管可能会导致成本有所增加，但却有利于提高服务水平，从而吸引并留住大批客户。

知识链接

国际快递包装现状

客户在邮寄包裹时，需要按照国际包装邮寄物品的重量、大小、种类、发货渠道选择，再根据国际快递公司建议选择最合适的包装材料进行正确包装。

一般普货可以用气泡袋，PAK袋进行包装。脆弱易碎物品，内件与箱板之间要留出2厘米的空间，用柔软物料充分填塞。箱内物品不止一件时，还要分别用瓦楞纸、海绵等物包扎，防止运输途中碰撞损坏。流质及易溶物品，要先装入完全密封的容器内，再装入箱内，按上述方法填充箱内。对油腻、腥味容易受潮的物品及有色的干粉末，应使用不透油的包皮套封后再装入箱内寄递。对柔软、干燥、耐压、不怕碰撞的物品，可以用布、箱包装。贵重物品，如手表、相机、金银物品、珠宝等要装入坚固耐压的纸质或金属箱匣或者木箱内，箱内空隙的地方用柔软物料妥为填塞，箱外再用坚韧的纸或者用布包装。

任务实施

认识包装，学会包装的基本方法，是学生应当掌握的基本技能。任课教师组织学生到物流企业观看包装的过程，还可借助互联网，组织学生利用手机搜索包装的相关视频，学习包装的基本规范，同时可组织学生在物流实训室开展模拟包装练习，提高动手操作能力。

交流讨论

结合生活中的包装现象，结合学习的包装知识谈一下认识与感想。

任务考评

知识巩固

（一）单项选择题

1. 能防止商品在运输、保管过程中发生吸潮发霉、变质、生锈等，体现了包装具有（　　　）的作用。

　　A. 防止商品破损变形　　　　　　　B. 防止商品发生化学变化
　　C. 促销　　　　　　　　　　　　　D. 防止鼠虫侵入

2. 能承受在装卸搬运、运输、保管过程中各种外力的作用,体现了包装具有(　　)的作用。

　　A. 防止腐朽　　　　　　　　　B. 防止商品破损变形
　　C. 防止丢失　　　　　　　　　D. 防止发生化学变化

（二）多项选择题

1. 包装的主要作用包括(　　)。
　　A. 保护商品　　B. 方便储运　　C. 标识及促销　　D. 服务功能
2. 设计包装时需要考虑的因素包括(　　)。
　　A. 标志性　　　B. 装卸性　　　C. 作业性　　　　D. 保护性

（三）简答题

1. 如何认识包装的含义?
2. 包装与物流的关系如何界定?

技能提高

讨论如何改进快递业包装不足和过度包装的现象。

任务二　主要的包装技术和设备

任务目标

教学知识目标
1. 认识主要的包装技术和设备。
2. 熟悉包装技术在现实生活中的作用。

岗位技能目标
1. 在认识包装基础上,学会应用包装技术为生活服务。
2. 掌握常用的包装技术,并在实践中不断提升。

任务导入

中国未来包装发展趋势

1. 适合于环境保护的绿色包装设计

21 世纪是环保的世纪,现代包装设计在漫长的一段时间里还将继续延续 20 世纪 80

至90年代提出的绿色包装设计概念。经济的快速发展，加快了对自然生态环境的破坏；人民生活水平的提高，各种包装固体废弃物随着人们对商品需求量的增加而增多。包装所带来的环境问题日益突出，人们纷纷致力于研究新的包装材料和环保型设计方法来减少包装固体废物带来的环境问题。

2. 适合于突出商品个性化的包装设计

个性化包装设计是一种牵涉广泛而影响较大的设计方法，主要是针对超市、仓储式销售等因销售环境、场地的不同而采用的不同的设计方法。它对产品本身、企业形象均有影响。包装形象的塑造赋予了包装个性品质、独特风格，以此来吸引消费者。设计包装时就必须系统考虑，对实际情况做不同的分析，考虑各种因素。

3. 安全防伪的包装设计

现代科技的高速发展，一般的包装设计防伪技术对造假者几乎产生不了作用。可以在包装设计中采用特殊纹理的纸张、特定的颜料与包装设计工艺技术，如全息影像、正品检验封印、浅浮雕压纹等来获得特定的效果，使那些假冒伪劣商品因复制成本过度或效果不逼真而知难而退。因此包装设计的创新方法与融汇高新科技成果的印刷工业技术强强联手，追求精辟独到的原创性和独特视觉效果是未来包装设计业可持续发展的又一方向。

◆**问题**

1. 你知道的生活中的包装技巧有哪些？
2. 包装设计需要考虑到哪些问题？

◆**分析**

对包装设计进行优化，能从物流的各个环节有效地提高物流效率。包装设计应能够突出商品特征，对货物具有保护作用。在设计时还应考虑装卸是否便利，包装作业是否容易操作，所需的事项（如品名、重量等）是否表示清楚，成本是否恰当等。

必备知识

一、认识包装技术

包装技术是指在包装作业过程中所采用的技术和方法。包装技术的选择应遵循科学、牢固、美观、适用等原则，同时还应考虑内装物的性质、流通过程的

想一想

你对包装技术了解多少？请结合不同的商品分析思考。

环境条件以及经济、技术法规等诸多因素。

（一）常用包装技术

1. 防震包装技术

防震包装又称缓冲包装，在各种包装方法中占有重要位置。它是为了保护内装物免受损坏而采取一定的防护措施以缓冲其受到的冲击和震动。产品自生产到投入使用要经过一系列的运输、仓储、装卸搬运的过程，各个环节都有可能遭受如堆码产生的静压力、运输途中的震动等外力，使得包装件产生塑性变形、破损、位移。

防震包装技术一般分为全面缓冲包装、部分缓冲包装、悬浮（悬吊）缓冲包装。图 5-2 为部分缓冲包装实例。

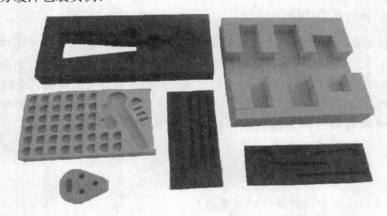

图 5-2　缓冲包装

2. 防潮包装技术

防潮包装技术是指为了防止潮气侵入包装件影响内装物质量而采取一定的防护措施的技术方法。为了提高包装的防潮性，常用的包装加工工艺有涂布法、涂蜡法、涂油法、涂塑法等，即在外包装里层，或是内包装、包装件面层加涂油、蜡等防潮材料。

此外，还有一些防湿材料可以用于易受潮和透油的产品包装，如牛皮纸、柏油纸、邮封纸、铝箔、塑料薄膜等，它们可以用来直接包裹产品。

3. 防锈包装技术

防锈包装技术是为了防止金属制品锈蚀而采用一定的防护措施的技术方法。一般由清洗产品、干燥去湿、防锈处理等多道工序组成。防锈包装主要应用的加工工艺包括金属表面处理法、涂层法和气相法。

4. 防霉包装技术

防霉包装技术是指在流通过程中防止包装及内装物霉变影响质量而采取的防护措施的技术方法。防霉包装一定要根据微生物的生理特点，改善生产和控制包装储运的环境因素，以达到抑制霉菌生长的目的。一般可以从使用的材料、产品以及包装等几个方面入手来加以解决。

5. 防虫包装技术

防虫包装技术是指为保护内装物免受虫类侵害而采用的一定防护措施的技术方法。常用的是驱虫剂，主要有对位二氯化苯、樟脑精。此外，还可采用真空包装、充气包装、脱氧包装等技术来防止虫害。

6. 危险品包装技术

危险品包装技术是针对危险品的性质将其分类，再采取不同的措施方法进行包装的技术。按交通及公安消防部门危险品分为十大类，即爆炸性物品、氧化剂、压缩气体和液化气体、自燃物品、遇水燃烧物品、易燃液体、易燃固体、毒害品、腐蚀性物品、放射性物品等。有些物品具有两种以上的危险性能。

知识链接

易燃易爆品包装

对易燃、易爆产品，若具有强烈氧化性，在遇到微量不纯物或受热就会急剧分解引起爆炸，防爆炸包装的方法是采用塑料桶包装，然后放入铁桶或木桶中，加入自动放气系统。易燃易爆品应贴上包装标签。

7. 特种包装技术

特种包装包括充气包装、真空包装、脱氧包装、拉伸包装、收缩包装。

8. 集合包装技术

集合包装技术是在单件包装的基础上，把若干个单件组合成一件大包装，以适应机械化作业要求的技术和方法。它是成组技术在包装管理中的具体应用。将一组产品集合包装在一个包装物内，同时通过对物流设备的标准化，使设备和设备之间、包装与设备之间、不同成组级别包装之间的尺寸、性能达到和谐统一，从而提高物流运作的效率。

常见的集合包装方式有托盘、滑板、集装箱和集装袋等。

（二）包装自动识别技术

在物流过程中，自动识别技术具有信息获取和信息录入功能，即应用一定的识别装置，通过被识别物品和识别装置之间的接近，自动地获取被识别物品的相关信息，并且将数据实时输入计算机、程序逻辑控制器或其他微处理器等控制设备，完成相关后续处理的一种技术。

自动识别技术包括条码技术、射频识别技术、磁识别技术、声音识别技术、视觉识别技术、光字符识别技术和生物识别技术。目前，流通管理中最常用的是条码技术和射频识别技术。

二、典型的包装设备

1. 计量充填机

计量充填机（图 5-3）是将待包装的物料按所需的精确量（质量、容量或数量）充填到包装容器内的机械。它包括容积式充填机、固定式量杯充填机、称重式充填机等。

2. 灌装机

灌装机（图 5-4）是用于包装液体产品的包装设备。灌装机分为常压灌装机、真空灌装机、加压灌装机等，常与封口机、贴标志机、计量机械联合使用。

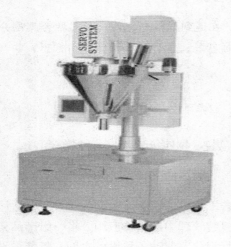

图 5-3　计量充填机　　　　　　　　　　图 5-4　灌装机

3. 封口机

封口机是指在包装容器内盛装物料后对容器进行封口的机器。不同的包装容器采用不同的封口方式。

（1）塑料袋采用接触式加热加压或非接触式的超声波熔焊封口。塑料薄膜封口机（图5-5）是一种为塑料袋封口的封口机。

图 5-5　塑料薄膜封口机

（2）麻袋、布袋、编织袋采用缝合的方式封口。

（3）瓶类容器采用压盖或旋盖封口。

（4）罐类容器采用卷边的方式封口。

（5）箱类容器采用钉封或胶带粘封。

4. 裹包机

裹包机（图 5-6）是用薄型挠性材料（如玻璃纸、塑料膜、拉伸膜、收缩膜等）包裹产品的包装设备，广泛应用于食品、烟草、药品、日用化工品及音像制品等领域。

5. 捆扎机

捆扎机（图 5-7）是用带状或绳状捆扎材料将一个或多个包件捆扎在一起的机器，属于外包装设备。

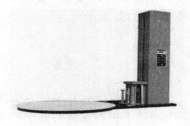

图 5-6　裹包机

图 5-7　捆扎机

6. 装箱机

装箱机（图 5-8）是一种将无包装的产品或者小包装的产品半自动或者自动装入运输包装的一种设备，其工作原理是将产品按一定排列方式和定量装入箱（瓦楞纸箱、塑料箱）中，并把箱的开口部分闭合或封牢。

图 5-8　装箱机

任务实施

在认识包装技术的基础上，可邀请包装企业的工人师傅到校进行包装技术的现场教学，指导学生练习包装方法。还可借助互联网，让学生通过手机搜索包装方法技术的相关视频，增强包装练习操作的规范性。

交流讨论

你使用过商品打包技术吗？结合自己的日常生活谈一下商品打包的必要性。

任务考评

知识巩固

（一）单项选择题

1. 麻袋、布袋、编织袋可采用的封口方式是（　　）。
　　A. 缝合　　　　　B. 压盖或旋盖　　　C. 卷边　　　　　D. 胶带粘封
2. 防潮包装常用的加工工艺是（　　）。
　　A. 金属表面处理法　　　　　　　　　B. 气相法
　　C. 涂层法　　　　　　　　　　　　　D. 涂蜡法

（二）多项选择题

1. 常见的集合包装方式有（　　）。
　　A. 托盘　　　　　　B. 滑板　　　　　C. 集装箱　　　　D. 集装袋
2. 防锈包装主要应用的加工工艺包括（　　）。
　　A. 金属表面处理法　　　　　　　　　B. 涂层法
　　C. 气相法　　　　　　　　　　　　　D. 涂油法
3. 流通管理中最常用的技术有（　　）。
　　A. 条码技术　　　　　　　　　　　　B. 射频识别技术
　　C. 声音识别技术　　　　　　　　　　D. 视觉识别技术
4. 为了提高包装的防潮性，常用的包装加工工艺有（　　）。
　　A. 涂布法　　　　　B. 涂油法　　　　　C. 涂蜡法　　　　D. 涂层法
5. 常用的包装技术包括（　　）。
　　A. 防震包装技术　　　　　　　　　　B. 防潮包装技术
　　C. 防锈包装技术　　　　　　　　　　D. 防霉包装技术

（三）简答题

1. 包装技术有哪些？
2. 典型的包装设备有哪些？试举例说明其使用情况。

技能提高

全班同学进行包装比赛。

（1）全班同学分为 6 个小组，选出组长 1 名。

（2）采取小组抽签的方法选择包装产品。产品分别为高脚杯、生鸡蛋、手机。

（3）6 个小组分为 3 个比赛大组进行对决比赛。

（4）教师分发包装材料，提醒学生注意包装合理化。

（5）学生进行包装。

（6）教师给各组包装评分，主要从速度、质量和效果 3 个方面评价。

任务三　包装分类及其合理化措施

任务目标

教学知识目标

1. 了解包装分类。

2. 熟悉包装在现实生活中的合理化措施。

岗位技能目标

1. 在认识包装基础上，学会应用包装合理化为生活服务。

2. 掌握包装合理化措施，便于包装技能的提升。

任务导入

快递包装过度造成垃圾暴增

随着电子商务的发展，人们在享受足不出户购买商品便利的同时，快递包装带来的污染问题也正日益凸显。

外包装塑料袋、纸箱、填充物、商品自带包装……通常，一件网购商品送到消费者手上都被包得里三层、外三层，有时包装物重量甚至远超商品本身。虽然这样的包装费钱、费力，但不少电商为了商品的运输安全，在包装上都是选择"宁多勿少"的包装方式，尤其是现在水果、生鲜、饮料、调味料等更多种类的物品都已经进入了家家户户的网络购物车，商家对于这些易碎、易坏物品更是加倍包装。

据国家邮政局发布的数据信息，2017 年，全国快递服务企业业务量累计完成 400.6 亿件，同比增长 28%，连续 4 年稳居世界第一，包裹快递量超过美、日、欧等发达经济体。快递业务快速发展的同时，环境污染问题也随之而来。据有关数据测算，2017 年全国快递业消耗包装箱 192 亿个、编织袋 58 亿个、塑料袋 150 亿个、胶带 300 亿米。

◆问题

1. 你知道的身边快递包装浪费现象有哪些？
2. 如何实现绿色包装，减少浪费？

◆分析

绿色包装设计是以环境和资源为核心概念的包装设计过程。具体是指选用合适的绿色包装材料，运用绿色工艺手段，为包装商品进行结构造型和美化装饰设计。

必备知识

一、包装的主要分类

（一）按包装在流通中的作用分类

按包装在流通中的不同作用分类，包装可分为销售包装和运输包装。

1. 销售包装

销售包装，又称商业包装、内包装，是直接接触商品并随之销售或与客户直接见面的包装。它主要以促销为主要目的，因此具有外形美观，适于购物场所陈设促销等特点。同时，它也具有一定的保护和方便功能。图 5-9 为某果品的销售包装。

> **想一想**
>
> 为什么商品包装需要分类？请结合消费需求的差异性思考。

图 5-9　销售包装

2. 运输包装

运输包装又称工业包装、外包装，是以满足商品运输存储为主要目的的包装。主要是为保障商品安全、方便储运，提高效率。某果蔬运输包装，如图 5-10 所示。

图 5-10 果蔬运输包装

（二）按包装层次分类

按包装层次分类，包装可以分为个包装、内包装和外包装。

1. 个包装

个包装是一个商品为一个包装单元的包装形式。个包装（图 5-11）美观、方便，以销售为主要目的，随商品一同销售给顾客，故又称为小包装。

图 5-11 个包装

2. 内包装

内包装是若干个单体包装或商品组成的一个小的整体包装，它是介于个包装和外包装之间的包装形式。由于其在销售过程中一部分随商品出售，一部分在销售中被消耗掉，又被称为销售包装。图5-12为某化妆品的内包装。

图 5-12　内包装

3. 外包装

外包装是将物品放入箱、袋、罐等容器中或直接打包做标记，目的在于方便货物的运输、仓储、保管，保护商品。图5-13为外包装。

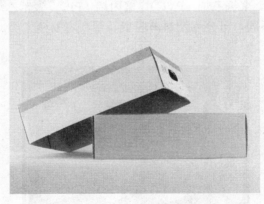

图 5-13　外包装

（三）按包装材料分类

按包装材料分类，包装可以分为纸制包装、塑料包装、木制包装、金属包装、陶瓷与玻璃包装、复合材料包装等。

1. 纸制包装

纸制包装（图 5-14）是指以纸和纸板为原料制成的包装。凡定量在 225 克/米^{2}以下的称为纸，定量为 225 克/米^{2}或以上的称为纸板。包装纸包括牛皮纸、纸袋纸、包装纸、玻璃纸等；包装纸板以箱板纸、黄板纸、瓦楞纸、白板纸、白卡纸为主。纸包装容器多做成纸板箱、瓦楞纸箱、纸盒、纸袋、纸筒。

图 5-14　纸制包装

2. 塑料包装

塑料包装是指以人工合成树脂为主要原料的高分子材料制成的包装。主要的塑料包装材料有聚乙烯（PE）、聚氯乙烯（PVC）、聚丙烯（PP）、聚苯乙烯（PS）、聚酯（PET）等。按照包装形式的不同，可分为塑料薄膜袋、塑料容器两大类。图 5-15 为塑料容器包装。

图 5-15　塑料容器包装

3. 木制包装

木制包装是以木材、木材制品和人造板材（如胶合板、纤维板等）制成的包装。木制包装主要有木箱包装、木桶包装（图 5-16）、胶合板箱包装、木制托盘包装等。

图 5-16　木桶包装

4. 金属包装

金属包装是指以黑铁皮、白铁皮、马口铁、铝箔、铝合金等制成的各种包装。主要有金属桶、金属盒、马口铁及铝罐头盒、油罐、钢瓶等。

金属包装（图 5-17）具有密封性好，可以隔绝空气、光线、水汽的进入和气味的散出，抗撞击性能高等特点。随着印铁技术的发展，金属包装的外观也越来越漂亮，呈现出艺术化发展的趋势。

图 5-17　金属包装

5. 陶瓷与玻璃包装

陶瓷与玻璃属于硅酸盐类材料。陶瓷与玻璃包装（图 5-18）是指以普通或特种陶瓷与玻璃制成的包装容器。这类包装具有高度的透明性及抗腐蚀性。制造工艺简单，造型自由多变、硬度大、耐高温、易清理，也可以反复使用，主要用于酒类、油类、饮料、调味品、化妆品、液态化工产品的包装。

图 5-18　陶瓷与玻璃包装

6. 复合材料包装

复合材料包装（图 5-19）是指以两种或两种以上材料黏合制成的包装，亦称为复合包装。主要有纸与塑料、塑料与铝箔和纸、塑料与铝箔、塑料与木材、塑料与玻璃等材料制成的包装。

图 5-19　复合材料包装

二、包装合理化措施

包装合理化是指在包装过程中使用适当的材料和恰当的技术，制成与物品相适应的容器，节约包装费用，降低包装成本，既满足包装保护商品、方便储运、有利销售的要求，又要提高包装的经济效益的包装综合管理活动。

包装合理化的措施主要有以下几种。

（1）包装的轻薄化。由于包装只是起保护作用，对产品使用价值没有任何意义，因此在强度、寿命、成本相同的条件下，更轻、更薄、更短、更小的包装，可以提高装卸搬运的效率，而且轻薄短小的包装一般价格比较便宜，一次性包装也可以减少废弃包装材料的数量。

（2）包装的单纯化。为了提高包装作业的效率，包装材料及规格应力求单纯化，包装规格还应标准化，包装形状和种类也应单纯化。

（3）符合集装单元化和标准化的要求。包装的规格与托盘、集装箱关系密切，也应考虑到与运输车辆、搬运机械的匹配，从系统的观点制定包装的尺寸标准。

（4）包装的机械化。为了提高作业效率和包装现代化水平，各种包装机械的开发和应用是很重要的。

（5）包装的配合化。包装是物流系统组成的一部分，需要和装卸、搬运、运输、仓储等环节一起综合考虑，全面协调。

 想一想

如何认识商品包装合理化措施？请围绕环境保护分析。

（6）包装的绿色化。包装是产生大量废弃物的环节，处理不好可能造成环境污染。包装材料最好可反复多次使用并能回收再生利用；在包装材料的选择上，还要考虑对人体健康不会产生不良影响，不会对环境造成污染。

知识链接

包装合理化管理

要实现包装合理化，需要从以下几方面加强管理：

（1）广泛采用先进包装技术。包装技术的改进是实现包装合理化的关键。要推广诸如缓冲包装、防锈包装、防湿包装等包装方法，使用不同的包装技法，以适应不同商品的包装、装卸搬运、仓储、运输的要求。

（2）由一次性包装向反复使用的周转包装发展。

（3）采用组合单元装载技术，即采用托盘、集装箱进行组合运输。托盘、集装箱是包装—输送—储存三位一体的物流设备，是实现物流现代化的基础。

（4）推行包装标准化。

（5）采用无包装的物流形态。

对需要大量输送的商品（如水泥、煤炭、粮食等）来说，包装所消耗的人力、物力、资金、材料是非常大的，若采用专门的散装设备，则可获得较高的技术经济效果。散装并不是不要包装，它是一种变革了的包装，即由单件小包装向集合大包装的转变。

任务实施

1. 在认识如何实现包装合理化的基础上，教师可借助互联网，组织学生借助手机搜索包装合理化的相关视频，通过网络达到资源共享。

2. 组织学生到物流包装企业进行跟岗实习，体验真实的包装工作环境。

交流讨论

以绿色物流为大背景，结合自己的生活谈一下包装合理化的要求。

任务考评

知识巩固

（一）单项选择题

1. 销售包装又称为（　　）。

    A. 内包装   B. 外包装

    C. 工业包装   D. 纸质包装

2. 以满足商品运输存储为主要目的的包装叫（　　）。

    A. 内包装   B. 运输包装

    C. 销售包装   D. 塑料包装

（二）多项选择题

1. 按包装材料分类，包装包括（　　）。

    A. 纸制包装   B. 塑料包装

    C. 金属包装   D. 陶瓷、玻璃包装

2. 按包装层次分类，包装可以分为（　　）。

    A. 内包装   B. 运输包装

    C. 外包装   D. 个包装

3. 包装合理化的措施包括（　　）。

    A. 包装的单纯化   B. 符合集装单元化和标准化的要求

    C. 包装的配合化   D. 包装的机械化

（三）简答题

1. 包装的分类主要有哪些？
2. 包装合理化的具体措施是什么？

技能提高

简要分析包装合理化对我们生活的影响，并练习打包自己的快递物品。

任务四　包装管理创新

任务目标

教学知识目标

1. 认识包装在管理中不合理现象。
2. 熟悉包装如何在企业管理中发挥作用。

岗位技能目标

1. 在认识包装基础上，学会应用包装管理的创新。
2. 掌握绿色包装的重要性，便于包装技能的提升。
3. 形成绿色物流的整体概念，促进包装业的健康发展。

任务导入

未来包装业五大创新趋势分析

全球印刷包装行业知名调研机构史密瑟斯·派诺公司对包装行业的制造商、供应商和品牌商进行了一系列实际调查，归纳出未来包装业最可能吸引消费者的五大创新趋势。

一是传统风格重获生机。古老风格的商品包装不仅在潮流中扮演着重要角色，而且给人传递出可靠感。正因如此，许多品牌商和商品才能更容易获得消费者的关注，因为知道自身可以被大众所信任，而包装恰巧也可以传递这一关键信息。

二是个性包装开始盛行。当前，数字印刷包装技术越来越受到市场的认可，短版印刷品层出不穷，个性包装印刷品已经成为品牌商用来吸引客户的有效工具之一。全球知名的饮料企业可口可乐已经将其投入实际应用，通过为不同包装瓶印刷个性化的标签扩大了市场份额，很好地提高了企业品牌影响力，获得了市场的高度认可。需要强调的是，可口可乐仅仅只是一个开始，现在市场上已经有许多品牌商都开始为消费者提供个性化包装。如绝对伏特加，酒品标签选用 400 万个独特的个性化设计，令其成为消费者的挚爱。

三是分装包装被强调。为了能够获得市场成功，品牌商们需要了解消费者的潜在需求。如便捷包装适用于路途中的消费者，因为他们没有时间去打开大型复杂的包装盒。新型便捷的包装，如软体扁形包装可以将果酱挤出后分给不同的人，这就是非常成功的案例。

四是创意包装受欢迎。对于品牌商来说，一个好的包装最终目的是能够在超市货架上第一时间赢得消费者的注意，促使他们最终选购，即所谓的"一见钟情"。为了达到这一目的，品牌商们在打广告时必须传递出产品的独特性。百威啤酒在产品包装区分上就做得非常成功，最新款啤酒包装采用领结形状夺人眼球。法国泰亭哲酒庄推出的香槟也是用不同色彩的酒瓶进行包装，最终在市场上大受欢迎。

五是技术正在不断进步。技术创新在包装行业已产生了巨大推动力。

◆问题

1. 请举例分析包装在企业管理中发挥的作用。
2. 简要分析包装在未来的发展趋势。

◆分析

为紧随全球消费者需求变化的快速步伐，包装产品制造商们总是要保持创新性，以确保他们能够在激烈的市场竞争中拔得头筹。包装创新技术在未来也将会受到越来越多的关注。

必备知识

一、包装管理创新

（一）包装管理创新的概念

包装管理创新是指以现有的包装思维模式提出有别于常规或常人思路的见解为导向，利用现有的知识和物质，在特定的环境中，本着理想化需要或为满足社会需求，而改进或创造新的包装事物、方法、元素、路径、环境，并能获得一定有益经济效果的行为。

> **想一想**
>
> 你知道为什么包装需要创新吗？请结合传统包装的缺点思考。

（二）包装管理创新的措施

（1）不断完善企业的包装管理，提高包装的技术含量。

（2）引进现代先进技术和设备。

（3）发展和应用绿色包装，设计新的运销模式。

（4）积极运用现代信息技术，完善企业包装管理运作体系，提高运作效率。

二、绿色包装是未来发展方向

包装的管理创新是现代包装业发展的必然趋势，选择绿色包装材料是做好未来包装工作的基本前提条件。

绿色包装又可以称为无公害包装和环境之友包装，指对生态环境和人类健康无害，能重复使用和再生，符合可持续发展的包装。

绿色包装的理念有两个方面的含义：一个是保护环境，另一个就是节约资源。这两者相辅相成，不可分割。其中保护环境是核心，节约资源与保护环境又密切相关，因为节约资源可减少废弃物，其实也就是从源头上对环境进行保护。

三、绿色包装材料选择的要求

绿色包装材料是指具有良好的使用性能，对资源和能源消耗少，对生态环境污染小，再生利用率高或可在自然界中自行降解，在材料的制备、使用、废弃及再生循环利用的整个过程中，都与环境协调共存的材料。

包装材料是随着包装业的发展、科技的进步以及人类社会发展的需要而不断发展和演变的。包装材料是形成商品包装的物质基础，是商品包装所有功能的载体，是构成商品包装使用价值的最基本要素。要研究包装、发展包装，必须从包装材料这一最基本的要素着手。

绿色包装材料是人类进入高度文明、世界经济高度发展的必然需要和必然产物，它是在人类要求保持生存环境的呼声中，世界绿色革命的浪潮中应运而生的，是不可逆转的必然发展趋势，所以认真地研究它、掌握它、开发它，对造福人类有着十分重大的意义。

作为包装材料，无论是绿色包装材料，还是非绿色包装材料，在应具备的性能方面大多是共性的基本性能，如保护性、加工操作性、外观操作性、经济性、易回收处理性等，但作为绿色包装材料独具的性能就是对人体健康及生态环境均无害，既易回收再利用，又可通过自然降解回归自然。绿色包装材料的具体性能如下。

1. 保护性

对内装物具有良好的保护性。根据不同的内装物，能防潮、防水、防腐蚀，能耐热、耐寒、耐油、耐光，具有高阻隔性，以达到防止内装物的变质，保持原有的本质和气味的目的。另外，材料应具备一定的机械强度，以保持内装物的形状及使用功能。

2. 加工操作性

加工操作性主要指材料易加工的性能，也是材料自身的属性，如刚性、平整性、光滑性、热合性、韧性等，以及在包装时的方便性，易于封合的性能，并适应包装机械的操作。

3. 外观操作性

外观操作性是指材料是否易于进一步美化和装饰，在色彩上、造型上、装饰上是否能方便地操作和适应。具体指材料的印刷适应性，光泽度及透明度，抗吸尘性等。

4. 经济性

经济性是指材料的性能价格比合理，并能够节省人力、能源和机械设备费用。

5. 无毒无害性

无毒无害性即在生产、运输、仓储、销售、使用中对人体健康和环境无害。

6. 材料的优质轻量性

材料的优质轻量性是指材料在能很好地履行容纳、保护、运输、销售功能的同时，能够轻量化，这样既节省资源，又经济，同时还减少废弃物的数量。

想一想

> 在我们的生活中有绿色包装吗？请举例说明。

7. 易回收处理性

易回收处理性即材料废弃后易回收处理，易再生利用，既省资源又省能源，还有利于环境保护。

不论何种包装材料，最根本的在于材料自身的属性，其次是来自材料加工的技术及设备。绿色包装正处于研究、开发过程中。可以坚信，随着科技的飞速发展，绿色包装的产品将会日新月异，将具备更多的特殊性能，以满足商品包装的多方面性能要求。

知识链接

常见绿色包装材料

1）绿色纸包装材料

常见绿色纸包装材料包括蜂窝纸板及制品、高强度绿色埋纱包装袋纸、纸浆模塑制品、增强夹心瓦楞纸板、新型环保树脂基复合材料基片纳米涂布纸等。

2）绿色塑料包装材料

常见绿色塑料包装材料如降解塑料。

3）绿色金属包装材料

常见绿色金属包装材料包括马口铁、铝箔及喷铝包装、真空喷铝纸等。

4）绿色玻璃包装材料

常见绿色玻璃包装材料如轻量化玻璃。

5）绿色包装辅助材料

常见绿色包装辅助材料如绿色包装黏胶剂。

6）新型绿色包装材料

新型绿色包装材料如可食性包装材料、纳米包装材料。

 任务实施

教师在讲授包装管理创新基本理论的基础上，帮助学生懂得只有不断地创新包装，才能开发出新的消费需求热点。教师组织学生动手操作，进行包装创新的实践活动，指导学生借助互联网搜索绿色包装的相关视频，以更好地启发学生思考。

 交流讨论

你遇到过企业管理当中存在的包装问题吗？结合实际谈一下认识与感想。

任务考评

知识巩固

（一）单项选择题

1. 绿色包装理念的核心是（　　　）。
   A. 保护环境　　　B. 节约资源　　　C. 节约成本　　　D. 方便操作
2. 形成商品包装的物质基础是（　　　）。
   A. 包装材料　　　B. 装卸机械　　　C. 包装技术　　　D. 包装管理

（二）多项选择题

1. 包装管理创新的措施包括（　　　）。
   A. 提高包装的技术含量
   B. 引进现代先进技术和设备
   C. 发展和应用绿色包装
   D. 积极运用现代信息技术，完善企业包装管理运作体系

2. 绿色包装材料的具体性能包括（　　　）。

    A. 保护性　　　　　　　　　　　B. 易回收处理性

    C. 加工操作性　　　　　　　　　D. 材料的优质轻量性

3. 关于包装材料的说法，正确的有（　　　）。

    A. 包装材料是形成商品包装的物质基础

    B. 包装材料是商品包装所有功能的载体

    C. 包装材料是构成商品包装使用价值的最基本要素

    D. 包装材料是随着包装业的发展、科技的进步以及人类社会发展的需要而不断
发展和演变的

（三）简答题

1. 如何理解绿色包装？

2. 绿色包装材料有什么特殊要求？

3. 包装管理创新的措施有哪些？

技能提高

2018 年 8 月 18 日 9 点，中天物流有限公司通过信息系统接收到罗杰商贸公司的订货需求，包括钢笔（编号 LT012），10 盒；铅笔（编号 LT018），15 盒；黑色签字笔（编号 LT023），10 盒。物流中心调度员开立了 FHTZ5001 的发货通知单，通知 KF010 库房的负责人李悦进行备货。李悦随即将货物拣选完毕。

要求：将班内学生分成若干包装练习小组，各小组独立对拣选好的货物进行装箱和打包作业。

模 拟 实 训

实训　快递包装操作训练

一、包装操作观摩

根据下述案例描述，每个小组进行情景模拟。实训教师进行如下操作示范：

案例：根据某公司的订货需求可知，货物为易碎商品，因此在包装操作时需要防震，以保护产品在运输中不受破坏，具体操作步骤如下：

步骤一：包装前的准备工作

将拣选完毕的货物放到包装作业区域，检查包装耗材如透明胶带、打包带等是否充

足，检查并预热半自动打包机。

步骤二：选取包装材料

（1）纸箱的选用。通过对包装材料的甄选，认为货物适合用瓦楞纸箱作为包装材料，检查纸箱时应注意各面均应使用厚度大于 6 毫米的双层瓦楞加强牛皮纸，外观尺寸应符合要求。

（2）透明胶带的选用。根据需要，选择透明胶带的规格为 50 毫米±2 毫米，厚度为 0.03～0.04 毫米。透明胶带的材料为 OPP。

（3）打包带的选用。打包带的材质为 PP，颜色为白色。打包带的规格为宽 11～13 毫米，厚度 0.8～1.0 毫米。打包带的抗拉力至少达到 130 千克。

（4）泡沫纸。泡沫纸单层厚度要达到 5 毫米。

步骤三：包装流程

（1）装箱、封箱。用透明胶带将纸箱箱底的中缝处封牢，表面平整，再将货物包装盒依次正确放入包装纸箱内，然后将箱盖中缝用透明胶带封牢，封箱胶带切口要平整，封箱胶带要完全与纸箱粘在一起，若有不平之处要用手将其抹平。注意纸箱超高允许公差为+5 毫米/-5 毫米，超高多余 5 毫米则应将多余产品重新装入新箱，如超高多余-5 毫米则内包装盒与外包装箱之间缝隙应用泡沫纸填塞紧密（塑封好的防震箱装入外包装箱时，四周应使用泡沫纸填塞）。

（2）填充泡沫纸。注意对于需远距离运输的产品，应在包装外箱内部四周使用泡沫纸进行铺垫后再放入产品包装盒，以减少剧烈震动对产品所产生的影响。

（3）贴标签。按照箱内产品型号、数量打印相应的发货标贴，标贴粘贴位置统一，不能有盖住纸箱印字、超出纸箱边缘、皱褶、贴反等不良现象。

步骤四：打包作业

使用半自动打包机将纸箱包装件进行十字形打包（客户有特别要求的按照客户要求）。另外，打包带松紧程度以张开的手掌刚好平行插入为标准。 注意打包带位置整齐划一、颜色一致、松紧合适，无断带、少带、勒坏纸箱等现象。

二、物流实训室内包装练习

结合包装观摩过程学习，教师准备好必要的包装用具发给所有的学生，学生按照快递商品的包装要求，每人练习对带盖陶瓷杯子进行包装，粘贴有关标签，完成后进行评比展示。

项目五选择题答案

项目六
认知流通加工

项目概况

　　流通加工是物流的一项重要职能，它不仅是生产过程的"延续"，也是生产本身或生产工艺在流通领域中的发展。流通加工是一种辅助性的生产加工，但又区别于生产加工。流通加工的地位可以描述为是提高物流业服务水平，促进传统流通业向现代物流发展的不可缺少的新形态。

项目导入

阿迪达斯的特殊流通加工

　　阿迪达斯公司在美国有一家超级市场，设立了组合式鞋店。鞋店里摆放的不是做好的鞋，而是做鞋用的半成品，款式花色多样，有 6 种鞋跟、8 种鞋底，均为塑料制造，鞋面的颜色以黑、白为主，搭带的颜色有 80 种，款式有百余种。顾客进来可任意挑选自己所喜欢的各个部位，交给店员当场进行现场加工，如图 6-1 所示。只要 10 分钟，一双崭新的鞋便组装完毕。这家鞋店昼夜营业，店员技术熟练，鞋子的售价与成批制造的鞋的价格差不多，有的还稍便宜些，所以顾客络绎不绝，销售金额比邻近的鞋店多 10 倍。

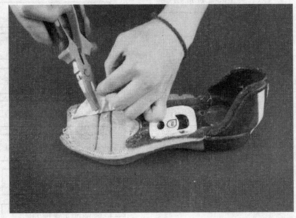

图 6-1　阿迪达斯的现场加工

◆问题

1. 你认为该案例中体现了流通加工作业什么样的作用？
2. 你认同该企业的经营理念吗？结合所见所闻谈谈自己的体会。

◆分析

流通加工可以提高物流效率与服务质量，可以使商品满足用户的个性化、多样化需求，使物流功能得以完善和提高。流通加工可以完善商品功能，提高经济效益。流通加工不仅可以改变一些商品的功能，使其有更广的适应面，从而促进销售、提高商品销售量和销售额，还可以降低整个物流系统的成本，提高物流对象的附加价值。

知识导图

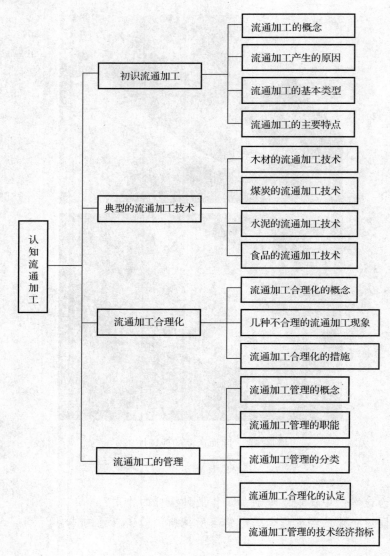

任务一 初识流通加工

任务目标

教学知识目标

1. 认识流通加工的概念。
2. 了解流通加工的产生原因。
3. 熟悉流通加工在现实生活中的主要特点。

岗位技能目标

1. 在认识流通加工概念基础上，掌握流通加工类型。
2. 树立流通加工的理念，正确理解生产加工与流通加工区别。

任务导入

联华生鲜食品加工配送中心功能分析

联华生鲜食品加工配送中心是一家设备先进、规模较大的生鲜食品加工配送中心，总投资 6000 万元，建筑面积 35000 平方米，年生产能力 20000 吨，其中肉制品 15000 吨，生鲜盆菜、调理半成品 3000 吨，西式熟食制品 2000 吨，产品结构分为 15 大类约 1200 种生鲜食品。在生产加工的同时，该配送中心还从事水果、冷冻品以及南北货的配送任务。为了高质量完成配送任务，联华生鲜配送中心的具体做法如下。

1. 订单管理

配送中心接收到门店的要货数据后，立即在系统中生成门店要货订单，根据储存型商品、中转型商品、直送型商品、加工型商品等商品物流类型进行不同的处理。各种订单在生成完成或手工创建后，通过系统中的供应商服务系统自动发送给各供应商，时间间隔在 10 分钟内。

2. 物流计划

在得到门店的订单并汇总后，物流计划部根据第二天的收货、配送和生产任务制订物流计划，具体包括：线路计划、批次计划、生产计划、配货计划，根据批次计划，结合场地及物流设备的情况，做配货的安排。

3. 物流运作

供应商送货时先预检，预检通过后方可进行验货配货，中转商品配货员使用中转配货系统，按合理的顺序分配商品，数量根据系统配货指令的指定执行，贴物流标签。

◆问题

1. 你认为该配送中心的流通加工合理吗？
2. 谈谈你对联华配送中心流通加工作业的合理化建议。

◆分析

适应多样化客户的流通加工可以促进销售，可以提高货物保存机能，可以保护商品的使用价值，延长商品在生产和使用期间的寿命，防止商品在运输、仓储、装卸搬运、包装等过程中遭受损失。

必备知识

一、流通加工的概念

我国国家标准《物流术语》中对流通加工的定义是：物品在生产地到使用地的过程中，根据需要施加包装、分割、计量、分拣、刷标志、拴标签、组装等简单作业的总称。流通加工是流通中的一种特殊形式，是在流通领域中对生产的辅助性加工。

流通加工具体包括重新组装、定型剪切、差别套裁、张贴标签、涂刷标志、分类归整、定额检量、标准弯管、定点打孔等作业环节。

流通加工是在物品进入流通领域后，按客户的要求进行的加工活动，即在物品从生产者向消费者流动的过程中，为了促进销售、维护商品质量和提高物流速度和物品的利用率，对物品进行一定程度的加工。随着经济增长，国民收入增多，消费者的需求出现多样化，促使在流通领域开展流通加工。流通加工作业多在配送中心、流通仓库、卡车终端等物流场所进行。

二、流通加工产生的原因

流通加工产生的原因主要包括以下几点。

1. 现代生产方式的要求

现代生产发展趋势之一就是生产规模大型化、专业化，依靠单品种、大批量的生产方法降低生产成本获取规模经济效益，这样就出现了生产相对集中的趋势。这种规模的大型化、生产的专业化程度越高，生产相对集中的程度也就越高。企业为了增强核心竞争力，将非核心业务分离出去，以便发挥自己最拿手、最有优势的生产经验，消除臃肿，减轻负担，集中人力、财力、物力和精力，专注于本行当最核心的部分，最大限度地创造企业的附加价值。为弥补这一分离，就需要流通加工。

2. 网络经济时代服务社会的产物

流通加工的出现与现代社会消费的个性化有关。消费的个性化和产品的标准化之间存在着一定的矛盾，使本来就存在的产需分离变得更加严重。所以，在出现了消费个性化的新形势及新观念之后，就为流通加工开辟了道路。

3. 人们对流通加工作用观念的转变

在生产不太复杂、生产规模不大时，所有的加工制造几乎全部集中于生产及再生产过程中，而流通过程只是实现商品价值及使用价值的转移而已。在社会生产向大规模生产、专业化生产转变之后，社会生产越来越复杂，生产的标准化和消费的个性化出现，生产过程中的加工制造常常满足不了消费的要求。而由于流通的复杂化，生产过程中的加工制造也常常不能满足流通的要求。于是，加工活动开始部分地由生产及再生产过程向流通过程转移，在流通过程中形成了某些加工活动，这就是流通加工。

流通加工的出现使流通过程明显地具有了某种"生产性"，改变了长期以来形成的"价值及使用价值转移"的旧观念，这就从理论上明确了：流通过程从价值观念来看是可以主动创造价值及使用价值的，而不单是被动地"保持"和"转移"的过程。因此，人们必须研究流通过程中孕育着多少创造价值的潜在能力，这就有可能通过努力在流通过程中进一步提高商品的价值和使用价值，同时，却以很少的代价实现这一目标。这样，就引起了流通过程从观念到方法的巨大变化，流通加工则应运而生。

4. 效益观念的树立和增强

人们逐渐意识到流通加工可以以少量的投入获得很大的效果，是一种高效益的加工方式，自然能够获得很大的发展。

三、流通加工的基本类型

1. 为弥补生产领域加工不足的深加工

这种流通加工实际上是生产的延续，是生产加工的深化，对弥补生产领域加工不足有着重要意义。例如：钢铁厂的大规模生产只能按标准规定的规格生产，以使产品有较强的通用性，使生产能有较高的效率，取得较好的效益；木材如果在产地完成成材加工或制成木制品的话，就会给运输带来极大的困难，所以在生产领域只能加工到圆木、板方材的程度，进一步的下料、切裁、处理等加工则由流通加工完成。

2. 为促进销售的流通加工

流通加工可以起到促进销售的作用。例如，将过大包装或散装物（这是提高物流效率所要求的）分装成适合一次销售的小包装的分装加工，将原本以保护产品为主的运输包装改换成以促进销售为主的销售包装，以起到吸引消费者、促进销售的作用。

3. 为提高物流效率，方便物流的流通加工

有些商品本身的形态导致难以进行物流操作，而且商品在运输、装卸、搬运过程中极易受损，因此需要进行适当的流通加工，从而使物流各环节易于操作，如鲜鱼冷冻、过大设备解体、气体液化等。这种加工往往改变"物"的物理状态，但并不改变其化学特性。

4. 为满足多样化需求的服务性流通加工

对一般消费者而言，流通加工可省去烦琐的预处置工作，而集中精力从事较高级的能直接满足需求的劳动。这种初级加工带有服务性，由流通加工来完成，生产型用户便可以缩短自己的生产流程，使生产技术密集程度提高。

5. 为保护产品进行的流通加工

在物流过程中，直到用户投入使用前都存在对产品的保护问题。流通加工可以防止产品在运输、仓储、装卸搬运、包装等过程中受到损失，使使用价值能顺利实现。这种加工并不改变进入流通领域的"物"的外形及性质。这种加工主要采取稳固、改装、冷冻、保鲜、涂油等方式。

6. 为提高原材料利用率的流通加工

流通加工利用其综合性强、用户多的特点，可以实行合理规划、合理套裁、集中下料的办法，这就能有效提高原材料利用率，减少损失浪费。

7. 衔接不同运输方式，使物流合理化的流通加工

在干线运输及支线运输的节点，设置流通加工环节，可以有效解决大批量、低成本、长距离的干线运输与多品种、少批量、多批次末端运输和集货运输之间的衔接问题，在流通加工点与大生产企业间形成大批量、定点运输的渠道，从而有效衔接不同目的的运输方式。

四、流通加工的主要特点

与生产加工相比较，流通加工具有以下特点。

1. 对象的特定性

流通加工的对象是商品，而生产加工的对象不是最终产品，只是原材料、零配件或

半成品。生产加工处于生产制造环节，而流通加工则处于流通环节。

2. 程度的简单性

流通加工大多是简单加工，而不是复杂加工，一般来讲，如果必须进行复杂加工才能形成人们所需的商品，那么，这种复杂加工应该专设生产加工过程。生产过程理应完成大部分加工活动，流通加工则是对生产加工的一种辅助及补充。特别需要指出的是，流通加工绝不是对生产加工的取消或代替。

3. 价值的单一性

生产加工的目的在于创造价值及使用价值，而流通加工的目的则在于完善其使用价值，并在不做大的改变的情况下提高商品的价值。

4. 主体的差别性

流通加工的组织者是从事流通工作的人员，能密切结合流通的需要进行加工活动。从加工单位来看，流通加工由商业或物资流通企业完成，而生产加工则由生产企业完成。

5. 目的的多样性

商品生产的目的是交换和消费，而流通加工是为了消费（或再生产）所进行的加工，这一点与商品生产有共同之处。但是流通加工有时以自身流通为目的，这种为了给流通创造条件而进行的加工与直接为消费而进行的加工从目的来讲是有区别的，这是流通加工不同于一般生产加工的特殊之处。

流通加工和一般的生产加工在加工方法、加工组织、生产管理方面并无显著区别，但在加工对象、加工程度等方面区别较大，其主要区别如表 6-1 所示。

表 6-1　流通加工与生产加工的区别

区别	流通加工	生产加工
加工对象	进入流通过程的商品	原材料、零配件、半成品
加工程度	简单的、辅助的、补充性的加工	复杂的、完成大部分加工
附加价值	完善其使用价值并提高价值	创造价值和使用价值
加工单位（责任人）	流通加工由商业或物资流通企业完成	生产企业
加工目的	消费、流通	交换、消费
所处环节	流通过程	生产过程
加工范围	有局限性	较大

什么是环保物流

　　环保物流是一个多层次的概念，它既包括环保销售物流、环保生产物流，也包括环保供应物流；它既包括企业的环保物流活动，又包括社会对环保物流活动的管理、规范和控制。从环保物流活动的范围来看，它既包括各个单项的环保物流作业（如绿色运输、绿色包装、绿色流通加工等），还包括为实现资源再利用而进行的废弃物循环物流，是物流操作和管理全程的绿色化，它一般包括以下内容。

　　（1）绿色的储存和装运。在整个物流过程中运用最先进的保质保鲜技术，保障存货的数量和质量，在无货损的同时消除污染。周密策划运力，合理选择运输工具和运输路线，克服迂回运输和重复运输，多快好省完成装卸运输。

　　（2）绿色的包装和再加工。绿色包装要醒目环保，还应符合 4R 要求，即少耗材（reduction）、可再用（reuse）、可回收（reclaim）和可再循环（recycle）。

　　（3）绿色的信息搜集和管理。环保物流要求搜集、整理、储存的都是各种绿色信息，并及时运用到物流中，促进物流进一步绿色化。

任务实施

　　1. 在认识流通加工概念、类型、特点基础上，任课教师可组织学生讨论流通加工与生产加工的关系，在小组形成一致意见基础上，在班内进行代表交流。

　　2. 组织学生参观附近的流通加工企业，体验流通加工环境。

交流讨论

　　你认为快递外卖需要流通加工包装吗？请分析其必要性。

任务考评

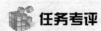

知识巩固

（一）单项选择题

1. 流通加工是流通中的一种（　　）形式。

　　A. 特殊　　　　　B. 辅助　　　　　C. 基本　　　　　D. 新兴

2. 流通加工的对象主要是（　　　）。

    A. 进入流通过程的物品   B. 原材料

    C. 零配件   D. 半成品

（二）多项选择题

1. 下列属于流通加工的有作业环节（　　　）。

    A. 重新组装   B. 差别套裁   C. 涂刷标志   D. 定额检量

2. 流通加工产生的原因主要有（　　　）。

    A. 现代生产方式的要求   B. 效益观念的树立和增强

    C. 网络经济时代服务社会的产物   D. 人们对流通加工作用观念的转变

3. 流通加工的基本类型主要有（　　　）。

    A. 为弥补生产领域加工不足的深加工

    B. 为促进销售的流通加工

    C. 为保护产品进行的流通加工

    D. 为满足多样化需求的服务性流通加工

4. 下列属于流通加工的特点有（　　　）。

    A. 对象的特定性   B. 程度的简单性   C. 价值的单一性   D. 加工目的复杂性

（三）简答题

1. 流通加工的基本类型有哪些？

2. 流通加工的主要特点是什么？

3. 以图表方式对比流通加工与生产加工的主要区别。

技能提高

假如你是一名牛奶流通加工企业的老板，请从如何满足消费者多样化的需求的方面谈谈你将给客户提供什么样的流通加工环境。

任务二　典型的流通加工技术

任务目标

教学知识目标

1. 认识流通加工技术概念。

2. 掌握典型的流通加工技术应用。

岗位技能目标

1. 正确认识流通加工技术的可应用性。
2. 熟悉主要的流通加工技术的应用规范。

🚂**任务导入**

钢材仓库的钢卷销售难

某钢材仓库占地近 15 公顷，拥有 4 条铁路专用线、10～30 吨起重龙门吊车 10 台，年吞吐钢材近 100 万吨。过去钢卷（图 6-2）进出仓库运输都要用一种专用钢架固定，以防钢卷滚动。因此，客户在购买钢卷时，必须租用钢架，这样既要支付钢架租金，又要支付返还钢架的运费。

图 6-2　仓库的钢卷

尽管后来一些钢厂开始使用不需返还的草支垫加固运输，但过大的钢卷（如 35 吨一卷）使有些客户无法一次购买使用，如果建议这些客户购买钢厂成品平板，其成本又会增加很多。因为钢厂成品平板一般以 2 米倍尺交货，即长度分别为 2 米、4 米、6 米等规格，而一些客户使用的板面长度要求为非标准尺寸，如 3.15 米、4.65 米，甚至 9.8 米，而且有的工艺要求不能焊接，这样的平板不是长度不够就是边角余料大。

◆问题

1. 分析这家仓库的管理思想和理念存在的问题？
2. 你能为这家钢材仓库及其客户想个两全其美的办法吗？试提出具体办法。

◆分析

特殊货物的销售是既简单又最为复杂的工作，因为客户的需求是多样化的，只有为客户着想，从客户利益出发，满足客户正当的合理的需求，才能赢得客户，才能占领市场。企业通过为客户提高流通加工服务，可以获得更多的利润空间，所以，流通加工也是物流企业重要的利润源。

必备知识

一、木材的流通加工技术

1. 集中开木下料

用户直接使用原木，不但加工复杂、加工场地大、设备多，更严重的是资源浪费大，木材平均利用率不到 50%，平均出材率不到 40%。实行集中下料，按用户要求供应规格下料，可以使原木利用率提高到 95%，出材率提高到 72%左右，有相当大的经济效果。

> **想一想**
>
> 你认为木材的流通加工有什么特殊要求？请结合家具的销售分析。

2. 磨制木屑压缩输送

这是一种为了提高流通（运输）效益的加工方法。木材容量小，往往使车船满装，却不能满载，同时，装车、捆扎也比较困难。从林区外送的原木中，有相当一部分是造纸材料，加工成容易装运的形状，然后运至靠近消费地的造纸厂，能够取得较好的效果。采取这种办法比直接运送原木节约一半的运费。

二、煤炭的流通加工技术

1. 除矸加工

除矸加工是以提高煤炭纯度为目的的加工形式。可以提高煤炭运输效益和经济效益，减少运输能力的浪费。

2. 煤浆加工

煤浆加工是指在流通的起始环节将煤炭磨成细粉，再用水调和成浆状，使之具备了流动性，可以像其他液体一样进行管道输送。

3. 配煤加工

配煤加工是指在使用地区设置集中加工点，将各种煤及一些其他发热物质，按不同配方进行掺配加工，生产出各种不同发热量的燃料。

三、水泥的流通加工技术

1. 输送水泥的熟料在使用地磨制水泥的流通加工

在需要长途调入水泥的地区，变调入成品水泥为调进熟料这种半成品，在该地区的流通加工据点（粉碎工厂）粉碎，并根据当地资源和需要掺入混合材料及外加剂，制成不同品种及标号的水泥，供应当地用户。这种流通加工的优点包括：①可以大大降低运费、节省运力；②可以按照当地的实际需要大量掺加混合材料；③容易以较低的成本实现大批量、高效率的输送；④可以大大降低水泥的输送损失；⑤能更好地衔接产需，方便客户。

2. 集中搅拌供应商品混凝土

将粉状水泥输送到使用地区的流通加工据点（集中搅拌混凝土工厂或称为生混凝土工厂），在那搅拌成生混凝土，然后供给各个工地或小型构件厂使用。这种流通加工的优点包括：①将水泥的使用从小规模的分散形态改变为大规模的集中加工形态，因此可以利用现代化的科技手段，组织现代化大生产；②集中搅拌可以采取准确的计量手段，选择最佳的工艺，提高混凝土的质量和生产效率，节约水泥；③可以广泛采用现代科学技术和设备，提高混凝土质量和生产效率；④可以集中搅拌设备，有利于提高搅拌设备的利用率，减少环境污染；⑤在相同的生产条件下，能大幅度降低设备、设施、电力、人力等费用；⑥可以减少加工据点，形成固定的供应渠道，实现大批量运输，使水泥的物流更加合理；⑦有利于新技术的采用，简化工地的材料管理，节约施工用地等。

四、食品的流通加工技术

1. 冷冻加工

为了保鲜而进行的流通加工，主要用于鲜肉、鲜鱼在流通中的保鲜，也用于某些液体商品、药品。图 6-3 为鲜肉加工的现场。

图 6-3 鲜肉加工

2. 分选加工

为了提高物流效率而对蔬菜和水果进行的加工，如去除多余的根、叶等，广泛用于果类、瓜类、谷物、棉毛原料等。图 6-4 为水果分拣的现场。

3. 精制加工

对农业、牧业、渔业及副业等产品在产地或销售地设置加工点，去除无用部分，甚至可以进行切分、洗净、分装等加工。图 6-5 为对茶叶的精制加工。

图 6-4　水果分拣

图 6-5　茶叶的精制加工

4. 分装加工

对商品进行便于销售的加工，如大包拆小包，运输包装改为销售包装的加工，这样做可以节省物流成本，保护商品质量，增加商品的附加值。图 6-6 为大枣的分装加工。

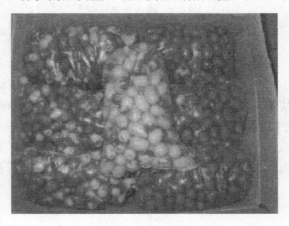

图 6-6　大枣的分装加工

实行绿色食品标志的意义

　　绿色食品（Green food），是指产自优良生态环境、按照绿色食品标准生产、实行全程质量控制并获得绿色食品标志使用权的安全、优质食用农产品及相关产品。绿色食品标志（图 6-7）由特定的图形来表示。绿色食品标志图形由三部分构成：上方的太阳、下方的叶片和中间的蓓蕾，象征自然生态。标志图形为正圆形，意为保护、安全。标志颜色为绿色，象征着生命、农业、环保。AA 级绿色食品标志与字体为绿色，底色为白色；A 级绿色食品标志与字体为白色，底色为绿色。整个图形描绘的是明媚阳光照耀下的和谐生机，告诉人们绿色食品是出自纯净、良好生态环境的安全、无污染食品，能给人们带来蓬勃的生命力。绿色食品标志还提醒人们要保护环境和防止污染，通过改善人与环境的关系，创造自然界新的和谐。

图 6-7　绿色食品标志

任务实施

　　1. 在帮助学生认识几种典型的流通加工技术基础上，任课教师可借助互联网，搜索流通加工技术应用的相关视频进行观摩，结合讲授内容与学生一起分析各种加工技术之间的差异性。

　　2. 组织学生参观流通加工企业，随企业指导老师进行跟岗实习。

交流讨论

　　你接触过生活中的流通加工技术吗？结合自己的生活谈一谈认识与感想。

任务考评

知识巩固

（一）单项选择题

1. 为了提高物流效率而对蔬菜和水果进行的加工形式是（　　）。
   A. 冷冻加工　　　　B. 分选加工　　　　C. 精制加工　　　　D. 分装加工
2. 以提高煤炭纯度为目的的加工形式是（　　）。
   A. 压缩加工　　　　B. 配煤加工　　　　C. 煤浆加工　　　　D. 除矸加工
3. 大包拆小包，运输包装改为销售包装的加工形式是（　　）。
   A. 分选加工　　　　B. 精制加工　　　　C. 分装加工　　　　D. 冷冻加工

（二）多项选择题

1. 木材流通加工的常用手段有（　　）。
   A. 集中开木下料　　　　　　　　B. 磨制木屑压缩输送
   C. 捆绑在一起运输　　　　　　　D. 实行包装式储存
2. 煤炭的流通加工方式主要有（　　）。
   A. 除矸加工　　　　　　　　　　B. 煤浆加工
   C. 配煤加工　　　　　　　　　　D. 压缩加工
3. 食品的流通加工方式有（　　）。
   A. 冷冻加工　　　　　　　　　　B. 分选加工
   C. 分装加工　　　　　　　　　　D. 精制加工

（三）简答题

1. 水泥熟料加工运输的优点有哪些？
2. 列举 3 个生活中的流通加工技术现象，并分析其适用性。

技能提高

为更好地适应物流服务社会的能力和水平，从消费者角度谈谈你对目前我国海鲜食品流通加工技术现状的认识。

任务三　流通加工合理化

任务目标

教学知识目标
1. 认识流通加工合理化概念。
2. 了解流通加工不合理的现象。
3. 掌握流通加工合理化措施的实际应用。

岗位技能目标
1. 学会分析流通加工不合理化的原因。
2. 提高识别流通加工合理化的方法。

任务导入

老铁烤鱼店生产销售有毒食品案

2015年6月，根据公安机关掌握的线索，惠州市惠阳区食品药品监管局联合公安机关对惠阳区孙长付经营的老铁烤鱼店进行突击检查，执法人员对餐后汤底和该店使用的调味料"草果粉"抽样检验。结果显示，在调味料"草果粉"中检出罂粟碱。经查，老铁烤鱼店老板孙长付为吸引消费者来店就餐，在调味料"草果粉"中违法添加罂粟壳。检察机关对老铁烤鱼店老板孙长付和厨师孙双利以涉嫌构成生产销售有毒有害食品罪批准逮捕并提起公诉。经法院判决，被告人孙长付犯生产销售有毒有害食品罪，判处有期徒刑1年，并处罚金2万元；被告人孙双利犯生产、销售有毒有害食品罪，判处有期徒刑7个月，并处罚金5000元。

◆问题

1. 你认为在食品加工过程中添加有毒有害物质是什么行为吗？
2. 企业为了追求更多的利润可以采用怎样的合理措施？请结合实例分析企业应当遵守的道德标准。

◆分析

有毒有害食品酿成的悲剧层出不穷。企业的道德其实就是做人的道德。一个企业以营利为目标，但也应有个道德底线作为约束行为的规矩。若有相关的法律规范，那么这个就是企业道德的最低限。若无相关道德规范，就以普遍的公认的价值观，作为企业的道德。企业道德的本质还是人的道德，企业的道德也是人的道德的体现。

必备知识

一、流通加工合理化的概念

流通加工合理化指实现流通加工的最优配置，不仅做到避免各种不合理流通加工，使流通加工有存在的价值，而且综合考虑流通加工与配送、运输、商流等的有机结合，做到最优的选择，以达到最佳的流通加工效益。

二、不合理的流通加工形式

合理的流通加工可以提高商品的附加价值，从而实现物流企业的经济效益，也给供需双方带来方便和效率。但是不合理的流通加工也会产生很多负效应。不合理的流通加工形式如下：

1. 流通加工地点设置得不合理

流通加工地点设置即布局状况是使整个流通加工能否有效的重要因素。一般而言，为衔接单品种大批量生产与多样化需求的流通加工，加工地点设置在需求地区，才能实现大批量的干线运输与多品种末端配送的物流优势。

一般而言，为方便物流的流通加工环节应设在产出地，设置在进入社会物流之前。假如将其设置在物流之后，即设置在消费地，则不但不能解决物流问题，又在流通中增加了一个中转环节，因而也是不合理的。

2. 流通加工方式选择不当

流通加工方式包括流通加工对象、流通加工工艺、流通加工技术、流通加工程度等。流通加工方式的确定实际上是与生产加工的合理分工。分工不合理，本来应由生产加工完成的，却错误地由流通加工完成；本来应由流通加工完成的，却错误地由生产加工完成，这些都会造成不合理。

3. 流通加工作用不大，形成多余环节

有的流通加工过于简单，或对生产及消费者作用都不大，甚至有时流通加工的盲目性，同样未能解决品种、规格、质量、包装等问题，反而增加了环节，这也是流通加工不合理的重要形式。

4. 流通加工成本过高，效益不好

流通加工之所以能够有生命力，重要优势之一是有较大的产出投入比，因而有效起着补充完善的作用。假如流通加工成本过高，则不能实现以较低投入实现更高使用价值的目的，除了一些必需的、服从政策要求即使亏损也应进行的加工外，都应看成是不合理的。

三、流通加工合理化的措施

实现流通加工合理化主要考虑以下几个方面。

1. 加工和配送相结合

加工和配送相结合就是将流通加工点设置在配送点中，一方面按配送的需要进行加工；另一方面，加工又是配送业务流程中分货、拣货或配货作业的一环，加工后的产品直接投入配货作业，使流通加工有别于独立的生产加工，而使流通加工与中转流通巧妙地结合在一起。

> **想一想**
>
> 你认为消费者对流通加工的需要都是合理的吗？试举例说明。

2. 加工和配套相结合

在对配套要求较高的流通中，进行适当的流通加工，可以有效地促成配套，大大提高流通作为连接生产与消费的桥梁和纽带作用。

3. 加工和合理运输相结合

流通加工能有效地衔接干线与支线运输，促进两种运输形式的合理化。加工完成后再进行中转作业，从而大大提高运输效率及运输转载水平。

4. 加工和合理商流相结合

流通加工与配送的结合，提高了配送水平，强化了销售，也是流通加工与合理商流相结合的一个成功例证。

5. 加工和节约相结合

节约能源、节约设备、节约人力、节约耗费是流通加工合理化的重要考虑因素，也是目前我国设置流通加工时考虑其合理化的比较普遍的形式。

知识链接

食品加工安全

食品安全（food safety）指食品无毒、无害，符合应当有的营养要求，对人体健康不造成任何急性、亚急性或者慢性危害。根据世界卫生组织的定义，食品加工安全是"食物中有毒、有害物质对人体健康影响的公共卫生问题"。食品安全也是一门专门探讨在食品加工、存储、销售等过程中确保食品卫生及食用安全，降低疾病隐患，防范食物中毒的一个学科。

任务实施

教师可在帮助学生认知流通加工合理与不合理讲授基础上，带领学生去流通加工企业实地参观，进行认知性实习，切身感受流通加工现象。

交流讨论

观察我们的周围，看看有哪些食品流通加工现象，试着用自己的语言描述一下食品流通加工合理与不合理的情况。

任务考评

知识巩固

（一）单项选择题

1. 不属于实现流通加工合理化的措施是（　　　）。
    A. 加工和配套相结合
    B. 加工和配送相分离
    C. 加工和合理运输相结合
    D. 加工和合理商流相结合
2. 根据流通加工定义，下列属于流通加工的是（　　　）。
    A. 某工厂采购布匹、纽扣等材料，加工成时装并在市场上销售
    B. 某运输公司在冷藏车皮中保存水果，使之在运到目的地时更新鲜

C. 杂货店将购时的西红柿按质量分成每 500 克 1 元和每 500 克 2 元两个档次销售

D. 将马铃薯通过洗涤、破碎、筛理等工艺加工成淀粉

（二）多项选择题

1. 流通加工合理化需要考虑的重要因素有（　　　）。

A. 节约能源

B. 节约人力

C. 节约设备

D. 节约耗费

2. 实现流通加工合理化的措施包括（　　　）。

A. 加工和配送相结合

B. 加工和配套相结合

C. 加工和合理商流相结合

D. 加工和节约相结合

3. 在现实生活中不合理的流通加工形式有（　　　）。

A. 流通加工地点设置不合理

B. 流通加工要求标准太高

C. 流通加工方式选择不当

D. 流通加工作用不大，形成多余环节

4. 假如将流通加工地设置在生产地区，其不合理之处为（　　　）。

A. 多样化需求产品多品种、小批量由生产地向需求地长距离运输不合理

B. 在生产地增加加工环节，同时增加了近距离运输、装卸等物流活动

C. 单一化需求产品少品种、大批量由生产地向需求地长距离运输不合理

D. 在生产地增加加工环节，同时减少了近距离运输、装卸等物流活动

（三）简答题

1. 如何正确认识流通加工合理化问题？

2. 简述流通加工合理化的主要措施。

3. 分别列举 3 种生活中流通加工合理与不合理的现象。

技能提高

试学习一种食品流通加工技术，在教室进行现场示范表演，并相互介绍加工原理与做法。

任务四 流通加工的管理

任务目标

教学知识目标
1. 认识流通加工管理的主要概况。
2. 了解流通加工管理基本分类。
3. 熟悉流通加工管理的主要职能。

岗位技能目标
1. 学会流通加工合理化的认定管理。
2. 掌握流通加工管理的主要技术经济指标运用。

任务导入

三鹿奶粉事件的启示

石家庄三鹿集团股份有限公司是一家位于河北石家庄的中外合资企业，2005 年 8 月三鹿品牌被世界品牌实验室评为中国 500 个最具价值品牌之一，2007 年被商务部评为最具市场竞争力品牌。三鹿商标被认定为中国驰名商标，产品畅销全国 31 个省、市、自治区。经中国品牌资产评价中心评定，三鹿品牌价值达 149.07 亿元。三鹿集团一度成为中国最大奶粉制造商之一，其奶粉产销量连续 15 年居中国第一。2008 年初，三鹿集团开始陆续接到消费者投诉其生产的乳制品中含有对人体有害物质。2008 年 9 月中旬，全国开始大量出现因食用三鹿生产的乳制品而身体不适的消费者。三鹿这时才发现社会舆论对于公司的压力越来越大，在强大的市场冲击下，终因资不抵债而破产。

◆问题

试分析三鹿奶粉在流通加工管理上存在什么问题？

◆分析

职业道德是同人们的职业活动紧密联系的符合职业特点所要求的道德准则、道德情操与道德品质的总和，它既是对本职人员在职业活动中行为的要求，同时又是职业对社会所负的道德责任与义务。良好的职业道德是每一个优秀企业必备的素质，是企业最基本的规范和要求，也是企业担负起自己的工作责任必备素质。企业职业道德的根本与核心是实事求是，不弄虚作假，对消费者负责。

必备知识

一、流通加工管理的概念

想一想

你认为现在的鲜果店流通加工企业管理水平如何？试分析情况。

流通加工管理是指对流通加工全过程进行的计划、组织、指挥、协调和控制。从本质来说，流通加工管理和生产领域的生产管理一样，是在流通领域中的生产加工作业管理。所不同的是，流通加工管理既要重视生产的一面，更要着眼销售的一面，因为销售是它加工的主要目的。

二、流通加工管理的职能

从管理的职能方面分析，流通加工应当强调计划职能、组织职能和控制职能。

1. 计划职能

流通加工的计划职能是十分突出的，它的计划内容涉及加工作业和技术经济方面的内容。例如，套裁型流通加工，其最主要的目标就是要提高出材率和材料利用率。这就需要加强科学方法进行套裁的计划和计算，同时要以用户的需求进行流通加工的数量管理，加强计划性才能使流通加工既提高设备利用率和出材率，又能在保证用户的前提下，避免或尽量减少套裁剩余所造成的浪费。

2. 组织职能

流通加工的组织职能是将劳动力、设备和材料进行恰当的组织，使流通加工过程能与仓储作业、库存控制、配送作业之间很好地协调而不发生紊乱。因此，流通加工过程必须严格按用户要求的尺寸规格、数量进行加工。

3. 控制职能

流通加工所依据的质量控制标准是由用户提出来的，要求不同，质量标准高低就有较大的差异，流通加工特别是服务型流通加工的质量控制水平甚至可能影响到这种服务项目的存在与否。

三、流通加工管理的分类

流通加工管理可分为计划管理、生产管理、成本管理、销售管理和质量管理。

1. 计划管理

对流通加工的产品，必须事先制订计划。例如，对加工产品的数量、质量、规格、包装要求等，都要按用户的需要，做出具体计划，按计划进行加工生产。

2. 生产管理

生产管理主要是对加工生产过程中的工艺管理。例如，生产厂房、车间的设计，生产工艺流程的安排，原材料的储存供应，产成品的包装、入库等一系列的工艺流程设计是否科学、合理与现代化。这种主要流通加工形式的优势在于利用率高、出材率高，能够获取较高效益。

3. 成本管理

在流通加工中，成本管理也是一项非常重要的内容。一方面，加工是为了方便用户，创造社会效益；另一方面，也是为了扩大销售，增加企业收益。所以，必须详细计算成本，不能进行"亏本"的加工。

4. 销售管理

流通部门的主要职能是销售，加工也应该主要是为此目的服务的。因此，在加工之前，要对市场情况进行充分调查。只有广大顾客需要的，加工之后有销路的物品，才能够组织加工。

5. 质量管理

流通加工的质量管理，主要是对加工产品的质量控制。因此，进行这种质量控制的依据，主要是用户要求。

 想一想

你认为现在食品流通加工企业在质量管理方面存在的主要问题是什么？试分析原因。

四、流通加工合理化的认定

流通加工合理化是实现流通加工的最优配置，在满足社会需求这一前提下，合理组织流通加工生产，并综合考虑运输与加工、加工与配送、加工与商流等的有机结合，做到最优的选择，以达到最佳的加工效益。

对于流通加工合理化的最终判断，应看其是否能实现社会和企业本身的两个效益，而且是否取得了最优效益。对流通加工企业而言，与一般生产企业一个重要的不同之处是，流通加工企业更应把社会效益放在首位，只有这样才有生存价值和发展空间。

五、流通加工管理的技术经济指标

衡量流通加工的可行性，对流通加工环节进行有效的管理，可考虑采用以下两类指标。

1. 流通加工项目可行性指标

流通加工仅是一种补充性加工，规模、投资都必然低于一般生产性企业，其投资特点是：投资额较低，投资时间短，建设周期短，投资回收速度快且投资收益较大。因此，投资可行性分析可采用静态分析法。

2. 流通加工日常管理指标

（1）增值指标：反映经流通加工后，单位产品的增值程度，以百分率计算。

（2）品种规格增加额及增加率：反映某些流通加工方式在满足用户、衔接产需方面的成就，增加额以加工后品种、规格数量与加工前之差对比决定。

（3）资源增加量指标：反映某些类型流通加工在增加材料利用率、出材率方面的效果指标。其具体指标分为新增出材率和新增利用率两项。

$$新增出材率=加工后出材率-原出材率$$
$$新增利用率=加工后利用率-原利用率$$

知识链接

绿色营销时代的到来

绿色营销（green marketing），是指企业在生产经营过程中，将企业自身利益、消费者利益和环境保护利益三者统一起来，以此为中心，对产品和服务进行构思、设计、销售和制造。企业以环境保护为经营指导思想，以绿色文化为价值观念，以消费者的绿色消费为中心和出发点的营销观念、营销方式和营销策略。要求企业在经营中贯彻自身利益、消费者利益和环境利益相结合的原则。绿色营销是适应21世纪的消费需求新变化而产生的一种新型营销理念，可以协调"企业生产—保护环境—社会发展"的关系，使经济发展既能满足当代人的需要，又不至于对后代人的生存和发展构成危害，促进社会文明的进步。

任务实施

1. 在学习流通加工管理知识基础上，任课教师可组织学生深入到流通加工企业开展跟岗实习，由实习师傅讲解管理经验和注意事项，提高学生对实践操作的认识能力。

2. 安排学生利用业余时间从网上搜集企业管理理论与技术信息，增强学生对企业流通加工管理的自学能力。

交流讨论

你体验过流通加工企业的管理吗？结合参观学习谈一下对目前流通加工企业管理情况的认识与感想。

任务考评

知识巩固

（一）单项选择题

1. 对流通加工全过程进行的计划、组织、指挥、协调和控制称为（　　）。

    A. 流通加工管理　　　　　　　　　　B. 流通加工考核

    C. 流通加工服务　　　　　　　　　　D. 流通加工营销

2. 对流通加工的产品，必须事先制订（　　）。

    A. 促销　　　　　　B. 目标　　　　　　C. 任务　　　　　　D. 计划

3. 反映某些类型流通加工在增加材料利用率、出材率方面的效果指标是（　　）。

    A. 销售指标　　　　　　　　　　　　B. 项目可行性指标

    C. 资源增加量指标　　　　　　　　　D. 服务指标

4. 投资可行性分析主要采用（　　）。

    A. 动态分析法　　B. 综合分析法　　C. 数量分析法　　D. 静态分析法

5. 流通加工企业更应把（　　）放在首位，只有这样才有生存价值和发展空间。

    A. 经济效益　　B. 社会效益　　C. 资源效益　　D. 平衡效益

（二）多项选择题

1. 流通加工管理可分为（　　）。

    A. 计划管理　　B. 生产管理　　C. 成本管理　　D. 销售管理

2. 流通加工管理的技术经济指标包括（　　　）。

    A. 项目可行性指标　　　　　　　　B. 日常管理指标

    C. 品种规格增加额　　　　　　　　D. 资源增加量指标

3. 从管理的职能方面分析，流通加工应当强调（　　　）。

    A. 计划职能　　　B. 组织职能　　　C. 控制职能　　　D. 领导职能

4. 流通加工管理是指对流通加工全过程进行的（　　　）。

    A. 计划　　　　　B. 组织　　　　　C. 指挥　　　　　D. 协调和控制

（三）简答题

1. 简述流通加工管理的主要职能。

2. 试分析影响流通加工合理化的主要指标。

技能提高

试结合某流通加工企业的技术经济指标，分析该企业在管理中存在的情况和问题，运用已学的管理理论为企业出谋划策，以调查报告的形式在班内进行交流。

模 拟 实 训

实训　家庭汉堡包流通加工制作练习

一、准备材料

面粉 400 克、里脊肉 250 克、酵母、油、盐、糖、胡椒粉、料酒、炸鸡粉、吉士粉、淀粉、辣椒粉、孜然粉、生菜。

二、制作规范

1. 里脊肉切薄片加入盐、糖、料酒、淀粉、胡椒粉拌均匀，再加入炸鸡粉，吉士粉腌拌 1～2 个小时。

2. 面粉加入酵母清水和成面团发酵好备用。

3. 面团揉均匀，擀成长方大片，刷上一层香油。

4. 然后折叠，再擀成长方大片，卷成长条，切成等份小段，做成圆饼，然后盖上保鲜膜醒置 15 分钟。

5. 平底锅稍倒一点油放入圆饼，上下翻面，直到两面金黄饼熟即好。

6. 锅中油烧热，放入肉片炸至金黄，取出放在吸油纸上吸出油分。

7. 撒上适量的辣椒粉和孜然粉拌均匀。

8. 取一个小饼放入油锅中炸至金黄取出，把饼放在吸油纸上吸出油分。

9. 把面饼划开，取一张生菜放上炸好的里脊肉，然后夹入面饼中即可食用。

三、注意事项

1. 利用业余时间要求所有学生自行采购汉堡制作用料，在家庭制作基础上记录好制作过程，在班内开展加工技术交流。

2. 在模拟流通加工制作技术中，注意采购食材的卫生，制作完成后自食汉堡的美餐，体验加工的乐趣。

项目六选择题答案

项目七
认 知 配 送

📦 项目概况

　　合理的配送能够提高物流的经济效益，可以使企业实现低库存或零库存，简化手续，方便客户，提高供应保证程度，完善输送，消除交叉运输。在发达国家中很重视配送业务的发展。近年来，随着我国社会经济的快速发展，物流行业的发展速度也随之加快，配送作为物流业中的重要环节，也越来越受到重视。

📦 项目导入

国内物流配送业发展概况

　　20 世纪 70 年代以前，我国经济研究中几乎没有使用过"物流"一词，但物流各环节的运作很早就存在于国民经济的各个领域。自从 20 世纪 80 年代初，《物资经济研究通讯》刊登了北京物资学院王之泰教授的《物流浅谈》一文，物流在我国逐渐得到了关注和重视。物流配送行业市场调查分析报告显示，20世纪 90 年代以来的流通实践证明了配送是一种较好的物流方式，我国很多城市的物资部门都设立了配送中心，配送得到了很大的发展。这样，彻底改变了传统的流通模式和方式。实行上门送货为生产企业配送急需的产品，通过构筑代理、配送、连锁相结合的新的流通方式，提高了流通的效率，为用户提供了更为快捷的、方便的服务。随着物流热的逐渐升温，城市物流配送业也日益得到了重视和发展。

近年来，我国的许多大中城市都开始兴建物流中心、配送中心，物流基础设施逐渐得到改善，整体物流技术水平也开始得到提高。深圳市是一个典型的例证。目前深圳物流的总体布局为，重点建设六个物流产业园区，而这其中，为国际物流提供服务的有：盐田港区物流园区、西部港区物流园区、机场航空物流园区。服务区域物流的有：华南国际物流中心、平湖物流园区、深圳邮政分驳转运中心。以城市配送服务为主的有：笋岗—清水河物流园区。同时已经有 UPS、TNT、MAIZRSK、佐川急便等跨国公司落户园区中。

然而由于我国历史原因，长期以来形成了重生产、轻流通，重商流、轻物流的思想，配送的发展在现阶段还很不成熟，存在的问题也不少，突出表现在如下两个方面：①配送的服务核心作用难以发挥。配送的核心作用是服务，现阶段的配送方式，基本上是以单兵作战的分散型配送为主，配送调度中心还没有发挥出应有组织、协调、平衡、管理等综合作用。由于物流配送主要是由各专业公司独自进行，而现行物流企业经营外围较窄（如深圳盐田港物流中心只提供国内货物出口的中转、存储功能，而几乎不涉及市内配送业务），可提供物流配送服务的内容较少，满足不了用户的多种服务需求。②配送操作过程现代化程度低。目前我国配送操作中计算机的应用程度较低，仅限于日常事务管理，而对于物流中的许多重要决策问题，如配送中心的选址、货物组配方案、运输的最佳路径、最优库存控制等方面，仍处于半人工化决策状态，适应具体操作的物流信息系统的开发滞后。

综上所述，我国现在物流配送业的发展还处于起步阶段，与国外先进水平还有较大差距，需要我们结合国情，努力迎头赶上，融入国际经济、贸易、物流大发展的潮流中去，只有这样，我国物流业的国际竞争力才有望真正提高。

知识导图

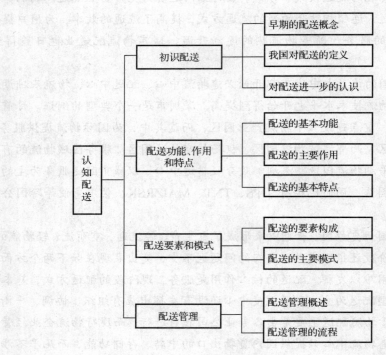

任务一　初　识　配　送

任务目标

教学知识目标

1. 认识配送的相关活动。
2. 了解配送概念的不同阐释。
3. 熟悉掌握配送的定义。

岗位技能目标

1. 学会认识分析配送的基本含义。
2. 熟知配送与相关活动的关系。

任务导入

沃尔玛公司的配送中心

沃尔玛公司是全美零售业务年销售收入居第一的著名企业,沃尔玛公司已经在美国本土建立了 70 个由高科技支持的物流配送中心,并拥有自己的送货车队和仓库,可同时供应 700 多家商店,向每家分店送货频率通常是每天一次。配送中心每周作业量达 120 万箱,每个月自理的货物金额在 5000 万美元左右。

在配送运作时,大宗商品通常经由铁路送达自己的配送中心,再由公司卡车送达商店。每店一周约收到 1～3 卡车货物。60%的卡车在返回自己的配送中心途中又捎回从沿途供应商处购买的商品。

沃尔玛公司全部配送作业实现自动化,是当今公认最先进的配送中心,实现了高效率、低成本的目的。

◆ 问题

1. 沃尔玛公司凭借什么,使其能达到高效率、低成本的经营目的?
2. 我们从沃尔玛公司配送中心运作模式中可得到哪些启示?

◆ 分析

配送中心是接受并处理末端用户的订货信息,对上游运来的多品种货物进行分拣,根据用户订货要求进行拣选、加工、组配等作业,并进行送货的设施和机构。建立配送中心可以有效地减少交易次数和流通环节,产生规模效益,减少客户库存,能够有效而迅速地反馈信息,控制商品质量。

必备知识

一、早期的配送概念

我国早期引进配送概念时认为:"配送"一词是日本引进美国物流科学时,美国英文原词"delivery"的意译。delivery 如果直译为中文,是"提交""递交""交付""交货"的意思。有些学者则认为:delivery 只是配送中的最后一个环节,而不是全部,因此把"配送"翻译成"delivery"是不准确的。英文 distribution

> **想一想**
>
> 你是如何理解配送概念的呢?试结合超市配送情况思考其必要性。

中有"销售""流通""分配""分销"等多层含义,虽然在英汉词典中没有"配送"的解释,但是像 Wal-Mart 连锁店使用的"distribution"包括进货、分拣、储存、拣选、组配、送货等作业环节,故认为 distribution 一词更接近我们讨论的"配送"。

二、我国对配送的定义

我国物流工作者，根据对配送内容的理解，将配送定义为："配送是按用户的订货要求，在物流据点进行分货、配货工作，并将配好之货物送交收货人。"

我国国家标准《物流术语》对"配送"的定义是："在经济合理区域范围内，根据用户要求，对物品进行拣选、加工、包装、分割、组配等作业，并按时送达指定地点的物流活动。"

配送一般包括备货、储存、分拣及配货、包装、加工、配装、配送、运输等基本功能要素。配送的一般流程如图 7-1 所示。

图 7-1　配送的一般流程

配送的含义主要有以下几点。

（1）配送是按用户的要求进行的。用户对物资配送的要求，具体包括数量、品种、规格、供货周期、供货时间等。

（2）配送是由物流据点完成的。物流据点可以是物流配送中心、物资仓库，也可以是商店或其他物资的集疏地。

（3）物资配送是流通加工、整理、拣选、分类、配货、配装、末端运输等一系列活动的集合。

（4）配送在将货物送交收货人后即告完成。

具体的配送运作人员工作关系如图 7-2 所示。

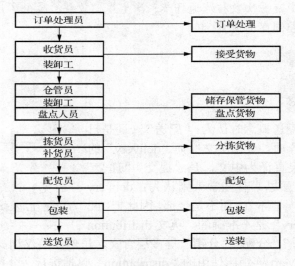

图 7-2　配送运作人员工作关系

三、对配送进一步的认识

配送是物流的一种特殊职能，是最能体现物流现代化发展的标志之一。

物流的储存、运输等功能，无论是在物流发达国家，还是在物流相对落后的国家，只存在水平高低的差别；而配送在物流落后的条件下，很难实现。

（一）配送与送货的区别

（1）送货主要体现为生产企业和商品经营企业的一种推销手段，通过送货达到多销售产品的目的。而配送则是社会化大生产，高度专业化分工的产物，是商品流通社会化的发展趋势。

（2）送货方式对用户而言，只能满足其部分需求，这是因为送货人有什么送什么。而配送则是将用户的要求作为目标，具体体现为用户需要什么就送什么，希望什么时候送便什么时候送。

（3）送货通常是送货单位的附带性工作，也就是说送货单位的主要业务并非送货。而配送则表现为配送部门的专职，通常表现为专门进行配送服务的配送中心。

（4）送货在商品流通中只是一种服务方式。而配送则不仅仅是一种物流手段，更重要的是一种物流体制，最终要发展为"配送制"。

（二）配送与营销的关系

（1）配送与市场营销存在十分密切的联系，两者相辅相成。

（2）配送系统具有把制造商、批发商和零售商与营销渠道联系在一起的能力。

（3）物流配送成为市场营销战略的重要功能。

（三）配送与其他物流功能的关系

配送的物流据点被称为物资的集疏地，一般具备物资储存的功能，物资配送从仓储管理角度上看，也常被人们看作是一种特殊的出库方式。

"二次运输""支线运输""末端运输"被作为配送的代名词，运输是配送实现的最后一个环节。流通加工对实现物资配送的影响极大。流通加工是配送的前沿，是衔接储存与末端运输的关键环节，一个功能完善的配送中心是离不开加工活动的。

配送几乎涵盖了物流的各种功能，这就为配送的组织工作带来了相当大的难度。

（四）配送使企业实现"零库存"成为可能

企业为保证生产持续进行，依靠供应库存（经常储备和保险储备）向企业内部的各生产工位进行物资供应。如果社会供应系统能担负起除对生产企业的外部供应的业务外，还能实现上述的内部物资供应，那么企业的"零库存"就成为可能。理想的配送恰恰具有这种功能，由配送企业进行集中库存，取代原来分散在各个企业的库存，就是配送的最高境界。

（五）配送与优化资源配置的关系

配送是以现代物流技术和管理方法实现资源配置的经济活动。它的资源配置作用是"最终配置"，因而是最接近客户的配置活动。配送在优化资源配置方面有着极其重要的战略地位。

知识链接

配送员的行为规范

尊重客户，文明礼貌。

配送人员在与客户和同事工作之间都必须使用文明礼貌用语，声音温和，微笑服务。与客户讲普通话（客户讲同一种方言除外）。

任何时间和地点，无论客户有无任何过激行为都不能跟客户吵架，不能讲脏话，不能打架斗殴，有任何委屈情况向配送负责人解释，不能与客户纠缠。

任何情况下不得擅自动用、索取、收受客户的物品及小费。

不得泄露客户的送货信息和库房货物库存信息，保守商业机密。

配送人员在接客户电话时必须亲切诚恳，不能欺骗客户，不能有中途挂断客户电话等不礼貌行为。

配送人员在工作时间内不能做与工作无关的事。整个工作过程中（包括工作前和中午吃饭期间）不得饮酒。

配送人员工作前和中午吃饭期间不吃有刺激性气味的食物（大葱、大蒜等）。

配送人员的个人形象要求仪容整洁，不留长于肩的发型和光头发型（头发自然稀少者除外），不染发，不留须，着工作装，衣着整洁干净，不能穿拖鞋。

配送人员在配送车辆里行为必须端正，不得在车里吸烟，不得有将脚放在车前玻璃处等不雅行为，不得在车内睡觉。

配送车辆到达客户处，车辆要停靠在指定位置或按照客户要求停靠，不得随意乱停，司机不得开"赌气"车。

配送人员应按照客户的要求卸货码放，轻拿轻放货物，禁止野蛮装卸，不得用脚踢货，不得将能抬起的货物放在地面上拖，不得坐在货物上。

进客户屋里先敲门，进客户家里要换自带鞋套，走后要关门，遵守客户的进出库房相关规定。

不能使用客户电话打电话，不得乱动客户处物品。

如与客户有超出服务范围和内容的要求，耐心解释，婉言谢绝，让客户找配送调度沟通，禁止与客户发生争执。

提示客户检验货物，跟客户交接货物签收完毕后，当客户不了解公司业务要求时，要语气平和地耐心解释，离开时要说"再见"。

禁止当客户面将客户签收单随意折叠，签单要保持干净整洁。

任务实施

对配送的概念可以从不同的角度分析和认识，任课教师可借助互联网，组织学生利用手机搜索配送的相关图片、视频，再通过多媒体设备或班内微信平台播放交流，帮助学生对配送形成正确的认识。

交流讨论

你了解超市的物流配送吗？结合自己的体验谈一谈超市的物流配送过程。

任务考评

知识巩固

（一）单项选择题

1. 下列英文单词更接近"配送"含义的是（　　）。
   A. delivery　　　　B. Wal-Mart　　　　C. distribution　　　　D. dispatching
2. （　　）是物流的一种特殊职能，是最能体现物流现代化发展的标志之一。
   A. 配送　　　　B. 运输　　　　C. 送货　　　　D. 加工
3. （　　）是配送实现的最后一个环节。
   A. 传输　　　　B. 运输　　　　C. 配货　　　　D. 配装
4. （　　）在商品流通中只是一种服务方式。
   A. 配货　　　　B. 送货　　　　C. 配送　　　　D. 递送

（二）多项选择题

1. 下列对送货的描述，说法正确的是（　　）。
   A. 送货主要体现为生产企业和商品经营企业的一种推销手段，通过送货达到多

　　销售产品的目的

B. 送货方式对用户而言，只能满足其部分需求，因为送货人有什么送什么

C. 送货通常是送货单位的附带性工作，即送货单位的主要业务并非送货

D. 送货在商品流通中只是一种服务方式

2. （　　）被作为配送的代名词，运输是配送实现的最后一个环节。

A. 二次运输　　　B. 支线运输　　　C. 订货运输　　　D. 末端运输

3. 配送的含义包括（　　）。

A. 配送是按用户的要求进行的。用户对物资配送的要求，具体包括数量、品种、规格、供货周期、供货时间等

B. 配送是由物流据点完成的。物流据点可以是物流配送中心、物资仓库，也可以是商店或其他物资的集疏地

C. 物资配送是流通加工、整理、拣选、分类、配货、配装、末端运输等一系列活动的集合

D. 配送在将货物送交收货人后即告完成

（三）简答题

1. 如何理解配送的含义。

2. 配送与送货的区别有哪些？

技能提高

　　为更好地适应未来配送岗位，提高配送业务水平，建议在业余时间组织学生参观超市配送，组织开展一次配送工作所见所闻交流活动，撰写心得体会，增强配送岗位意识。

任务二　配送功能、作用和特点

任务目标

教学知识目标

1. 认识配送的内在功能。

2. 了解配送的作用。

3. 熟悉配送的特点。

岗位技能目标

1. 熟知配送功能作用的发挥。
2. 掌握配送管理的业务技术。

任务导入

沃尔玛公司成功的关键
——灵活高效的配送中心

沃尔玛公司前任总裁大卫·格拉斯这样总结："配送设施是沃尔玛公司成功的关键之一，如果说我们有什么比别人干得好的话，那就是我们的配送中心。"灵活高效的物流配送系统是沃尔玛公司达到最大销售量和低成本存货周转的核心。沃尔玛配送中心设立在100多家零售卖场中央位置的物流基地，通常以320千米作为一个商圈建立一个配送中心，同时可以满足100多个销售网点的需求，以此缩短配送时间，降低送货成本。同时，沃尔玛公司首创交叉配送的独特作业方式，进货与出货几乎同步，没有入库、储存、分拣环节，由此加速货物流通。在竞争对手每5天配送一次商品的情况下，沃尔玛公司每天送货一次，大大减少中间过程，降低管理成本。数据表明，沃尔玛公司的配送成本仅占销售额的2%，而一般企业的这个比例高达10%。这种灵活高效的物流配送方式使沃尔玛公司在竞争激烈的零售业中技高一筹、独领风骚。图7-3为某地的一个沃尔玛配送中心。

图 7-3 沃尔玛配送中心

◆ 问题

1. 配送中心在沃尔玛公司的整个物流体系中起到了什么作用？
2. 沃尔玛公司的物流配送运输有哪些方面值得我们借鉴？

◆ 分析

在我国市场经济体系中，物流配送如同人体的血管，把国民经济各个部分紧密地联系在一起。沃尔玛公司始终如一的思想就是要把最好的东西，用最低的价格卖给消费者，这也是它成功的所在。另外竞争对手一般只有 50% 的货物进行集中配送，而沃尔玛公司超过 90% 的货物是进行集中配送的，只有少数可以从加工厂直接送到店里去，这样成本与竞争对手就相差很多了。

必备知识

一、配送的基本功能

配送是根据客户的订货需求，在配送中心或物流节点进行货物的集结与组配，以最适合的方式将货物送达客户的全过程。

配送中心（图 7-4）是专门从事货物配送活动的经济组织。换个角度说，它又是集加工、理货、送货等多种职能于一体的物流据点。

> **想一想**
>
> 你认为配送与销售是什么关系？请结合超市配送分析思考二者之间的区别与联系。

图 7-4　配送中心

具体说，配送中心有如下几种功能。

1. 储存功能

配送中心的服务对象是为数众多的企业和商业网点（如超级市场和连锁店），配送中心的职能和作用是：按照用户的要求及时将各种配装好的货物送交到用户手中，满足生产需要和消费需要。为了顺利而有序地完成向用户配送商品（货物）的工作，更好地发挥保障生产和消费需要的作用，配送中心通常都要兴建现代化的仓库并配备一定数量的仓储设备，储存一定数量的商品。某些区域性大型配送中心和开展"代理交货"配送业务的配送中心，不但要在配送货物的过程中储存货物，而且它所储存的货物数量更大、品种更多。

上述配送中心所拥有的储存能力及其储存货物的事实表明：储存功能是这种物流组织的重要功能之一。

2. 分拣功能

作为物流节点的配送中心，其服务对象（即客户）是为数众多的企业（在国外，配送中心的服务对象少则有几十家，多则有数百家）。众多客户彼此之间存在着很多差别：不仅各自的性质不尽相同，而且其经营规模也不一样。据此，在订货或进货的时候，为了有效地进行配送（即为了能同时向不同的用户配送很多种货物），配送中心必须采取适当的方式对组织进来（或接收到）的货物进行拣选，并且在此基础上，按照配送计划分装和配装货物。这样，在商品流通实践中，配送中心除了能够储存货物、具有储存功能外，它还有分拣货物的功能，能发挥分拣中心的作用。

3. 集散功能

在物流实践中，配送中心凭借其特殊的地位和其拥有的各种先进的设施和设备，能够将分散在各个生产企业的产品（即货物）集中到一起，而后，经过分拣、配装，向多家用户发运。与此同时，配送中心也可以做到把各个用户所需要的多种货物有效地组合（或配装）在一起，形成经济合理的货载批量。配送中心在流通实践中所表现出的这种功能即（货物）集散功能，也有人把它称为"配货、分放"功能。

集散功能是配送中心所具备的一项基本功能。实践证明，利用配送中心来集散货物，可以提高卡车的满载率，由此可以降低物流成本。

4. 衔接功能

通过开展货物配送活动，配送中心能把各种工业品和农产品直接运送到用户手中，客观上可以起到媒介生产和消费的作用。这是配送中心衔接功能的一种重要表现。此外，通过集货和储存货物，配送中心又有平衡供求的作用，由此能有效地解决季节性货物的产需衔接问题。这是配送中心衔接功能的另一种作用。

有很多工业品（如煤炭、水泥产品），都是按照计划批量、均衡生产的，而其消费则带有很强的季节性（即消费有淡季、旺季之分）；另有一些产品（主要是农产品）恰恰相反，其消费是连续进行的，而其生产却是季节性的。这种现象说明，就某些产品而言，生产和消费存在着一定的时间差。由于配送中心有吞吐货物的能力和具备储存物资的功能，因此，它能调节产品供求关系，进而能解决生产和消费之间的时间差和矛盾。从这个意义上说，配送中心是衔接生产和消费的中介组织。

5. 加工功能

为了扩大经营范围和提高配送水平，目前，国内外许多配送中心都配备了各种加工设备，由此形成了一定的加工（即初加工）能力。这些配送中心能够按照用户提出的要求和根据合理配送商品的原则，将组织进来的货物加工成一定的规格、尺寸和形状，由此而形成了加工功能。加工货物是某些配送中心的重要活动。配送中心积极开展加工业务，不但大大方便了用户，省却了后者不少烦琐劳动，而且也有利于提高物质资源的利用效率和配送效率。此外，对于配送活动本身来说，客观上能起到强化其整体功能的作用。

6. 服务功能

将配好的货物运输给客户还不算配送工作的结束。这是因为送达货物和客户接货往往还会出现不协调，使配送前功尽弃。因此，要圆满地实现运达货物的移交，并有效地、方便地处理相关手续并完成结算，还应讲究卸货地点、卸货方式等。送达服务也是配送独具的特殊性。

二、配送的主要作用

配送的主要作用包括以下几点。

1. 配送有利于物流运动实现合理化

配送不仅能促进物流的专业化、社会化发展，还能以其特有的运动形态和优势调整流通结构，促使物流活动向规模经济发展。从组织形态上看，它是以集中的、完善的送货取代分散性、单一性的取货。在资源配置上看，则是以专业组织的集中库存代替社会上的零散库存，衔接了产需关系，客观上打破了流通分割和封锁的格局，能够很好地满足社会化大生产的发展需要，有利于实现物流社会化和合理化。

2. 完善了运输和整个物流系统

配送环节处于支线运输，灵活性、适应性、服务性都比较强，能将支线运输与小搬运统一起来，使运输过程得以优化和完善。

> **想一想**
>
> 你知道什么是末端物流吗？请用手机搜索一下并说明情况。

3. 提高了末端物流的效益

配送处于物流系统中的末端位置，采取配送方式，通过增大经济批量来达到经济的进货。它采取将各种商品配齐集中起来，向用户发货或将多个用户小批量商品集中在一起进行发货等方式，以提高末端物流的经济效益。

4. 通过集中库存使企业实现低库存或零库存

实现了高水平配送之后，尤其是采取准时制配送方式之后，生产企业可以完全依靠配送中心的准时制配送，而不需要保持自己的库存。或者，生产企业只需保持少量保险储备而不必留有经常储备，这就可以实现生产企业多年追求的"零库存"，将企业从库存的束缚中解脱出来，同时解放出大量储备资金，从而改善企业的财务状况。实行集中库存，集中库存总量远低于不实行集中库存时各企业分散库存的总量。同时，增加了调节能力，也提高了社会经济效益。此外，采用集中库存可利用规模经济的优势，使单位存货成本下降。

5. 简化事务，方便用户

采用配送方式，用户只需要从配送中心一处订购，就能达到向多处采购的目的，只需组织对一个配送单位的接货便可替代现有的高频率接货，因而大大减轻了用户的工作量和负担，也节省了订货、接货等的一系列费用开支。

6. 提高供应保证程度

生产企业自己保持库存、维持生产，由于会受库存费用的制约，供应保证程度很难提高。采取配送方式，配送中心可以比任何企业的储备量都大，因而对每个企业而言，中断供应、影响生产的风险便相对降低。

7. 配送为电子商务发展提供基础和支持

物流配送是为电子商务而服务的，它为电子商务创造了条件，电子商务与物流配送相结合，二者是一种互动的发展关系。

三、配送的基本特点

配送的概念既不同于运输，也不同于旧式送货，具体有以下几个特点。

1. 配送形式的特殊性

配送是从物流据点至用户的一种特殊送货形式。在整个输送过程中处于"二次输送""支线输送""终端输送"的位置，配送是中转型送货，其起止点是物流据点至用户。配送通常是少量货物短距离的移动。

2. 配送技术的专业性

从事送货的是专业流通企业，而不是生产企业；配送是用户（企业）需要什么配送什么，而不是生产企业（送货）生产什么送什么。

3. 配送过程的系统性

配送不是单纯的运输或输送，而是运输与其他活动共同构成的组合体。配送要组织物资订货、签约、进货、分拣、包装、配装等，及时对物资进行分配、供应处理。

4. 配送目的的服务性

配送是以供给者送货到户式的服务性供应。从服务方式来讲，配送是一种"门到门"的服务，它可以将货物从物流据点一直送到用户的仓库、营业所、车间乃至生产线的起点或个体消费者手中。

5. 配送需求的多样性

配送是在全面配货基础上，完全按用户要求，包括种类、品种搭配、数量、时间等方面的要求所进行的运送。因此，除了各种运与送的活动外，还要从事大量分货、配货、配装等工作，是配和送的有机结合形式。

知识链接 ··········

现代物流业

现代物流业是利用现代化技术，在现代化管理指导下的物流行为，是原材料、产成品从起点到终点及相关信息有效流动的全过程，将运输、仓储、装卸、搬运、包装、流通加工、配送、信息处理等功能有机结合起来，形成完整的供应链，为客户提供多功能、一体化的综合性服务。现代物流建设是现代流通的重要支撑，是实现传统商业向现代流通转变的关键所在。发展现代物流是物流行业进一步加快自身发展，提升企业核心竞争力，从容应对国际挑战的必然选择。而实现现代物流的一个重要条件就是必须拥有一大批具有良好的道德品质修养，善于运用现代信息手段，精通物流业务，懂得物流运作规律的现代物流管理人才。

任务实施

在全面认识物流配送基本理论基础上，任课教师可组织学生到当地新华书店参观学习图书配送的功能、作用和特点，做到理论联系实际。

交流讨论

当地新华书店对图书配送的功能是如何发挥作用的？

任务考评

知识巩固

（一）单项选择题

1.（　　）是专门从事货物配送活动的经济组织。
    A. 运输中心　　　　B. 配送中心　　　　C. 信息中心　　　　D. 加工中心
2.（　　）是衔接生产和消费的中介组织。
    A. 配送中心　　　　B. 加工中心　　　　C. 集散中心　　　　D. 分拣中心
3. 配送从服务方式来讲，是一种（　　）的服务。
    A. 联合运输　　　　B. 装卸搬运　　　　C. "门到门"　　　　D. 专业运输

（二）多项选择题

1. 集散功能，也有人把它称为（　　）功能。
    A. 配货　　　　　　B. 分放　　　　　　C. 加工　　　　　　D. 理货
2. 配送中心的功能包括（　　）。
    A. 储存功能　　　　B. 分拣功能　　　　C. 集散功能　　　　D. 衔接功能
3. 配送的主要作用包括（　　）。
    A. 有利于物流运动实现合理化
    B. 提高了末端物流的效益
    C. 通过集中库存使企业实现低库存或零库存
    D. 完善了运输和整个物流系统

（三）简答题

1. 如何理解物流配送的基本功能？
2. 简述配送在国民经济发展中的主要作用。
3. 举例说明配送有哪些特点。

结合对新华书店图书配送功能的参观学习，自己动手为其设计配送企业业务中的关键节点，并说明理由。

任务三　配送要素和模式

任务目标

教学知识目标

1. 认识配送的活动过程。

2. 了解配送的构成要素。

3. 熟悉配送的操作模式。

岗位技能目标

熟悉配送要素及模式的实践应用。

任务导入

沃尔玛公司与家乐福公司的配送模式

1. 沃尔玛公司的配送模式

随着世界五百强之首——沃尔玛公司在中国大陆市场的迅速扩张，越来越多的人把目光聚焦于沃尔玛公司成功的秘诀。人们通常把快速转运、VMI（供应商管理库存）、EDLP（天天平价）当作沃尔玛公司成功的三大法宝，其中商品的快速转运往往被认为是沃尔玛公司的核心竞争力。沃尔玛公司之所以能成功，归结起来有以下几点原因。

第一，独特的历史背景。1962 年当沃尔玛公司第一家店在阿肯色州的一个小镇开业时，由于其位置偏僻，路途遥远，供应商很少愿意为其送货，因此，山姆·沃顿不得不在总部所在地本顿威尔建立了第一家配送中心。显然，一家店不可能单独支撑一个配送中心的运营成本，于是以该配送中心为核心，在周围一天车程即 500 千米左右的范围内迅速开店。获得成功后，又迅速复制该运营模式。

第二，强大的后台信息系统。沃尔玛公司耗资 7 亿多美元的通信系统是全美最大的民用电子信息系统，其数据处理能力仅次于美国国防部，EDI（电子数据交换系统）及条码等现代物流技术的使用，更为全球每个门店的销售分析、商品的分拨及进销存管理等，提供了最强有力的支持。

第三，门店数量众多。目前美国本土4000多家店，配送中心有60多家。

2. 家乐福公司的配送模式

由于家乐福公司的选址绝大部分都集中于上海、北京及各省会城市，且强调的是"充分授权，以店长为核心"的运营模式，因此它的商品配送基本都以供应商直送为主，这样做的好处主要有以下几方面。

第一，送货快速、方便。由于供应商资源多集中于同一个城市，上午下订单，下午商品就有可能到达，将商品缺货造成的失销成本大幅降低。为了减少资金的占用及提高商品陈列空间的利用效率，超大卖场基本都采取"小批量、多频次"的订货原则，同城供应商能更有效地帮助此原则的实现。

第二，便于逆向物流。商品的退换货是零售企业处理过时、过期等滞销商品的最重要手段。如果零售商采用的是供应商直送的商品配送模式，零售商与供应商的联系与接触非常频繁。因此，商品退换货处理也非常迅速，但如果采用中央配送模式，逆向物流所经过的环节大为增加，因此速度也相对变缓。

◆问题

1. 沃尔玛公司与家乐福公司各自成功的配送模式是什么？
2. 沃尔玛公司与家乐福公司的成功配送模式对我们有哪些启示？

◆分析

配送模式是企业对配送所采用的基本战略和方法，它是指构成配送运动的各个要素的组合形态及其运动的标准形式，是适应经济发展需要并根据配送对象的性质、特点及工艺流程而相对固定的配送规律。

必备知识

一、配送的要素构成

1. 集货

集货，即将分散的或小批量的物品集中起来，以便进行运输、配送的作业。

集货是配送的重要环节，为了满足特定客户的配送要求，有时需要把从几家，甚至数十家供应商处预订的物品集中，并将要求的物品分配到指定容器和

> **想一想**
>
> 配货、配装与配送的区别是什么？请用手机百度一下就会有收获。

场所。

集货是配送的准备工作或基础工作，配送的优势之一，就是可以集中客户的需求进行一定规模的集货。

2. 分拣

分拣是将货物按品种、出入库先后顺序进行分门别类地堆放的作业。

分拣是配送不同于其他物流形式的功能要素，也是决定配送成败的一项重要支持性工作。它是完善送货、支持送货的准备性工作，是不同配送企业在送货时进行竞争和提高自身经济效益的必然延伸。所以，也可以说分拣是送货向高级形式发展的必然要求。有了分拣，就会大大提高送货的服务水平。

3. 配货

配货是使用各种拣选设备和传输装置，将存放的物品，按客户的要求分拣出来，配备齐全，送入指定发货区。

4. 配装

在单个客户配送数量不能达到车辆的有效运载负荷时，就存在如何集中不同客户的不同货物进行搭配装载，以充分利用运能、运力的问题，这就需要配装。与一般送货的不同之处在于，配装送货可以大大提高送货的服务水平，降低送货成本，所以配装是配送系统中有现代特点的功能要素，也是现代配送不同于以往送货的重要区别之一。

5. 配送运输

配送运输是指在配送环节中为实现将物品送达客户时所进行的运输。它属于运输中的末端运输、支线运输。配送运输是一种较短距离、较小规模、频度较高的运输形式，一般使用汽车做运输工具。

6. 送达服务

将配好的货物运输到客户收货地还不算配送工作的结束，这是因为送达货和客户接货之间往往还会出现不协调情况。因此，要圆满地实现货物的移交，并有效地、方便地处理相关手续并完成结算，还应讲究卸货地点、卸货方式等。送达服务也是配送所独具的特殊性。

7. 配送加工

配送加工是按照配送客户的要求所进行的流通加工，可以大大提高客户的满意程度。配送加工是流通加工的一种，但配送加工具有不同于流通加工的特点，即配送加工一般只取决于客户要求，其加工的目的较为单一。

二、配送的主要模式

物流配送模式是指构成配送活动的诸要素的组合形态以及其运动的标准形式，它是根据经济发展需要并根据配送对象的性质、特点、工艺流程而相对固定的配送规律。配送企业按照组织方式不同分为自营型配送、第三方配送、共同配送。

（一）自营型配送

自营型配送是当前生产流通或综合性企业（集团）所广泛采用的一种配送模式。企业（集团）通过独立组建配送中心，实现内部各部门、厂、店的物品供应的配送，虽然这种配送模式可能会造成社会资源的浪费，但是，就目前来看，自营型配送模式在满足企业（集团）内部生产材料供应、产品外销、零售场店供货和区域外市场拓展等企业自身需求方面发挥了重要作用。

知识链接

亚马逊配送

亚马逊是全球最大的网上书店、音乐盒带商店和录像带店，其网上销售的方式为网上直销和网上拍卖，它的配送中心在实现其经营业绩的过程中功不可没。亚马逊以全资子公司的形式经营和管理的配送中心拥有完整的物流、配送网络。2015年，亚马逊已拥有超过 80 个大规模的配送中心，放在一起比麦迪逊广场花园还要大，可容纳超过 1 万个奥林匹克游泳池。

（二）第三方配送

第三方配送是指由物流劳务的供方、需方之外的第三方去完成物流服务的物流运作方式。第三方就是指提供物流交易双方的部分或全部物流功能的外部服务提供者，是物流专业化的一种形式。企业不拥有自己的任何物流实体，将商品采购、储存和配送都交由第三方完成，如代存、代供配送等。

（三）共同配送

共同配送，也称共享第三方物流服务，指多个客户联合起来共同由一个第三方物流服务公司来提供配送服务。它是在配送中心的统一计划、统一调度下展开的。共同配送是由多个企业联合组织实施的配送活动。共同配送的本质是通过作业活动的规模化降低作业成本，提高物流资源的利用效率。共同配送是指企业采取多种方式，进行横向联合、集约协调、求同存异以及效益共享。

知识链接

快速发展的配送业

随着移动互联网时代到来，越来越多的餐饮、零售企业实现了线上与线下的无缝对接和深度融合。同城配送，尤其是末端的最后 3 千米业务订单量日益增多，传统物流行业越发难以处理每天如此庞大的业务单量，而自建物流又面临着成本过高的种种问题，于是以信任为基础的众包模式，如人人快递、达达、京东众包、闪送等，不知不觉间成为了解决同城配送的最佳方式，物流迎来了"互联网+物流"的最好时代，也为企业重新定义了时间与成本的意义，对配送人员的知识和能力素质提出了更高的要求。

任务实施

在学习配送的构成要素和基本模式的基础上，任课教师可利用业余时间，在物流实训室组织一次模拟配送活动，帮助学生体验配送的流程规范。

交流讨论

谈一谈当地有名的超市配送模式是怎样的，有什么特色。

任务考评

知识巩固

（一）单项选择题

1. 将货物按品种、出入库先后顺序进行分门别类地堆放的作业叫作（　　　）。
   A. 备货　　　　　　B. 分拣　　　　　　C. 配装　　　　　　D. 配送运输

2. （　　）是由多个企业联合组织实施的配送活动。
    A. 第三方配送　　　B. 共同配送　　　C. 多边配送　　　D. 双边配送

3. （　　）是当前生产流通或综合性企业（集团）所广泛采用的一种配送模式。
    A. 第三方配送　　　B. 自营型配送　　　C. 共同配送　　　　D. 双边配送

4. 下列配送形式中属于第三方配送的是（　　）。
    A. 仓库配送　　　　　　　　　　B. 专业配送
    C. 代存、代供配送　　　　　　　D. 共同配送

（二）多项选择题

1. 配送的要素包括（　　）。
    A. 集货　　　　　B. 配装　　　　　C. 分拣及配货　　　D. 配送加工

2. 配送企业按照组织方式不同可以分为（　　）。
    A. 自营型配送　　　　　　　　　B. 第三方配送
    C. 共同配送　　　　　　　　　　D. 零售商主导型配送中心

（三）简答题

1. 结合物流岗位说明配送的要素有哪些。
2. 我国企业配送的模式有哪几种？
3. 简述第三方配送运作模式。

技能提高

    组织学生到当地物流配送企业进行认知实习，要求根据企业的实际情况，为其选择1种实用的配送模式。

任务四　配送管理

任务目标

教学知识目标
1. 了解配送管理的概念。
2. 熟悉掌握配送的流程。

岗位技能目标
1. 掌握配送管理活动的流程。
2. 掌握配送管理规范与要求。

任务导入

沃尔玛公司利用物流配送节约成本

沃尔玛公司之所以能够迅速增长，并且成为世界 500 强之首，这些成绩的取得与沃尔玛公司在节省成本以及在物流运送、配送系统方面的成就是分不开的。沃尔玛公司把注意力放在物流运输和配送系统方面，使其成为沃尔玛公司的焦点业务。

1. 注重物流投入

沃尔玛公司 2003 年在物流方面的投资是 1600 亿元，2004 年增长到 1900 亿美元，仅 2004 年用于物流配送中心建设的资金就高达 250 亿美元。而上海联华公司这个国内数一数二的零售商在物流方面的投资仅 100 多亿元。沃尔玛公司早在 20 世纪 80 年代初就花了 7 亿美元发射了一颗卫星，专门服务于物流工作。这一举措对当时的沃尔玛公司来说，是个极大的转折，它能通过卫星在两小时内把全球沃尔玛公司内的货物通通盘点一次，由此可见物流和配送在沃尔玛公司中的重要性。

2. 实施"无缝点对点"

沃尔玛公司的经营哲学是"以最佳服务，最低的成本，提供最高质量的服务"。在物流运营过程当中，要尽可能降低成本，让利于消费者，沃尔玛公司向自己提出了挑战，其中的一个挑战就是要建立一个"无缝点对点"的物流系统，能够为商店和顾客提供最迅速的服务。这种"无缝"的意思是指使整个供应链达到一种非常顺畅的连接。

3. 建立良好的循环系统

为了降低成本，沃尔玛公司建立了物流循环系统。实践证明，如果物流循环是比较成功的，那么在顾客购买了某种商品之后，这个系统就开始自动供货。因此这个配送中心可以为供货商减少很多成本。

4. 完善的补货系统

沃尔玛公司之所以能够取得成功，其中一个原因就是沃尔玛公司在每一个商店都有一个补货系统。它使得沃尔玛公司在任何一个时间点都可以知道现在这个商店有多少货物，有多少货物正在运输过程中，有多少是在配送中心等。同时它也使沃尔玛公司可以了解，沃尔玛公司某种货物前一周卖了多少、去年卖了多少等，而且可以预测其将来可以卖多少这种货物。

5. 建立开放式的平台

沃尔玛公司每星期可以处理 120 万箱的产品。沃尔玛公司的商店众多，每个商店的需求各不相同。沃尔玛公司的配送中心能够根据商店的需要，自动把产品分类放入不同的箱子当中。沃尔玛公司所有的系统都是基于 UNIX 系统的一个配送系统，这是一个非常大的开放式的平台，不但采用传送带，还采用产品代码，以及自动补货系统和激光识别系统，员工可以在传送带上就取到自己所负责的商店所需的商品，因此节省了拣选成本。

6. 建立自己的运输车队

沃尔玛公司的物流部门实行全天候的运作，而且是每天 24 小时，每周 7 天的运作。众所周知，沃尔玛公司的产品卖得非常多，因此运输车队对物流的支持是非常必要的，要确保商店所需的商品不断地流向沃尔玛公司的商店，这样物流就没有任何停止的时段。

◆问题

1. 沃尔玛公司的配送体系有哪些值得其他企业借鉴？
2. 谈谈沃尔玛公司能够成为零售业巨头的关键是什么？

◆分析

沃尔玛公司降低配送成本的方法就是与供应商共同分担。供货商们可以送货到沃尔玛公司的配送中心，也可以直接送到商店，如果供货商们采用集中式的配送方式，就可以节省很多钱，而供货商就可以把省下来的这部分利润，让利于消费者。供货商们这样做，还可以为沃尔玛公司分担一些建立配送中心的费用。所有这些做法的最终目的都是为了向消费者让利。通过这样的方法，沃尔玛公司就从整个供应链中，将这笔配送中心的成本费用节省下来，实现了低投入高产出。

必备知识

一、配送管理概述

配送管理是物流中一种特殊的、综合的活动形式，是商流与物流紧密结合，包含了商流活动和物流活动，也包含了物流中若干功能要素的一种形式。

> **想一想**
>
> 你是如何理解配送管理的？请结合管理职能分析思考其主要环节。

配送管理的主要构成要素包括：

（1）集货，是将分散的或小批量的物品集中起来，以便进行运输、配送的作业。

（2）分拣，是将物品按品种、出入库先后顺序进行分门别类堆放的作业。

（3）配货，就是使用各种拣选设备和传输装置，将存放的物品按客户要求分拣出来，配备齐全，送入指定发货地点。

（4）配装，是指集中不同客户的配送货物，进行搭配装载以充分利用运能、运力。

（5）配送运输，是一种较短距离、较小规模、频度较高的运输形式，一般使用汽车作为运输工具。配送运输的路线选择问题是技术难点。

（6）送达服务，圆满地实现运到之货的移交，并有效地、方便地处理相关手续并完成结算，讲究卸货地点、卸货方式等。

（7）配送加工，是按照配送客户的要求所进行的流通加工。

二、配送管理的流程

1. 货物入库

（1）物流配送中心根据客户的入库指令视仓储情况做相应的入库受理。

（2）按所签的合同进行货物受理并根据给货物分配的库区库位打印出入库单。

（3）在货物正式入库前进行货物验收，主要是对要入库的货物进行核对处理，并对所入库货物进行统一编号，包括合同号、批号、入库日期等。

（4）然后进行库位分配，主要是对事先没有预分配的货物进行库位自动或人工安排处理，并产生货物库位清单。

（5）库存管理主要是对货物在仓库中的一些动态变化信息的统计查询等工作。

（6）对在仓库中的货物，物流公司还将进行批号管理、盘存处理、内驳处理和库存的优化等工作，从而更有效地管理仓库。

2. 运输配送

（1）物流配送中心根据客户的发货指令视库存情况做相应的配送处理。

（2）根据配送计划系统将自动地进行车辆、人员、出库处理。

（3）根据选好的因素由专人负责货物的调配处理，可分自动配货和人工配货，目的是为了更高效地利用物流公司手头的资源。

（4）根据系统的安排结果按实际情况进行人工调整。

（5）在安排好后，系统将根据货物所放地点（库位）情况按物流公司自己设定的优化原则打印出拣货清单。

（6）承运人凭拣货清单到仓库提货，仓库做相应的出库处理。

（7）装车完毕后，根据所送客户数打印出相应的送货单。

（8）车辆运输途中可通过 GPS 车辆定位系统随时监控，并做到信息及时沟通。

（9）在货物到达目的地后，经受货方确认后，凭回单向物流配送中心确认。

（10）产生所有需要的统计分析数据和财务结算，并产生应收款与应付款。

知识链接

新型的物流配送中心

新型的物流配送中心面对的是成千上万的供应厂商和消费者以及瞬息万变、竞争激烈的市场，必须配备现代化的物流装备。如计算机网络系统、自动分拣输送系统、自动化仓库、自动旋转货架、自动装卸系统、自动导向系统、自动起重机、商品条码分类系统、输送机等新型高效现代化、自动化的物流配送机械化系统。缺乏高水平的物流装备，建设新型物流配送中心就失去了起码的基本条件。必须配备数量合理、质量较高、具有一定物流专业知识的管理人员、技术人员、操作人员，以确保物流作业活动的高效运转。没有一支高素质的物流人才队伍，建设新型物流配送中心就不可能实现。作为一种全新的物流运作模式，其管理水平必须科学化和现代化，通过科学合理的管理制度、现代的管理方法和手段，才能确保新型物流配送中心的功能和作用的发挥。没有高水平的物流管理，建设新型物流配送中心就会成为一句空话。

任务实施

任课教师可在讲授配送理论的基础上，组织学生联系实际讨论配送流程的实施过程，使学生体验配送的流程和要求。

交流讨论

参观当地的大型超市，考察其配送情况，思考其存在问题，找出加强配送管理方面应当采取的举措。

任务考评

（一）单项选择题

1. 下列不是配送管理要素的是（　　）。
   A. 集货　　　　　B. 分拣　　　　　C. 配货　　　　　D. 审核

2.（　　）就是使用各种拣选设备和传输装置，将存放的物品按客户要求分拣出来，配备齐全，送入指定发货地点。

A. 配货
B. 配装
C. 配送
D. 运输

（二）多项选择题

1. 配送管理的主要构成要素包括（　　）。

A. 集货
B. 分拣
C. 配装
D. 配送加工

2. 下列属于运输配送流程的有（　　）。

A. 物流配送中心根据客户的发货指令视库存情况做相应的配送处理
B. 根据配送计划系统将自动地进行车辆、人员、出库处理
C. 承运人凭拣货清单到仓库提货，仓库做相应的出库处理
D. 装车完毕后，根据所送客户数打印出相应的送货单

3. 货物入库的流程包括（　　）。

A. 物流配送中心根据客户的入库指令视仓储情况做相应的入库受理
B. 按所签合同进行货物受理并根据货物分配的库区库位打印出入库单
C. 在货物正式入库前进行货物验收，主要是对要入库的货物进行核对处理
D. 库存管理主要是对货物在仓库中的一些动态变化信息的统计查询等工作

4. 在货物正式入库前进行货物验收，主要是对要入库的货物进行核对处理，并对所入库货物进行统一编号，主要包括（　　）。

A. 合同号
B. 批号
C. 入库日期
D. 生产日期

（三）简答题

1. 如何理解配送管理的含义？
2. 简述货物入库主要流程。
3. 简述运输配送流程的应用。

技能提高

试结合实际分析，美团外卖公司的食品配送管理模式中存在的问题，并为其设计可行的改进方案。

模 拟 实 训

实训 张裕集团配送线路优化训练

一、张裕集团配送模式

近年来张裕集团的葡萄酒市场需求量逐年上升。这一方面给张裕集团带来了良好的发展机遇，另一方面也使张裕集团的物流和销售部门面临严峻的挑战，如何改善集团的物流配送模式，及时将葡萄酒送达用户，成为集团亟待解决的问题。张裕集团生产的葡萄酒采用的是定时定量配送模式，即按固定的时间和客户订单的数量进行送货，对于一些需求量比较小的客户也要单独组织车辆进行送货。以山东省的客户需求为例，张裕集团仅在烟台市设有仓库，客户分布在全省的各个县区市，并且需求量差别很大，按此配送模式不适应集团发展要求，特别是对于即时性需求，不能及时响应；配送路线的选择不合理，没有得到优化；车辆调度不合理，没有充分利用车辆配载容积。

二、利用节约里程法优化葡萄酒配送路线

以山东 14 个地级市葡萄酒客户配送为例，应用节约里程法来优化配送路线，制订配送计划。山东 14 个地市的葡萄酒货运量和配送距离如表 7-1 所示。其中，年货运量最多的是淄博、青岛，距离最远的是济宁、聊城。

表 7-1 山东 14 个地市的葡萄酒货运量和配送距离

客户	青岛	东营	泰安	济宁	潍坊	日照	枣庄
货运量/吨	1146	388	396	478	924	294	390
配送距离/千米	245	430	544	670	300	395	615
客户	聊城	济南	淄博	德州	临沂	滨州	菏泽
货运量/吨	386	2436	1282	226	480	220	286
配送距离/千米	640	513	398	621	475	431	753

张裕集团的配送车辆主要以招标的形式，选择第三方物流公司来为其运送产品，这样一方面集团可以不设自己的运输车队，节约大量资金和人员，集中精力于核心业务，另一方面充分发挥第三方物流公司的运输规模优势，按时、按量准时送货，实现双赢。为了保证配送车辆的数量、装载量满足配送需求，集团在招标过程中，往往选择几家物流公司共同为其配送产品，并在配送车辆的选择上留有余地，为降低运输成本创造了条件。

车辆调度采用以下方案：根据各城市的不同年需求量，制订月度配送计划，按货运

量的多少选配车辆。例如，青岛市年需求量为 1146 吨，月平均 95.5 吨，则先选用最大车型进行直送，90 吨利用 9 辆 10 吨的汽车运送，对于剩余货运量 5.5 吨，采用节约里程法进行配送。其他城市的货运量均按此方式进行整理，则表 7-1 中的配送量调整为表 7-2 所示数据。

表 7-2　各地市葡萄酒配送的剩余任务　　　　　　　　　　　　单位：吨

客户	青岛	东营	泰安	济宁	潍坊	日照	枣庄
剩余货运量	5.5	4.3	3	0	7	4.5	2.5
客户	聊城	济南	淄博	德州	临沂	滨州	菏泽
剩余货运量	2.2	3	6.8	8.8	0	8.3	3.8

表 7-2 中济宁、临沂的剩余货运量为零，仅对表中有剩余配送货运量的 12 个城市采用节约法进行配送线路的优化。已知各市之间的相互距离，详见表 7-3。

表 7-3　各地市之间的相互距离　　　　　　　　　　　　单位：千米

| 编号 | | P_0 | P_1 | P_2 | P_3 | P_4 | P_5 | P_6 | P_7 | P_8 | P_9 | P_{10} | P_{11} | P_{12} |
		烟台	青岛	东营	泰安	潍坊	日照	枣庄	聊城	济南	淄博	德州	滨州	菏泽
P_0	烟台	0	245	430	544	300	395	615	640	513	398	621	431	753
P_1	青岛		0	350	352	181	147	355	473	372	278	456	315	537
P_2	东营			0	248	140	302	370	329	220	101	261	65	453
P_3	泰安				0	240	295	204	157	62	154	211	218	243
P_4	潍坊					0	201	312	349	243	70	325	168	446
P_5	日照						0	245	419	335	265	446	325	456
P_6	枣庄							0	298	265	278	382	349	262
P_7	聊城								0	144	251	164	268	191
P_8	济南									0	140	154	167	272
P_9	淄博										0	228	104	359
P_{10}	德州											0	218	322
P_{11}	滨州												0	402
P_{12}	菏泽													0

三、实训要求

1. 根据配送的基本原理，运用最短里程法，为该公司设计最优的配送路线。

2. 分析张裕集团利用多个第三方物流企业来完成其物流配送做法的优缺点。

3. 根据本实训项目分析配送线路选择情况，结合本地物流企业进行一次实践调查走访，看看它们在管理中是否运用了这些科学的管理方法。

项目七选择题答案

项目八
认知物流信息

🚚 项目概况

企业的物流系统的设计越有效，它对信息的准确性就越敏感，而协调的、准时的物流系统是不可能用过度的存货来适应作业上的差错的，这是因为安全库存已被控制在最低限度。信息流反映了一个物流系统的动态，不准确的信息和作业过程中的延迟都会削弱物流表现。因此，物流信息的质量和及时性是物流作业的关键因素。

🚚 项目导入

信息化成为物联网时代物流业发展的核心

据国家对重点企业的调查分析，中国企业普遍存在信息化程度低，信息机构不健全，信息化建设投入不足与建设成本过高，经营管理中协作不充分的问题。从总体上看，存在地区不平衡，还较多停留在表面应用层次上，没有深入到企业的运行、管理各个环节。企业信息化投资不足和缺乏专业的信息技术人才是存在的两大难题。21世纪是信息化时代、互联网时代、物联网时代，物流企业必须满足货主对物流服务的专业化、快速、高质量、准确、低成本的要求，并让货主随时掌控物流过程和库存信息查询。而企业物流则要支持企业的生产和分销，整合物流资源，降低物流成本，满足市场和客户的需求。这些需求的实现无不是借助现代物流体系来完成的。物流信息化对企业而言不是没必要的，而是很有必要的。就像20世纪90年代初很多人都很抵触计算机的应用和普及一样，对于这样的新技术，将来推广和发展是一个必然趋势。中国物流企业应首先明确自身物流的需求，同时了解国内外物流信息系统的特点，在此基础上选择合适的软硬件供应商，了解物流信息系统的技术架构，安全性、稳定性、拓展性、灵活性、开放性、可维护性等，最终选择适合本企业物流业务及未来发展，性价比高的物流信息系统。

知识导图

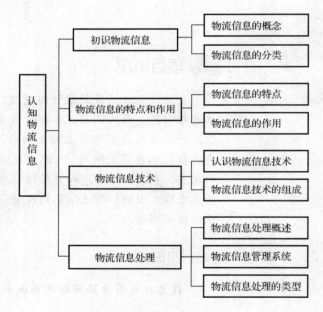

任务一　初识物流信息

任务目标

教学知识目标

1. 掌握物流信息的概念。
2. 熟悉物流信息的主要分类。

岗位技能目标

1. 熟知物流信息的内在含义。
2. 掌握物流信息的分类方法。

任务导入

我国进入不可逆转的"物联网时代"

物流专家研究发现，企业每投入 1 元钱进行信息化改造，平均能带来 1.61 元的经济效益。事实表明，在信息化的进程中，企业传统的生产方式正发生着巨大变化，信息技术在企业的广泛应用使提高劳动生产率、降低资源消耗和生产成本成为可能。

"物联网时代"之所以能被称为世界信息产业中继计算机、互联网之后的第三次浪潮，主要得益于业内人士普遍认为其将会带来两大好处：其一是提高经济效益，大大节约成本；其二为全球经济的复苏提供技术动力。把物联网运用于物流领域，就会全面提高货物装卸、运输、仓储、检验和通关的智能化水平，实现物流业的高效、快捷、集约、透明，节约管理成本，提高管理水平。物联网时代物流企业积极推广射频技术（RFID）、全球卫星定位系统（GPS）、地理信息系统（GIS）、无线视频等技术的应用，帮助企业建立起数字化、网络化、可视化和智能化的管理系统，从而形成以各级"物流公共信息平台"为信息节点的物联网络。物流公共信息平台实现了不同组织（政府、企业）间异构系统的数据交换及信息共享、整体信息化解决方案，实现整个物流作业链中众多业主主体相互间的协同作业，设计架构出配套的机制及规范，以保证体系有序、安全、稳定地运行，具有重大的社会和经济效益。

◆问题

"物联网时代"给企业带来什么影响，给我们的生活带来了哪些变化？

◆分析

随着科技的发展，社会的进步，物联网的应用越来越广泛，它使互联网与我们的日常生活越来越紧密相连。物联网，简单来说，就是把物体和互联网结合起来的产物，它的出现给我们的生活带来了一系列的变化。物联网的应用，改变了人们出行的交通方式，还改变了人们的消费方式、娱乐方式、交流方式等，它与我们的生活息息相关，日益成为时代发展的要求。

必备知识

一、物流信息的概念

国家标准《物流术语》对物流信息（logistics information）的定义是"反映物流各种活动内容的知识、资料、图像、数据、文件的总称"。

物流信息指在物流活动进行中产生和使用的必要信息，是物流活动内容、形式、过程与发展变化的反映，是物流活动知识、资料、图像、数据、文件的总称。而信息处理，是指对物流过程中各种信息的汇集、加工、处理，形成物流过程中的信息流。

物流标准化是指以物流为一个大系统，制定系统内部设施、机械装备、专用工具等的技术标准，包装、仓储、装卸、运输等各类作业标准以及作为现代物流突出特征的物流信息标准，并形成全国以及与国际接轨的标准化体系。

物流信息化是现代物流发展的关键，是物流系统的灵魂，更是主要的发展趋势。目前，我国确定了实现以信息化带动工业化，以工业化促进信息化的方针，为了推动我国物流业、制造业和商贸流通业的发展，必须大力提升我国物流信息化水平，进而带动制度创新、物流科技创新与商业模式创新。

二、物流信息的分类

在处理物流信息和建立信息系统时，对物流信息进行分类是一项基础工作。

物流信息根据不同标准有不同分类。

（1）根据信息产生和作用所涉及的功能领域不同，物流信息可分为仓储信息、运输信息、加工信息、包装信息、装卸信息等。

对于某个功能领域还可以进行进一步细化，例如，仓储信息可分成入库信息、出库信息、库存信息、搬运信息等。

（2）根据信息产生和作用的环节不同，物流信息可分为输入物流活动的信息和物流活动产生的信息。

（3）根据信息作用的层次不同，物流信息可分为基础信息、作业信息、协调控制信息和决策支持信息。

基础信息是物流活动的基础，是最初的信息源，如物品基本信息、货位基本信息等。作业信息是物流作业过程中发生的信息，信息的波动性大，具有动态性，如库存信息、到货信息等。协调控制信息主要是指物流活动的调度信息和计划信息。决策支持信息是指能对物流计划、决策、战略具有影响或有关的统计信息、宏观信息，如科技、产品、法律等方面的信息。

（4）根据加工程度的不同，物流信息可分为原始信息和加工信息。

原始信息是指未加工的信息，是信息工作的基础，也是最有权威性的凭证性信息。加工信息是对原始信息进行各种方式和各个层次处理后的信息，这种信息是对原始信息的提炼、简化和综合，利用各种分析工作在海量数据中发现潜在的、有用的信息和知识。

知识链接

物联网革命

物联网是互联网的延伸，是第三次信息革命。物联网是通过信息传感设备，按约定的协议实现人与人、人与物、物与物全面互联的网络，其主要特征是通过射频识别、传感器等方式获取物理世界的各种信息，结合互联网、移动通信网等网络进行信息的传送与交互，采用智能计算技术对信息进行分析处理，从而提高对物质世界的感知能力，实现智能化的决策和控制。物联网专业人才将在未来经济发展中起到举足轻重的作用，物联网作为工业化和信息化的融合剂，人才必将成为"两化融合"的重要角色，成为信息产业下一片蓝海的掘金者，成为"智能社会"和"数字城市"的缔造者。物联网专业人才将为未来社会的智能化"疏通血管"，"打通经脉"，最终呈现出当前人们正在憧憬的"感知中国"和"智慧地球"。

任务实施

在掌握物流信息概念和分类基础上，任课教师可借助互联网，组织学生运用手机搜索物流信息相关图片和视频，增强学生对信息的认识能力。

交流讨论

你所了解生活中的物流信息有哪些？试举例说明。

任务考评

知识巩固

（一）单项选择题

1. 物流信息是反映物流各种活动内容的（　　　）的总称。
   A. 知识、资料、图像、数据、文件　　B. 实体、属性和值
   C. 数据、符号和特征　　　　　　　　D. 内容、表述和值

2. （　　　）是现代物流发展的关键，是物流系统的灵魂。
   A. 国家物流信息平台　　　　　　　　B. 物流信息化
   C. 物流标准化　　　　　　　　　　　D. 行业物流信息平台

（二）多项选择题

1. 根据信息产生和作用所涉及的功能领域不同，物流信息可分为（　　　）。
   A. 仓储信息　　　　　　　　　　　　B. 运输信息
   C. 加工信息　　　　　　　　　　　　D. 包装、装卸信息

2. 根据信息作用的层次不同，物流信息可分为（　　　）。
   A. 基础信息　　　　　　　　　　　　B. 作业信息
   C. 协调控制信息　　　　　　　　　　D. 决策支持信息

3. 根据加工程度的不同，物流信息可分为（　　　）。
   A. 原始信息　　　　　　　　　　　　B. 加工信息
   C. 基础信息　　　　　　　　　　　　D. 作业信息

4. 根据信息产生和作用的环节不同，物流信息可分为（　　　）。
   A. 输入物流活动的信息　　　　　　　B. 间接式的开发信息
   C. 物流活动产生的信息　　　　　　　D. 迭代式的开发信息

5. 信息处理，是指对物流过程中各种信息的（　　　），形成物流过程中的信息流。
   A. 加工　　　　　B. 汇集　　　　　C. 处理　　　　　D. 图像

（三）简答题

1. 列举 3 种生活中的物流信息现象。
2. 物流信息分类有什么作用？

技能提高

为更好地熟悉物流信息概念，结合上述从网上搜索的快递公司的信息，以表格或图的形式进行信息处理，通过微信平台进行展示，提高学生的信息处理能力。

任务二　物流信息的特点和作用

任务目标

教学知识目标

1. 认识物流信息的特点。

2. 熟悉物流信息作用的分析与应用。

岗位技能目标

熟知物流信息与其他方面信息的差异。

任务导入

海尔信息化建设的演进过程

建立 ERP 系统是海尔实现高度信息化的第一步。在成功实施 ERP 系统的基础上，海尔建立了 SRM（招标、供应商关系管理）、B2B（订单互动、库存协调）、扫描系统（收发货、投入产出、仓库管理、电子标签）、定价支持（定价方案的审批）、模具生命周期管理、新品网上流转（新品开发各个环节的控制）等信息系统，并使之与 ERP 系统连接起来。这样，用户的信息可同步转化为企业内部的信息，实现以信息替代库存，零资金占用。海尔通过搭建 BBP 采购平台，实现了全球供应商网上查询计划、网上接收订单、网上查询库存、网上支付等活动，使供应商足不出户就可以完成一系列的业务操作。

随着全球化信息网络和市场的形成，海尔物流开始着眼于全球供应链资源网络。在物流产业化阶段，海尔通过研用信息集成化一流的物流执行系统 LES，成功地搭建起第三方物流运作管理的系统架构，实现全国 42 个配送中心的订单管理、条码扫描、GPS 运输管理、仓储管理在内的基本业务流程系统管理。海尔通过实时取数、透明追踪、条码扫描、成本管理和决策支持来实现对多仓库、多客户、跨地域管理、复杂的仓位控制、安全存量设置、自动补货警示等先进技术，搭建起高效的第三方物流操作平台。

目前海尔应用最为广泛的条码包括托盘条码、物料条码、仓位条码、成品条码、人员条码及设备条码。托盘条码由 6 位阿拉伯数字组成，具有唯一性。物料条码相当于物资标签，每个容器外部都有 1 张物料条码，包含物料号、物料描述、批号、供应商及送货数量等信息。成品条码主要用来标记出厂成品，运用于整个成品下线、仓储及配送。成品条码共计 20 位，包括产品大类、版本号、流通特性、生产特征、序列号等信息。仓位条码相当于 1 个三维坐标，用来标识海尔青岛物流中心每个仓位的具体位置。人员条码是海尔集团所有员工的编码，人员条码与其他条形码结合能够及时追溯到责任，同时也是海尔集团进行工资分配的依据。设备条码是集团为所有设备进行的编码，为全面设备管理提供依据。条码和 RF 技术在海尔的广泛采用，使海尔的"5 个按单"——按单采购、按单分拣、按单配送、按单核算、按单计酬成为可能。

海尔在对企业进行全方位流程再造的基础之上，依托强大的全球配送网络，利用先进的信息技术与物流技术，打造现代物流体系，实现了物流全过程的精细化管理，使企业的运营效益发生了奇迹般的变化。

◆问题

1. 海尔集团物流信息化的特点是什么？给企业的运营效益能够带来哪些变化？
2. 我们从海尔信息化管理中可得到哪些启示？

◆分析

企业信息化建设通过 IT 技术的部署来提高企业的生产运营效率，降低运营风险，降低经营成本，从而增加企业获利和持续经营的能力。企业通过专设信息机构、信息主管，配备适应现代企业管理运营要求的自动化、智能化、高技术硬件、软件、设备、设施，建立包括网络、数据库和各类信息管理系统在内的工作平台，提高企业经营管理效率的发展模式。企业的信息化建设不外乎两个方向：一个是电子商务网站，是企业向互联网打开的一扇窗户；另一个就是管理信息系统，它是企业内部信息的组织管理者。电子商务的发展速度和规模是惊人的，各行各业的许多企业都在互联网上建立起了自己的网站。

必备知识

一、物流信息的特点

物流信息除了具有信息的一般属性，还具有自己的一些特点，主要包括以下几点。

1. 广泛性

由于物流是一个在大范围内的活动，物流信息源也分布在大范围内，信息来源广、信息量大，涉及从生产到消费、从国民经济到财政信贷等各个方面。物流信息来源的广泛性决定了它的影响也具有广泛性，涉及国民经济的各个部门、物流活动的各环节等。

> **想一想**
>
> 结合实际，观察物流信息与其他方面信息有何不同之处。

2. 联系性

物流活动是多环节、多因素、多角色共同参与的活动，其目的就是实现产品从产地到消费地的顺利移动，因此在该活动中所产生的各种物流信息必然存在十分密切的联系，如生产信息、运输信息、储存信息、装卸信息间都是相互关联、相互影响的。这种相互联系的特性是保证物流各子系统、供应链各环节以及物流内部系统与物流外部系统相互协调运作的重要因素。

3. 多样性

物流信息种类繁多，从其作用的范围来看，物流系统内部各个环节有不同种类的信息，如流转信息、作业信息、控制信息、管理信息等，物流系统外部也存在各种不同种类的信息，如市场信息、政策信息、区域信息等；从其稳定程度来看，又有固定信息、流动信息与偶然信息等；从其加工程度看，又有原始信息与加工信息等；从其发生时间来看，又有滞后信息、实时信息和预测信息等。在进行物流系统的研究时，应根据不同种类的信息进行分类收集和整理。

4. 动态性

多品种、小批量、多频度的配送技术与 POS、EOS、EDI 等数据收集技术的不断应用使得各种物流作业频繁发生，加快了物流信息的价值衰减速度，要求物流信息的不断更新。物流信息的及时收集、快速响应、动态处理已成为主宰现代物流经营活动成败的关键。

5. 复杂性

物流信息的广泛性、联系性、多样性和动态性决定了物流信息的复杂性。在物流活动中，必须对不同来源、不同种类、不同时间和相互联系的物流信息进行反复研究和处理，才能得到具有实际应用价值的信息，以此指导物流活动。这是一个非常复杂的过程。

二、物流信息的作用

物流信息在物流活动中具有十分重要的作用，通过物流信息的收集、传递、存储、处理、输出等，成为决策的依据，对整个物流活动起指挥、协调、支持和保障作用，其主要作用包括以下几点。

1. 沟通联系

物流系统是由许多个行业、部门以及众多企业群体构成的经济大系统，系统内部正是通过各种指令、计划、文件、数据、报表、凭证、广告、商情等物流信息，建立起各种纵向和横向的联系，沟通生产厂、批发商、零售商、物流服务商和消费者，满足各方的需要。因此，物流信息是沟通物流活动各环节之间联系的桥梁。

2. 引导和协调

物流信息随着物资、货币及物流当事人的行为等信息载体进入物流供应链中，同时信息的反馈也随着信息载体反馈给供应链上的各个环节，依靠物流信息及其反馈可以引导供应链结构的变动和物流布局的优化；协调物资结构，使供需之间平衡；协调人、财、物等物流资源的配置，促进物流资源的整合和合理使用等。

> **想一想**
>
> 你认为物流信息如何发挥管理控制作用。试举例说明。

3. 管理控制

通过移动通信、计算机信息网、电子数据交换（EDI）、全球定位系统（GPS）等技术实现物流活动的电子化，如货物实时跟踪、车辆实时跟踪、库存自动补货等，用信息化代替传统的手工作业，实现物流运行、服务质量和成本等的管理控制。

4. 缩短物流管道

为了应付需求波动，在物流供应链的不同节点上通常设置有库存，包括中间库存和最终库存，如零部件、在制品、制成品的库存等，这些库存增加了供应链的长度，提高了供应链成本。但是，如果能够实时地掌握供应链上不同节点的信息，如知道在供应管道中，什么时候、什么地方、多少数量的货物可以到达目的地，那么就可以发现供应链上的过多库存并进行缩减，从而缩短物流链，提高物流服务水平。

5. 辅助决策分析

物流信息是制订决策方案的重要基础和关键依据，物流管理决策过程的本身就是对物流信息进行深加工的过程，是对物流活动的发展变化规律性认识的过程。物流信息可以协助物流管理者鉴别、评估经比较物流战略和策略后的可选方案，如车辆调度、库存管理、设施选址、资源选择、流程设计以及有关作业比较和安排的成本-收益分析等均是在物流信息的帮助下才能作出的科学决策。

6. 支持战略计划

作为决策分析的延伸，物流战略计划涉及物流活动的长期发展方向和经营方针的制订，如企业战略联盟的形成、以利润为基础的顾客服务分析以及能力和机会的开发和提炼，作为一种更加抽象、松散的决策，它是对物流信息进一步提炼和开发的结果。

7. 价值增值

一方面，物流信息本身是有价值的，而在物流领域中，流通信息在实现其使用价值的同时，其自身的价值又呈现增长的趋势，即物流信息本身具有增值特征。另一方面，物流信息是影响物流的重要因素，它把物流的各个要素以及有关因素有机地组合并联结起来，以形成现实的生产力和创造出更高的社会生产力。

知识链接

中国物联网产业发展取得长足进步

近年来在中国制造2025、互联网+双创等带动下，中国物联网产业发展取得长足进步。

1. 生态体系逐渐完善

随着技术、标准、网络的不断成熟，物联网产业正在进入快速发展阶段，2017年产业规模已突破11000亿元，复合增长率达到25%，形成了完整的产业链条，涌现诸多优秀的芯片、终端、设备生产商以及解决方案提供商。在企业、高校、科研院所共同努力下，中国形成了芯片、元器件、设备、软件、电器运营、物联网服务等较为完善的物联网产业链，基于移动通信网络部署到机器。涌现出一批较强实力物联网领军企业，初步建成一批共性技术研发、检验检测、投融资、标识解析、成果转化、人才培训、信息服务等公共服务平台。

2. 市场规模迅速增长

我国物联网产业规模从2009年1700亿元跃升至2017年11860亿元，年复合增长率超过 25%。未来几年，我国物联网市场仍将保持高速增长态势。预计到 2022 年，中国物联网整体市场规模在 3.1 万亿元，年复合增长率在 22% 左右，并将在智能穿戴设备、无人机等领域出现龙头企业。

3. 创新成果不断涌现

中国在物联网领域已经建成一批重点实验室，汇聚整合多行业、多领域的创新资源，基本覆盖了物联网技术创新各环节，物联网专利申请数量逐年增加，2016 年达到 7872 件。2017 年，工信部确定正式组建组网方案及推广计划，国内三大基础电信企业均已启动窄带物联网（NB-IoT）网络建设，将逐步实现全国范围广泛覆盖，NB-IoT 发展在国际话语中的主导权不断提高。

4. 行业应用领域加速突进

通过试点示范物联网在交通、物流、环保、医疗保健、安防电力开始规模应用，在便利百姓生活同时也促进了传统产业的转型升级，三一重工建成了工业物联网平台，加快物联网技术，有效降低企业生产成本，提高了整体运营效率。

5. 产业集群优势不断突显

我国物联网产业发展逐渐呈现集群性、区域性的分布特征，已初步形成环渤海、长三角、泛珠三角以及中西部地区四大区域集聚发展的空间格局，并建立起无锡、重庆、杭州、福州 4 个国家级物联网产业发展示范基地和多个物联网产业基地，围绕北京、上海、无锡、杭州、广州、深圳、武汉、重庆八大城市建立产业联盟和研发中心。

任务实施

在学习物流信息的特点和作用的基础上，任课教师可借助互联网，组织学生运用手机搜索物流信息与其他信息的异同点，在讲授内容完成后，在班内交流。

交流讨论

根据你所了解的超市的物流情况，分析一下大中型超市与小型超市物流信息的不同之处。

任务考评

知识巩固

（一）单项选择题

1. 不属于物流信息特点的是（　　）。

    A. 广泛性 　　　　B. 联系性 　　　　C. 单一性 　　　　D. 动态性

2. （　　）是制订决策方案的重要基础和关键依据。

    A. 物流信息 　　　　　　　　　　B. 集散货物数量

    C. MRP 系统 　　　　　　　　　　D. CIMS

3. （　　）是沟通物流活动各环节之间联系的桥梁。

    A. 运输信息 　　　　　　　　　　B. 客户关系

    C. 公文管理系统 　　　　　　　　D. 物流信息

4. 物流信息本身具有（　　）特征。

    A. 增值 　　　　B. 有偿 　　　　C. 交换 　　　　D. 无偿

5. 物流管理决策过程的本身就是对（　　）进行深加工的过程，是对物流活动的发展变化规律性认识的过程。

    A. 技术条件 　　B. 集散货物 　　C. 物流活动 　　D. 物流信息

（二）多项选择题

1. 物流信息的特点包括（　　）。

    A. 动态性 　　　　B. 复杂性 　　　　C. 联系性 　　　　D. 多样性

2. 物流信息在物流活动中具有十分重要的作用，对整个物流活动起（　　）作用。

    A. 指挥 　　　　B. 协调 　　　　C. 支持 　　　　D. 保障

3. 物流信息除了具有沟通联系、引导和协调、管理控制的作用外，还有（　　）的作用。

    A. 缩短物流管道 　　　　　　　　B. 辅助决策分析

    C. 支持战略计划 　　　　　　　　D. 价值增值

（三）简答题

1. 物流信息的特点有哪些？

2. 如何理解物流信息的作用。

结合你所调查的超市，分析所搜集的物流信息是如何发挥作用的。以电子表格形式把内容和作用进行简要总结，通过班内微信平台交流展示。

任务三　物流信息技术

任务目标

教学知识目标

1. 认识物流信息技术的含义。
2. 了解物流信息的组成情况。
3. 熟悉现代物流信息技术的应用。

岗位技能目标

1. 熟知现代物流信息技术。
2. 掌握不同信息技术的优缺点及适用范围。

任务导入

沃尔玛公司成功的奥秘：快速响应的物流信息技术

沃尔玛公司是全球第一个发射物流通信卫星的企业。物流通信卫星使得沃尔玛公司产生了跳跃性的发展，很快就超过了美国零售业的龙头——凯玛特公司和西尔斯公司。沃尔玛公司从乡村起家，而凯玛特公司和西尔斯公司在战略上以大中小城市为主。沃尔玛公司通过便捷的信息技术急起直追，终于获得了成功。

沃尔玛公司在全球第一个实现集团内部 24 小时计算机物流网络化监控，使采购库存、订货、配送和销售一体化。例如，顾客到沃尔玛店里购物，然后通过 POS 机打印发票，与此同时负责生产计划、采购计划的人以及供应商的计算机上就会同时显示信息，各个环节就会通过信息及时完成本职工作，从而减少了很多不必要的时间浪费，加快了物流的循环。

20 世纪 70 年代沃尔玛公司建立了物流的信息系统 MIS（management information system），也叫管理信息系统，这个系统负责处理系统报表，加快了运作速度。20 世纪 80 年代沃尔玛公司与休斯公司合作发射物流通信卫星，1983 年采用了 POS 机，全称 Point Of Sale，就是销售始点数据系统。1985 年沃尔玛公司建立了 EDI，即电子数据交换系统，进行无纸化作业，所有信息全部在计算机上运作。1986年它又建立了 QR，称为快速反应机制，对市场快速拉动需求。凭借这些信息技术，沃尔玛公司如虎添翼，取得了长足的发展。

后来沃尔玛公司物流逐渐应用更多的信息技术，包括：①射频技术（radio frequency，RF），在日常的运作过程中可以跟条形码结合起来应用；②便携式数据终端设备（PDF），通过该便携设备可以直接查询货物情况，而不再需要等到货以后通过打电话、发 E-mail 或者发报表查询；③物流条形码/BC。

◆问题

1．你认为沃尔玛公司的成功奥秘是什么？
2．沃尔玛公司使用了哪些物流信息技术？

◆分析

随着物流信息技术的不断发展，产生了一系列新的物流理念和新的物流经营方式，推进了物流的变革。在供应链管理方面，物流信息技术的发展也改变了企业应用供应链管理获得竞争优势的方式，成功的企业通过应用信息技术来支持它的经营战略并选择它的经营业务。通过利用信息技术来提高供应链活动的效率性，增强整个供应链的经营决策能力。

必备知识

一、认识物流信息技术

物流信息技术是现代信息技术在物流各个作业环节中的综合应用。物流信息技术是现代物流区别于传统物流的根本标志，也是物流技术中发展最快的领域，从数据采集的条形码系统，到办公自动化系统中的微机、互联网，各种终端设备等硬件以及计算机软件都在日新月异地发展。

根据物流的功能以及特点，物流信息技术包括如计算机技术、网络技术、信息分类编码技术、条码技术、射频识别技术（RFID）、电子数据交换技术（EDI）、全球卫星定位系统（GPS）、地理信息系统（GIS）等。

二、物流信息技术的组成

（一）条码技术

条码技术是在计算机的应用实践中产生和发展起来的一种自动识别技术。它是为实现对信息的自动扫描而设计的，是实现快速、准确而可靠地采集数据的有效手段。条码技术的应用成功解决了数据录入和数据采集的"瓶颈"问题，为物流与供应链管理提供了有力的技术支持。

条码是实现 POS 系统、EDI、电子商务、供应链管理的技术基础，是物流管理现代化、提高企业管理水平和竞争能力的重要技术手段。

常见的条形码有以下几种。

1. EAN 码

EAN 码是国际物品编码协会制定的一种商品用条码，通用于全世界。EAN 码符号有标准版（EAN-13）和缩短版（EAN-8）两种，我国的通用商品条码与其等效，日常购买的商品包装上所印的条码一般就是 EAN 码。EAN-13 条形码与 EAN-8 条形码分别如图 8-1 和图 8-2 所示。

图 8-1　EAN-13 码　　　　　　　　　　　　　图 8-2　EAN-8 码

2. UPC 码

UPC 码是最早大规模应用的条码，其特性是一种长度固定、连续性的条码，它是美国统一代码委员会制定的一种商品用条码。UPC 码仅可用来表示数字，故其字码集为数字 0～9。UPC 码共有 UPC-A、UPC-B、UPC-C、UPC-D、UPC-E 5 种版本。常见的是 UPC-A、UPC-E。

UPC-A 是一种商品通用码，由 12 位数字组成，如图 8-3 所示。UPC-A 也就是 UPC 标准码，UPC-E 则是 UPC 缩短码。缩短码一般用在商品包装比较小也就是条码位置不够的商品上，如图 8-4 所示。

图 8-3　UPC-A 码　　　　　　　　　　　　　图 8-4　UPC-E 码

3. UCC/EAN-128 应用标识条码

UCC/EAN-128 应用标识条码是一种连续型、非定长条码，能更多地标识贸易单元中需要表示的信息，如图 8-5 所示。它允许表示可变长度的数据，并且能将若干个信息编码在一个条码符号中。UCC/EAN-128 应用标识条码是使信息伴随货物流动的全面、系统、通用的重要商业手段。

图 8-5　UCC/EAN-128 应用标识条码

4. 二维条码

二维条码又称二维码，它用某种特定的几何图形按一定规律在平面（二维方向上）分布的黑白相间的图形记录数据符号信息，是一种近几年来在移动设备上十分流行的编码方式。常见的几种二维条码如图 8-6 所示。

图 8-6　常见的二维条码

（二）EDI 技术

EDI（electronic data interchange）技术，即电子数据交换技术，是指通过电子方式，采用标准化的格式，利用计算机网络进行结构化数据的传输和交换。

构成 EDI 系统的 3 个要素是 EDI 软硬件、通信网络以及数据标准化。

EDI 的工作方式大体如下：用户在计算机上进行原始数据的编辑处理，通过 EDI 转换软件（mapper）将原始数据格式转换为平面文件（flat file），平面文件是用户原始资料格式与 EDI 标准格式之间的对照性文件。利用翻译软件（translator）将平面文件变成 EDI 标准格式文件，然后在文件外层加上通信信封（envelope），通过通信软件［EDI 系统交换中心邮箱（mailbox）］发送到增值服务网络（VAN）或直接传送给对方用户，对方用户则进行相反的处理过程，最后成为用户应用系统能够接收的文件格式。

物流 EDI 是指货主、承运业主以及其他相关单位之间，通过 EDI 系统进行物流数据交换，并以此为基础实施物流作业活动的方法。物流 EDI 参与单位有货主（如生产厂家、贸易商、批发商、零售商等）、承运业主（如独立的物流承运企业等）、实际运送货物的交通运输企业（铁路企业、水运企业、航空企业、公路运输企业等）、协助单位（政府有关部门、金融企业等）和其他的物流相关单位（如仓库业者、专业报关业者等）。物流 EDI 的基本框架如图 8-7 所示。

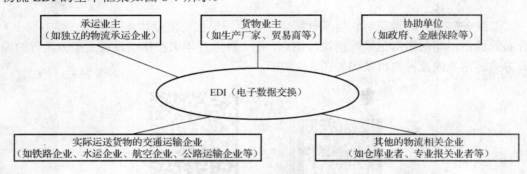

图 8-7　物流 EDI 的基本框架

（三）RFID 技术

RFID（radio frequency identification），即射频识别，它是一种非接触式的自动识别技术，它通过射频信号自动识别目标对象来获取相关数据。该识别技术无须人工干预，可在各种恶劣环境中工作。短距离射频产品不怕油渍、灰尘污染等恶劣的环境，可以替代条码，例如用在工厂的流水线上跟踪物体。长距射频产品多用于交通上，识别距离可达几十米，如自动收费或识别车辆身份等。

（四）GIS 技术

GIS（geographical information system），即地理信息系统，是 20 世纪 60 年代开始迅速发展起来的以计算机为基础的地理学研究技术，是多种学科交叉的产物。它以地理空间数据为基础，采用地理模型分析方法，适时地提供多种空间的和动态的地理信息，是一种为地理研究和地理决策服务的计算机技术系统。其基本功能是将表格型数据（无论它来自数据库、电子表格文件或直接在程序中输入）转换为地理图形显示，然后对显示结果浏览、操作和分析。其显示范围可以从洲际地图到非常详细的街区地图，显示对象包括人口、销售情况、运输线路和其他内容。

（五）GPS 技术

GPS（global positioning system）即全球卫星定位系统，具有在海、陆、空进行全方位实时三维导航与定位的能力。

GPS 技术在物流领域可以应用于汽车自定位、跟踪调度，还可用于铁路运输管理、军事物流。

知 识 链 接

什么样的物流人才最受欢迎

现代物流业是一个兼有知识密集和技术密集、资本密集和劳动密集特点的外向型和增值型的服务行业，其涉及的领域十分广阔，在物流运作链上，商流、信息流、资金流贯穿其中，物流管理和营运工作需要各种知识和技术水平的劳动者。同时，物流又是一个微利行业，在物流运作成本中，人力资源成本占较大比重，企业为降低成本，就需要降低人力成本，但单位人力成本的降低受到一定的制约，因此企业就必须提高科技应用水平，降低单位作业的人力投入，在定编定岗时，就要压缩人员编制，采取多个岗位交叉合并的策略。

由于物流具有系统性和一体化以及跨行业、跨部门、跨地域运作的特点，同时企业面临降低成本的压力而增加对岗位多面手的需求，因此具有较为广博的知识面和具备较高综合素质的复合型人才日益受到企业的青睐。

任务实施

任课教师可借助互联网技术，搜索物流信息技术相关视频，一边讲授内容，一边演示相关图片或视频资源，增强教学的知识性与直观性。

交流讨论

结合物流信息技术的介绍，讨论一下它们的优缺点及适用范围。

任务考评

知识巩固

（一）单项选择题

1. 构成 EDI 系统的 3 个要素是（　　　）、通信网络以及数据标准化。

    A. 通信软件　　　　B. 交换中心邮箱　　C. 增值服务网络　　D. EDI 软硬件

2. 现代物流区别于传统物流的根本标志是（　　　）。

    A. 物流信息技术　　　　　　　　　　B. 流通加工技术

    C. 集装箱运输技术　　　　　　　　　D. 包装技术

3. 通过电子方式，采用标准化的格式，利用计算机网络进行结构化数据的传输和交换，这种技术叫作（　　　）。

    A. 条码技术　　　　B. EDI 技术　　　C. GIS 技术　　　　　D. GPS 技术

（二）多项选择题

1. 属于物流信息技术的有（　　　）。

    A. 条码技术　　　　　　　　　　　　B. 射频识别技术

    C. 全球卫星定位系统（GPS）　　　　D. 地理信息系统（GIS）

2. 常见的条形码包括（　　　）。

    A. EAN 码　　　　　　　　　　　　B. UPC 码

    C. UCC/EAN-128 应用标识条码　　　D. 二维码

3. GPS 技术在物流领域的应用主要有（　　　）。

    A. 汽车自定位　　　　　　　　　　　B. 铁路运输管理

    C. 工业　　　　　　　　　　　　　　D. 军事物流

（三）简答题

1. 如何理解物流信息技术概念？

2. 物流信息技术由哪些组成？

熟知现代物流信息技术的应用是对物流人才的客观要求，组织学生使用智能手机练习电子地图、卫星定位、无线射频等物流信息技术的操作方法，在班内进行情况交流。

任务四　物流信息处理

任务目标

教学知识目标
1. 认识物流信息处理的概念。
2. 熟悉现代物流信息管理系统。

岗位技能目标
1. 熟知物流信息管理系统的应用。
2. 掌握物流信息处理的程序及内容。

任务导入

神龙汽车：信息化战略促企业管理变革

神龙公司是国家首批按经济规模规划建设的三大乘用车生产制造工业基地之一，目前，该公司拥有整车、发动机、零部件、材料、环境、车内空气质量等八大试验室及汽车造型展厅、高标准整车试验场。

1. 信息化贯穿价值链

在公司成立之初，通过实施组织管理与信息系统规划 POMS，神龙从建设期到投产期所需要的组织架构、管理运转方式、主要的信息系统及技术平台的基础构架正常运转，满足了年生产和销售 15 万辆轿车的一期建设需要。为了适应公司快速发展的需要，特别是东风标致和东风雪铁龙双品牌的引入、产品的演变和多样化、生产和销售能力的提升等，从 2001～2007 年，神龙通过计算机指导纲要 SDI 的实施，建立起了几乎覆盖所有领域的、集成化的信息系统。

2. ERP 推动集成化运作

如何实现采购、备件物流和财务方面的集成化运作，实现与 PSA 全球系统、整车销售系统、经销商门户系统的全面整合，顺畅企业信息，加强各部门的沟通，减少关账的周期时间，提高备件满足率并降低库存。经过一期、二期两个阶段的实施，神龙汽车将原孤立存在的、依靠手工进行信息流转的几个备件管理系统、武汉和襄阳工厂生产材料系统、财务管理和采购业务等高度集成在一个信息系统之中，又通过系统接口与产品技术领域、商务领域、生产领域、PSA 集团、银行等系统之间自动进行信息传递。

3. 网络架构新体验

东风神龙公司成功采用基于 IP 网络的统一通信平台与解决方案以后，员工的多种信息沟通工具和各类业务应用能够简捷、有效地互联，使员工内部和对外的通信效率和业务管理水平进一步提升。在进入 Web 2.0 时代之后，东风神龙公司已经成功将网络转变为创造价值的重要推动引擎。企业通信方面，东风神龙公司目前所有的分支机构均被纳入企业的统一通信网络之中，并可以实现极为丰富的企业通信应用。此外，该统一通信系统还和企业原有的活动目录、邮件系统、Lotus Note Domino、OA 网站紧密集成，进一步提升了企业通信的可管理性及安全性。

4. 信息战略的可持续性

"要想赢得市场、赢得尊严，只有靠自己、靠变革。"神龙经营团队清醒地认识到，神龙在管理体制、运行机制、发展战略等重大问题上，要不断深化改革，不断创新思维，不断寻求突破。而信息系统的建设，使得神龙汽车的信息化管理也越来越智能化。在产品工艺领域，通过使用法国标致雪铁龙集团的 R3P 系统和本地 CAD 工具，神龙已经实现了产品数字化定义的统一管理、协同工作和同步更新。

◆问题

1. 神龙汽车信息化战略给企业带来哪些变化？
2. 我们从中可得到哪些启示？

◆分析

企业信息化战略规划就是对企业信息化建设的一个战略部署，最终目标是推动企业战略目标的实现，并达到总体拥有成本最低。它是一个在人力、物力和财力上要求巨大消耗的系统工程，包括了对业务部门人力的投入和调配、时间的保证等。因此，在信息化战略规划阶段，就必须对不同阶段可分配的人财物资源进行充分的分析和论证，这样才能保证以后实施具有"天时、地利、人和"的条件，同时也为建设过程提供可指引的资源配备要求。

必备知识

一、物流信息处理概述

物流信息处理是指对物流过程中反映物流各种活动内容的知识、资料、图像、数据和文件等进行收集、整理、存储、加工、运输和服务的活动。

想一想

你认为对物流信息的处理必要性在哪里？试结合第三方物流分析思考。

二、物流信息管理系统

（一）概念

物流信息管理系统是指由人员、计算机硬件和软件、网络通信设备及其他办公设备组成的人机交互系统。其主要功能是进行物流信息的收集、存储、传输、加工整理、维护和输出，为物流管理者及其他组织管理人员提供战略、战术及运作决策的支持，以达到组织的战略竞优，提高物流运作的效率与效益。

物流系统由运输系统、储存保管系统、装卸搬运系统、流通加工系统、物流信息系统等构成，其中，物流信息管理系统是企业高层次的活动，是物流系统中最重要的方面之一，涉及运作体制、标准化、电子化及自动化等方面的问题。

由于现代计算机及计算机网络的广泛应用，物流信息管理系统的发展有了一个坚实的基础，计算机技术、网络技术及相关的关系型数据库、条码技术、EDI 等技术的应用，使得物流活动中的人工、重复劳动及错误发生率减少，效率增加，信息流转加速，物流管理最终发生了巨大变化。

（二）主要分类

1. 按物流信息系统的功能分类

物流信息管理系统可分为事物处理信息系统、办公自动化系统、管理信息系统、决策支持系统、高层支持系统、企业间信息系统。

2. 按管理决策的层次分类

物流信息管理系统可分为物流作业管理系统、物流协调控制系统、物流决策支持系统。

3. 按系统的应用对象分类

物流信息管理系统可分为面向制造企业的物流管理信息系统，面向零售商、中间商、供应商的物流管理信息系统，面向物流企业的物流管理信息系统（3PLMIS），面向第三方物流企业的物流信息系统。

4. 按系统采用的技术不同分类

物流信息管理系统可分为单机系统、内部网络系统、与合作伙伴及客户互联的系统。

（三）基本功能

物流信息管理系统是物流系统的神经中枢，它作为整个物流系统的指挥和控制系统，可以分为多种子系统或者多种基本功能。通常，可以将其基本功能归纳为以下几个方面。

1. 数据的收集和输入

物流数据的收集首先是将数据通过收集子系统从系统内部或者外部收集到预处理系统中，并整理成为系统要求的格式和形式，然后再通过输入子系统输入到物流信息系统中。这一过程是其他功能发挥作用的前提和基础，如果一开始收集和输入的信息不完全或不正确，在接下来的过程中得到的结果就可能与实际情况完全相反，这将会导致严重的后果。因此，在衡量一个信息系统性能时，应注意它收集数据的完善性、准确性，以及校验能力、预防和抵抗破坏能力等。

2. 信息的存储

物流数据经过收集和输入阶段后，在其得到处理之前，必须在系统中存储下来。即使在处理之后，若信息还有利用价值，也要将其保存下来，以供以后使用。物流信息系统的存储功能就是要保证已得到的物流信息能够不丢失、不走样、不外泄、整理得当、随时可用。无论哪一种物流信息系统，在涉及信息的存储问题时，都要考虑到存储量、信息格式、存储方式、使用方式、存储时间、安全保密等问题。如果这些问题没有得到妥善的解决，信息系统是不可能投入使用的。

3. 信息的传输

物流信息在物流系统中，一定要准确、及时地传输到各个职能环节，否则信息就会失去其使用价值了。这就需要物流信息系统具有克服空间障碍的功能。物流信息系统在实际运行前，必须要充分考虑所要传递的信息种类、数量、频率、可靠性要求等因素。只有这些因素符合物流系统的实际需要时，物流信息系统才是有实际使用价值的。

4. 信息的处理

物流信息系统的最根本目的就是要将输入的数据加工处理成物流系统所需要的物

流信息。数据和信息是有所不同的，数据是得到信息的基础，但数据往往不能直接利用，而信息是从数据加工得到的，它可以直接利用。只有得到了具有实际使用价值的物流信息，物流信息系统的功能才算得到发挥。

5. 信息的输出

信息的输出是物流信息系统的最后一项功能，也只有在实现了这个功能后，物流信息系统的任务才算完成。信息的输出必须采用便于人或计算机理解的形式，在输出形式上力求易读易懂，直观醒目。

这 5 项功能是物流信息系统的基本功能，缺一不可。而且，只有 5 个过程都没有出错，最后得到的物流信息才具有实际使用价值，否则会造成严重的后果。

三、物流信息处理的类型

1. 订货信息处理

（1）计划阶段：选定订货方法；选定订货信息的传递手段。

（2）实施阶段：订货处理；核对库存；核对装卸能力；核对配送能力；制作出货单；制作进货单；迟进货物的管理。

（3）评价阶段：订货统计分析；退货处理；进货管理。

2. 库存管理中的信息处理

（1）计划阶段：决定库存地点的数量；商品库存的合理配置；设定库存预算；拟定标准的库存周转率。

（2）实施阶段：回答库存；进出库处理；移送处理。

（3）评价阶段：库存预算与库存实绩的对比；标准库存周转率与实际周转率的对比；分析过剩库存；分析缺货库存；分析商品的恶化和破损；计算保管费；计算保险费。

3. 进货信息处理

（1）计划阶段：选定进货方法；选定订货信息的传递手段。

（2）实施阶段：进货；掌握和督促未进仓库的商品。

（3）评价阶段：分析进货统计。

4. 仓库管理信息处理

（1）计划阶段：租用储运公司的仓库或使用自有仓库的决定；决定仓库容积和设备的设计；保管形式的设计；仓库设备投资的经济核算。

（2）实施阶段：自动仓库的经营；容纳场所的指示；故障对策，完善仓库的安全设备；安置管理。

（3）评价阶段：分析仓库设备的调动；空架表；故障分析；计算修理费用，计算保安设施费用。

5. 装卸信息处理

（1）计划阶段：装卸方法的设定；装卸机械投资的经济核算。

（2）实施阶段：装卸作业指示；商品检查。

（3）评价阶段：装卸费用分析；装卸机械调动分析。

6. 包装信息处理

（1）计划阶段：决定包装形式；决定运输货物的形态；拟定包装标准，设计自动包装。

（2）实施阶段：包装材料的管理；包装工程的管理；空集装箱的管理。

（3）评价阶段：包装费用的分析；事故统计。

7. 运输信息处理

（1）计划阶段：运输工具的选定；运输路线的选定，运送大宗货物的决定。

（2）实施阶段：调配车辆；货物装载指示；货物跟踪管理。

（3）评价阶段：运费计算装载效率分析；车辆调动分析；迂回运输分析；事故分析。

8. 配送信息处理

（1）计划阶段：配送中心的数量、位置的确定；配送区域的决定。

（2）实施阶段：配送指示；与配送的货物抵达点联络；货物跟踪管理。

（3）评价阶段：运费计算；装载效率分析；车辆调动分析；退货的运费分析；误差分析。

9. 综合系统信息处理

（1）计划阶段：物流综合系统的设计；需求的预测。

（2）实施阶段：订货处理的流向跟踪。

（3）评价阶段：综合实绩的掌握和分析；综合流通费用的分析；服务时间和服务效率的分析。

知识链接

电子商务推动现代物流业的发展趋势

电子商务时代，物流信息化是电子商务的必然要求。物流信息化表现为物流信息的商品化、物流信息收集的数据库化和代码化、物流信息处理的电子化和计算机化、物流信息传递的标准化和实时化、物流信息存储的数字化等。因此，条码技术、数据库技术、电子订货系统、电子数据交换、快速反应及有效的客户反映、企业资源计划等技术与观念在物流中将会得到普遍应用。信息化是一切的基础，没有物流的信息化，任何先进的技术设备都不可能应用于物流领域，信息技术及计算机技术在物流中的应用将会彻底改变世界物流的面貌。电子商务时代，由于企业销售范围的扩大，企业和商业销售方式及最终消费者购买方式的转变，使得送货上门等业务成为一项极为重要的服务业务，促使了物流行业的兴起。物流行业即能完整提供物流机能服务，以及运输配送、仓储保管、分装包装、流通加工等以收取报偿的行业。其主要包括仓储企业、运输企业、装卸搬运、配送企业、流通加工业等。信息化、全球化、多功能化和一流的服务水平，已成为电子商务下的物流企业追求的目标。

任务实施

1. 在初步认识物流信息管理系统的基础上，任课教师可借助计算机和互联网，搜索物流信息，借助计算机软件对信息进行处理，变成有价值的物流信息，再通过班内微信平台进行学习交流。

2. 组织学生参观当地物流企业，由企业指导教师带领，开展物流信息技术的认知性实习。

交流讨论

结合课堂学习，分析物流信息管理系统的应用与操作注意事项和要求。

任务考评

知识巩固

（一）单项选择题

1. 将物流信息管理系统按管理决策的层次分类，不包括（　　）。
   A. 物流作业管理系统　　　　　　　　B. 物流协调控制系统
   C. 物流决策支持系统　　　　　　　　D. 企业间信息系统

2. 将物流信息管理系统按系统采用的技术分类，不包括（　　）。
   A. 单机系统　　　　　　　　　　　　B. 内部网络系统
   C. 管理系统　　　　　　　　　　　　D. 与合作伙伴及客户互联的系统

3. （　　）是物流系统的神经中枢。
   A. 物流信息管理系统　　　　　　　　B. 运输系统
   C. 储存保管系统　　　　　　　　　　D. 装卸搬运

4. 下列属于按物流信息系统的功能分类的是（　　）。
   A. 物流作业管理系统　　　　　　　　B. 办公自动化系统
   C. 物流协调控制系统　　　　　　　　D. 物流决策支持系统

（二）多项选择题

1. 物流信息管理系统的基本功能包括（　　）。
   A. 信息的传输　　B. 信息的输出　　C. 信息的处理　　D. 信息的存储

2. 运输信息处理在实施阶段的主要工作包括（　　）。
   A. 调配车辆　　B. 货物装载指示　　C. 货物跟踪管理　　D. 车辆调动分析

3. 订货信息处理在评价阶段的主要工作包括（　　）。
   A. 订货统计分析　　B. 退货处理　　C. 进货管理　　D. 回答库存

4. 包装信息处理在计划阶段的主要工作包括（　　）。
   A. 决定包装形式　　　　　　　　　　B. 拟定包装标准
   C. 包装费用的分析　　　　　　　　　D. 决定运输货物的形态

（三）简答题

1. 物流信息处理的主要内容包括哪些？
2. 物流信息管理系统是如何分类的？
3. 物流信息处理的类型有哪些？

技能提高

　　熟知物流信息处理内容和分类管理技术，试结合京东商城的物流信息管理系统，分析其信息处理的优点和不足。

模 拟 实 训

实训一　条码设备认知

一、实训目的与要求

　　了解条码扫描器和数据采集器的安装方法及主要技术指标；掌握条码扫描设备和数据采集器的维护；进行条码扫描器和数据采集器的使用操作；了解条码打印设备的安装方法；掌握安装铜版纸与碳带的方法，了解铜版纸与碳带的分类；能进行条码打印机的日常维护；使用条码打印机打印标签；了解条码检测的相关概念及知识；熟悉条码检测设备的构造；能进行条码检测仪的安装、简单维护。

二、实训设备

　　1. 一台确定有并口的计算机。如果计算机没有并口，则需另备 USB 串口/并口桥接器。

　　2. 一个手持激光条码扫描仪。

　　3. 任何一套可以生成各种类型条形码的条形码软件。

　　4. 一台条形码打印机以及主要配件，如与该条形码打印机相对应的驱动程序。

　　5. 条码检测设备。

三、实训内容和步骤

（一）扫描设备

　　1. 将接口电缆方形连接器插入扫描器柄底部的电缆接口端口，将接口的另一端插入计算机的 USB 接口，听到"嘀嘀嘀"声，初次使用计算机桌面会有添加新硬件的提示，可尝试按下条形码扫描仪的触发开关，观察扫描窗口的灯是否正常亮。

　　2. 首先打开一个记事本，将扫描器对准瓶身上的条码，确保扫描线扫过符号的所有条形及空格。

　　3. 成功解码后，扫描器会发出蜂鸣声且发光管发出绿光，同时，记事本上出现相应的条码代码。扫描器与条码不完全垂直时扫描效果最佳。

通过这一实训，可得出一结论：当条形码扫描仪与电脑相连，功能类似于键盘，相当于为计算机增加一输入设备，在实际运用中，可创造一个更高工作效率的环境。

（二）打印设备

1. 硬件安装。参考条码打印机操作手册安装碳带，参考条码打印机操作手册安装纸卷，参考条码打印机操作手册连接电源线及数据传输线。

2. 软件安装。安装驱动程序；安装选用的标签编辑软件，请注意，在安装标签编辑软件时请确定支持此条码打印机，条码打印机面板设置请参考文档面板操作。

四、实训注意事项

要求所有同学参与实训过程，学会基本的条码设备操作规范，编写实训报告，注意实训操作安全。

实训二　电子地图应用

一、实训目的与要求

了解电子地图使用，通过电子地图使用加深对课堂学习的 GIS 基本概念和基本功能的理解。

二、实训设备

一台确定有并口的计算机、智能手机或 iPad，能够接通互联网信息。

三、实训内容和步骤

1. 电子地图基本功能的使用。体验电子地图的浏览、放大、缩小和漫游功能。
2. 路线查询。公交站点、公交线路的查询和换乘。
3. 路线优化。优化线路并进行某线路距离的测算。

四、实训注意事项

要求所有同学参与实训过程，学会电子地图的基本操作规范，编写项目实训报告，应根据不同的设备要求进行练习，注意做好人身和财产安全。

项目八选择题答案

项目九
认知客户服务

项目概况

以企业的客户服务岗位为出发点，帮助学生走近客户服务，分析目标客户，学会客户服务技术，沟通客户需求，懂得客户关系维护。通过对典型实践性问题的提出及相应服务情境的创设，学生能够"在学中做，在做中学"，在循序渐进的启发、总结和分享中提升服务素养，有效改善沟通技巧，创新客户服务价值理念。

项目导入

屈臣氏的优质客户服务理念

屈臣氏是现阶段亚洲地区最具规模的个人护理用品连锁店，是目前全球最大的保健及美容产品零售商和香水及化妆品零售商之一。屈臣氏在"个人立体养护和护理用品"领域，不仅聚集了众多世界顶级品牌，而且还自己开发生产了600余种自有品牌。在中国大陆的门店总数已经突破200家了。

屈臣氏纵向截取目标消费群中的一部分优质客户，横向做精、做细、做全目标客户市场，倡导"健康、美态、欢乐"经营理念，锁定 18～35 岁的年轻女性消费群，专注于个人护理与保健品的经营。屈臣氏认为这个年龄段的女性消费者是最富有挑战精神的。她们喜欢用最好的产品，寻求新奇体验，追求时尚，愿意在朋友面前展示自我。她们更愿意用金钱为自己带来大的变化，愿意进行各种新的尝试。而之所以更关注 35 岁以下的消费者，是因为年龄更长一些的女性大多早已经有了自己固定的品牌和生活方式了。

"买贵退差价，保证低价"是屈臣氏的一大价格策略，但屈臣氏也通过差异化和个性化来提升品牌价值，一直以来并不是完全走低价路线。屈臣氏推出了贵宾卡，加强了对顾客的价值管理。凭贵宾卡可用购物积分和积分换购店内任意商品，双周贵宾特惠，部分产品享受 8 折优惠。会员购物每十元获得一个积分奖赏，每个积分相当于 0.1 元的消费额。可以随心兑换多种产品，也可累计以体验更高价值的换购乐趣。还有额外积分产品、贵宾折扣和贵宾独享等优惠，给顾客带来更多的消费乐趣。

知识导图

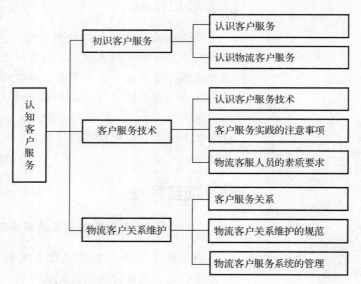

```
                        ┌─── 认识客户服务
            初识客户服务 ─┤
                        └─── 认识物流客户服务

                        ┌─── 认识客户服务技术
认知客户服务  客户服务技术 ─┼─── 客户服务实践的注意事项
                        └─── 物流客服人员的素质要求

                        ┌─── 客户服务关系
         物流客户关系维护 ─┼─── 物流客户关系维护的规范
                        └─── 物流客户服务系统的管理
```

任务一　初识客户服务

任务目标

教学知识目标

1. 认识客户服务概念。

2. 了解物流客户服务重要性。

3. 熟悉物流客户服务的特点。

岗位技能目标

1. 学会物流客户服务分类方法。

2. 掌握物流客户服务的基本类型。

任务导入

客户到底想要我做什么

客户张南： 我想查一下我的银行卡在不在网络银行上？

热线服务人员： 该银行卡不在网络银行上。

客户张南： 那你帮我查一下，是不是登记到别的卡号上了？

热线服务人员： 查不到。肯定是没注册上，你在哪儿办的？

客户张南： 在东平路支行柜台。

热线服务人员： 那你要到柜台去一下，重办一次。

客户张南： 你能否帮我查一下，是挂错了还是没挂上。

热线服务人员： 一定是东平路支行做错了，他们经常错，我这里查不到，你到柜台上去查吧。

客户张南： 查不到原因我去干什么？

热线服务人员： 我们这里的业务必须要到柜台办理，你知道吧？这样吧，我让他们来找你。

柜台服务人员： 是张南吗？我是东平路支行的，我们银行服务热线正好到我，我不是负责人，你明天下午到我们这里来一趟好吗？

客户张南： 你能否帮我查一下银行卡是否挂到网络银行上了？还是挂错了？

柜台服务人员： 你是哪天挂的？谁帮你挂的？

客户张南： 一周前，左边第一个柜台。

柜台服务人员： 你一定记错了，我问过了，左边第一个柜台没帮你办过。

客户张南：我想问一下你能否帮我查一下银行卡是否挂到网络银行上了？还是挂错了？

柜台服务人员：那我查不了，他们都讲没办过，我还要到楼上帮你翻，很麻烦的，我也不是这里的负责人，只是正好接到联系电话。

客户张南：那你联系我是什么意思呢？

柜台服务人员：我也不是这里的负责人，只是正好接到这个电话。我让我们经理联系你好了。

客户张南：我就问个简单问题，你们搞了一大圈，什么也没解决，你们怎么回事？

◆问题

1. 试结合案例分析该事件中客户服务行为不成功的原因。
2. 假如你是客服人员，打算如何正确处理该情况？

◆分析

做好客户服务，要求服务人员弄清客户的需求。厘清客户的主要问题诉求，热情满意服务是物流企业追求的主要目标，真心地帮助客户查找原因，并进行指导性工作，不随意与客户进行联系。服务人员要掌握面对客户的服务禁忌语，如"你知道吧""一定是×××错了，他们经常错""我查不到""我不是这里的负责人""我还要×××（怎么做），很麻烦的"，等等。运用所学的专业服务技能真诚地为客户服务，才能赢得客户的理解和支持。

必备知识

一、认识客户服务

1. 客户服务的概念

客户服务是指一种以客户为导向的价值观，它整合及管理在预先设定的最优成本——服务组合中的客户界面的所有要素。广义而言，任何能提高客户满意度的内容都属于客户服务的范围之内。客户服务是体现工商企业竞争优势的增值工具。做好客户服务工作是维系企业的生存之道。

> **想一想**
>
> 你怎样理解客户服务概念？请结合自己网上购物满意度分析思考。

在我国，普遍认为，客户服务是在合适的时间和合适的场合，以合适的价格和合适的方式向合适的客户提供合适的产品和服务，使客户的需求得到满足，价值得到提高的活动过程。其中，为合适的客户提供合适的产品和服务，以合适的方式提供产品和服务，使客户实现合适的需求是客户服务的核心。

不同的企业，不同的客户，由于所处的角度不同，对客户服务所给的定义也不相同。我们只有从客户服务的基本内涵入手，才能较好地把握客户服务的实质。

2. 客户服务的作用

（1）维护好长期客服关系。客户服务工作是常与客户来往，直接为客户服务的工作，它起到公司和客户之间缓解矛盾，增进感情，加深了解，进而提高服务的重要作用。

（2）更好地促进产品销售。在全球经济增长放缓，社会需求减弱，产品竞争日益激烈的今天，当产品档次在同一层次的时候，好的客户服务工作能够促进产品的销售。

二、认识物流客户服务

1. 物流客户服务的概念

国家标准《物流术语》对物流客户服务一词给出了如下定义：物流客户服务是工商企业为支持其核心产品销售而向客户提供的物流客户服务。

物流客户服务与广义上的客户服务相比，具有以下特点。

（1）物流客户服务是为了满足客户需求所进行的一项特殊工作，并且是典型的客户服务活动。其内容包括订单处理、技术培训、处理客户投诉、服务咨询。

（2）物流客户服务是一整套业绩评价，包括库存保有率、订货周期、配送率、商品完好率。

2. 物流客户服务的作用

物流客户服务主要是围绕着客户所期望的备货保证、输送保证、品质保证而展开的，在企业经营中占据相当重要的地位。特别是随着电子商务的发展，企业间的竞争已淡化了地域的限制，其竞争的中心将是物流客户服务的竞争，如商品配送服务等。物流客户服务的作用主要有以下几点。

（1）物流客户服务是企业实现差别化营销的重要方式和途径。市场进入细分市场营销阶段后，市场需要多样化和分散化，企业经营只有符合各种不同类型、不同层次的市场需求，才能在激烈的竞争和市场变化中求得生存和发展。作为客户服务重要组成部分的物流客户服务也相应具有了战略上的意义。

（2）物流客户服务水准的选择影响企业经营绩效。物流客户服务的供给不是无限制的。过高成本的物流客户服务势必损害企业经营的绩效，不利于企业收益的稳定。因而，制定合理或企业预期的物流水准是企业战略活动的重要内容之一，特别是对于一些特殊运输、紧急输送等物流客户服务，需要考虑成本的适当性或各流通主体相互分担的问题。

（3）物流客户服务方式的选择已成为企业经营战略不可分割的重要内容。企业经营活动中，物流客户服务方式等软性要素的选择对其经营成本具有相当大的影响力。现阶段，由于消费者低价格倾向的发展，大型的零售业为降低商品购入和调拨的物流成本，正在逐步改变原有的物流系统，转而实行由零售为主导的共同配送、直送、JIT 配送等新型物流客户服务，以支持零售经营战展开。这从一个侧面显示了物流客户服务的决策已成为企业经营战略不可分割的重要内容。

（4）物流客户服务能有效地连接供应商、厂商、批发商和零售商，创造超越单个企业的供应链价值。一方面，物流客户服务作为一种特有的服务方式，以商品为媒介，将供应商、厂商、批发商及零售商有机地组成一个从生产到消费的全过程流动体系，推动了商品的顺利流动；另一方面，物流客户服务通过自身特有的系统设施（POS、EOS、VAN 等）不断将商品销售、库存等重要信息反馈给流通管道中的所有企业，并通过不断调整经营资源的蓄积，使整个流通过程不断协调地应对市场变化，进而创造出一种超越流通管道内单个企业的供应链价值。

3. 物流客户服务的特点

（1）需求可得性。客户提出产品需求时，企业具有可以向客户提供足够产品的库存能力。显然，企业要实现高水平的可得性，就需要做许多计划安排工作。

（2）运作绩效性。运作绩效涉及根据客户的订单送付货物所需的时间。不管涉及的实际运作周期是处在市场分销阶段、生产支持阶段还是采购阶段，企业都可以从运作速度、持续性、灵活性以及故障的补救等几个方面来衡量运作绩效。保证这 4 个方面的有效实施，企业将会以最快的速度和最高的效率完成服务以满足客户的需要。

（3）服务可靠性。服务的可靠性体现了物流的综合特征，表现为完好无损地到货，结算准确无误，货物准确地运抵目的地，到货货物的数量完全符合订单的要求等。还包括企业是否有能力、是否愿意向客户提供有关实际运作以及订购货物的准确信息。企业向客户提供及时准确的信息的能力，是企业能否提供优质服务最主要的特征之一。

> **想一想**
>
> 你认为物流客户服务与其他客户服务有什么不同？试举例说明。

知识链接

物流客户服务对于企业经营的重大意义

在以顾客需求为导向的今天，物流客户服务对于企业经营具有十分重大的意义。

（1）物流客户服务已成为企业销售差别化战略的重要内容。消费者需求呈现多样化和分散化的特征后，发展变化十分迅速。企业经营要采取差别化经营战略来满足不同层次、不同类型的市场需求。顾客服务差别化是差别化经营战略中的主要内容。

（2）物流客户服务水平的确立对经营绩效具有重大的影响。确定合适的物流客户服务水平是构筑物流系统的前提条件，在物流逐渐成为经营战略的重要组成部分的过程中，制定合理的物流客户服务水平是企业战略活动的当务之急。

（3）物流客户服务是有效连接供应商、制造商、批发商和零售商的重要手段。随着经济全球化的发展和信息技术在企业中的深入应用，企业的竞争优势不再是单一企业的优势，而是供应链整体的优势。应在经营中实现双赢。

（4）物流客户服务方式的选择对降低成本具有重要意义。合理的物流方式不仅能够提高商品周转，而且能够从利益上推动企业发展，成为企业的第三利润源。特别是，随着精益物流、虚拟物流、共同配送等新型物流客户服务的应用，能够有效地降低整个供应链的总成本。

任务实施

1. 任课教师在帮助学生认识客户服务基础上，可借助互联网和手机组织学生搜索客户服务的相关视频，共享客户服务信息。

2. 组织学生讨论物流客户服务典型案例，了解客户服务现状，做到学以致用。

交流讨论

你在生活中接触过物流客户服务吗？结合自己的生活体验，谈一下对目前物流客户服务的认识与感想。

任务考评

知识巩固

（一）单项选择题

1. 客户服务是指一种以（　　）为导向的价值观。
   A. 广告　　　　　　B. 产品　　　　　C. 企业　　　　　　D. 客户

2.（　　）是体现工商企业竞争优势的增值工具。
   A. 客户服务　　　B. 商业信息　　　C. 促销措施　　　D. 产品质量

3. 随着电子商务的发展，企业间的竞争已淡化了地域的限制，其竞争的中心将是（　　）。
   A. 物流客户服务的竞争　　　　　B. 价格竞争
   C. 库存竞争　　　　　　　　　　D. 产品包装竞争

4. 有效连接供应商、制造商、批发商和零售商的重要手段是（　　）。
   A. 订货会　　　B. 物流客户服务　　C. 商业信息　　　D. 货物运输

（二）多项选择题

1. 物流客户服务是一整套业绩评价，具体包括（　　）。
   A. 库存保有率　　B. 订货周期　　　C. 配送率　　　　D. 商品完好率

2. 物流客户服务是为了满足客户需求所进行的一项特殊工作，并且是典型的客户服务活动。其内容包括（　　）。
   A. 订单处理　　　B. 技术培训　　　C. 处理客户投诉　D. 服务咨询

3. 物流客户服务的特点主要有（　　）。
   A. 运作绩效性　　B. 差异性　　　　C. 服务可靠性　　D. 需求可得性

（三）简答题

1. 企业物流客户服务的基本特点有哪些？
2. 列举几种生活中的物流客户服务现象。

技能提高

为客户服务是物流企业的主要目标，你认为物流客服人员应当掌握哪些相关职业技术？试结合实例开展分析。

任务二　客户服务技术

任务目标

教学知识目标

1. 认识客户服务技术概念。
2. 了解客户服务技术的特点。
3. 熟悉物流客户服务发展趋势和方向。

岗位技能目标

1. 掌握物流客户服务的基本技术。
2. 分析物流客户服务的存在价值。
3. 掌握物流客户服务的岗位职责和规范。

任务导入

某宾馆的客服启发

某宾馆是一家接待商务客人的宾馆，最近一些老客户反映，宾馆客房里的茶杯由于新改装的茶叶袋比较大，茶杯的盖子盖不住。客房部经理在查房时也发现了这个问题，并通报了采购部经理。但是过了3个月，这个问题仍没有解决。宾馆经理知道了这件事，他找来客房部经理和采购部经理了解情况。客房部经理说："这件事我已经告诉采购部经理了。"采购部经理说："这件事我已经告诉供货商了。"类似的问题在这家宾馆发生多次。由于宾馆相关部门对顾客的反映情况而采取独立的应对方式，但是部门界限的存在，这些不同的业务功能往往很难以协调一致的方式将注意力集中在客户的抱怨上。为此企业各部门须相互合作、共同设计和执行有竞争力的顾客价值传递系统，以满意顾客的需要，在顾客满意方面做好工作，并由此进一步加强顾客的美誉度和忠诚度。而客房部经理也不应该仅仅将情况反馈给采购部就不再管了，而应积极与采购部沟通，及早解决问题。

◆问题

1. 你认为该宾馆在服务中存在什么问题？结合实例分析。
2. 针对案例中宾馆客户服务现状，你认为应采取哪些措施提高客户服务水平？

◆分析

该宾馆案例折射出了一个在客户服务管理中很普遍的问题。随着经济的发展和生活水平的提高，人们不再满足于基本的生活需要，而是更加注重具有个性化和人情味的产品和服务。具有一定战略眼光的企业，越来越重视消费者的兴趣和感受，他们时刻关注消费者需求的变化，及时与消费者沟通，并迅速采取相应市场行动，以满足不断变化的消费需求。

必备知识

一、认识客户服务技术

客户服务技术是指客服人员以技术知识为消费者解决特定技术服务问题的行为。物流服务技术是现代经营管理的一个重要环节，它有利于提高用户使用产品的技术经济效果，也有利于企业本身提高产品质量和改进产品结构，并为扩大市场销售等经营决策提供依据。

1. 微笑服务技术

（1）微笑服务是指服务人员以真诚的笑容向客户提供的外向型服务，能够反映出一个服务人员的美好心灵和高尚情操。微笑会让客户感觉亲切，很多人会不好意思直接拒绝微笑的服务，不过微笑需要把握尺度，否则会让客户觉得非常假，适得其反。物流客户服务人员要把热情的展现和笑容联系在一起，应形成自然的微笑习惯。

（2）给客户提供微笑服务的技巧包括以下几点。

① 要有发自内心的微笑。微笑，是一种积极心态的反映，也是一种礼貌和涵养的表现。客服人员把客户当作自己的朋友，就会很自然地向他发出会心的微笑，这种微笑不用靠行政命令强迫，而是自觉、自愿发出的。唯有这种笑，才是客户需要的笑，也是最美的笑。

② 要放下烦恼。人们在工作、生活中都会遇到烦恼，关键是不要被烦恼所支配。到单位上班，可以将烦恼留在家里；回到家里，可以将烦恼留在单位：这样就总能有个轻松愉快的心情。客服人员都能学会这种"情绪过滤"的方法，这样就能在服务岗位上始终保持微笑了。

③ 要有宽阔的胸怀。接待过程中，难免会遇到出言不逊、胡搅蛮缠的客户。如果你拥有宽阔的胸怀，就不会与这样的客户斤斤计较，你就能永远保持一个良好的心境，微笑服务会变成一件轻而易举的事。

2. 谈话服务技术

（1）语速：要注意语速的适中，太快和太慢的语速都会给客户各种负面感受。太快会让客户感觉你是一个典型的推销者，而太慢会使对方感到不耐烦而草草地收场。另外，语速掌握中还应该注意"匹配",即对快语速的客户或慢语速的客户都应试图接近他们的语速。当然语速还要根据内容而调整,若谈到一些客户可能不很清楚或对其特别重要的内容时,应适当放慢语速,给客户时间思考理解。

(2)音量:掌握合适的音量,能使你和客户都不会感到太疲劳。同时,你应该注意调测麦克风放置到准确的位置。

(3)声高(或语调):是一个比较难调节的因素。可以练习让你的自然音落在音高的中间段,以便根据表达内容适当升高或降低。要注意:男性的自然声音尖细而女性的自然声音粗犷,都会引起客户的不适应。可以通过适当的练习使音高趋于适中。

(4)音准:是客服代表的一个基本素质。调查显示,当客户没有听清楚时,他们多数时候不会要求重复,这就要求客服代表在网络沟通过程中咬字要清楚,不要"口含橄榄",包括嚼口香糖、喝茶、不断变换姿势找东西等。同时适当提问,如"您能听清楚吗?""您理解我的意思吗?"以确保客户清楚。塑造专业的声音还有一些其他的技巧。一个简单的训练方法是听名家演讲、广播等,倾听专业人士用什么样的声音对不同的听众表达意思,增强沟通,以此来提高自己在发音、音量、语速和感染力等方面的水平,让更多的人欣赏你的优美声音。

二、客户服务实践的注意事项

作为客服人员在与客户沟通时,既要有个性化的表达沟通,又必须掌握许多有共性的表达方式与客户服务技巧。

1. 选择积极的用词与方式

在保持一个积极的态度时,沟通用语也应当尽量选择正面的、积极的用词。比如,要感谢客户的等候,常用的说法是"很抱歉让您久等""抱歉久等",实际上在潜意识中强化了对方"久等"这个感觉,比较正面的表达可以是"非常感谢您的耐心等待"。

2. 在客户面前维护好企业形象

如果有客户的电话转到你这里,抱怨他在前一个部门所受的待遇,为了表示你对客户的理解,适当的表达方式是"我完全理解您的苦衷"。绝对不可以说"你说得不错,这个部门表现很差劲",这样的说法通常不会让客户对你满意,反而会让物流客户对整个公司产生怀疑,甚至反感。

如果客户的要求是公司政策不允许的,与其直说"这是公司的政策",不如这样表达:"根据多数人的情况,我们公司目前是这样规定的。"

如果物流客户找错了人,不要说"对不起,这事我不管",而是换一种方式,如"有专人负责,我帮您转过去"。

三、物流客服人员的素质要求

1. 热情认真的态度

要做一名合格的物流客服人员，只有热爱这一份事业，才能全身心地投入进去，这是成为合格的客服人员的一个先决条件。

2. 熟练的业务知识

应该拥有熟练的物流业务知识，并不断努力学习。只有熟练掌握了各方面的业务知识，才能准确无误地为用户提供业务查询、业务办理及投诉建议等各项服务。让物流客户在该有的服务中达到更好的满意度。

3. 耐心解答好问题

一名合格的物流客服人员，核心就是对物流客户的态度。在工作过程中，应保持热情诚恳的工作态度，在做好解释工作的同时，要语气缓和，不骄不躁，如遇到物流客户不懂或很难解释的问题时，要保持耐心，一遍不行再来一遍，直到物流客户满意为止，始终信守"把微笑融入声音，把真诚带给物流客户"的诺言。这样，才能更好地让自己不断进取。

4. 合理沟通协调力

沟通协调能力特别是有效沟通能力，是作为物流客服工作人员应该具备的一个基本素质，物流客户服务是跟客户打交道的工作，倾听物流客户、了解物流客户、启发物流客户、引导物流客户，都是我们和物流客户交流时的基本功，只有了解了物流客户需要什么服务和帮助，了解了物流客户的抱怨和不满在什么地方，才能找出公司存在的问题，对症下药，解决物流客户问题。

知识链接

物流客服代表工作描述

（1）根据客服方案对物流客户进行跟踪回访，根据客服方案完成对物流客户业务需求等的物流客户服务工作，确保物流客户满意度。

（2）整理、完善物流客户档案，便于产品定位及推广。

（3）及时收集、整理汇总物流客户相关信息，为公司制定客服方案及产品改进提供科学依据。

（4）有效衔接物流客户、销售、操作及公司上下级之间的操作指令，提高工作效率，降低运营成本。

（5）适时跟踪门户网站物流客户需求及各类信息，及时解决物流客户需求并收集整理相关信息，有效提升信息平台的实用性、影响力及物流客户美誉度。

（6）负责对操作事故及突发事件的记录、汇报、协调、处理等工作，确保物流客户满意度等。

任务实施

1. 掌握物流客户服务基本要求后，任课教师可借助互联网，组织学生利用手机搜集物流客户服务规范和要求的视频，一起分享学习。

2. 组织学生参观当地物流企业，了解物流客户服务技术的运用情况，增强教学实践性。

交流讨论

你在生活中体验过物流客户服务技术吗？结合自己的生活体验谈一下对目前物流客户服务水平的认识与感想。

任务考评

知识巩固

（一）单项选择题

1. 服务人员以真诚的笑容向客户提供的外向型服务是指（　　）。

    A. 微笑服务   B. 谈话服务

    C. 公关服务   D. 创新服务

2. （　　）是实现物流客户沟通的必要技能和技巧。

    A. 公关关系   B. 良好的语言表达能力

    C. 计算机技术   D. 职业道德

（二）多项选择题

1. 给客户提供一流微笑服务的技巧有（　　）。

    A. 发自内心的微笑   B. 要放下烦恼

C. 要有宽阔的胸怀 D. 要大声地笑

2. 下列属于谈话服务技术的有（　　　）。

A. 语速要适合 B. 发音要准确

C. 音量要适中 D. 可以使用方言

3. 物流客服人员的素质要求包括（　　　）。

A. 熟练的业务知识 B. 热情认真的态度

C. 合理沟通协调力 D. 耐心解答好问题

（三）简答题

1. 试举例说明如何运用物流客户谈话服务技术。

2. 物流客户服务人员的素质要求有哪些？

技能提高

分组开展一次物流客户服务"微笑技术、谈话技术"的模拟比赛，由教师和学生代表为评委，相互评比服务技能的掌握情况。

任务三　物流客户关系维护

任务目标

教学知识目标

1. 认识客户关系维护的主要作用。

2. 了解客户关系维护在管理中的体现。

3. 熟悉客户关系维护的实际应用。

岗位技能目标

1. 掌握物流客户关系维护规范。

2. 学会客户服务系统的管理。

3. 树立全心全意为客户服务的思想意识。

任务导入

两个和尚挑水的启发

有两个和尚住在隔壁，所谓隔壁就是隔壁那座山，他们分别住在相邻的两座山上的庙里。这两座山之间有一条溪，于是这两个和尚每天都会在同一时间下山去溪边挑水，久而久之他们成了好朋友。

就这样时间在每天挑水中不知不觉已经过了5年。突然有一天左边这座山的和尚没有下山挑水，右边那座山的和尚心想："他大概睡过头了。"便不以为意。

哪知道第二天左边这座山的和尚还是没有下山挑水，第三天也一样。过了一个星期还是一样，直到过了一个月右边那座山的和尚终于受不了，他心想："我的朋友可能病了，我要过去拜访他，看看能帮上什么忙。"

于是他便爬上了左边这座山，去探望他的老朋友。

等他到了左边这座山的庙，看到他的老友之后大吃一惊，因为他的老友正在庙前打太极拳，一点也不像一个月没喝水的人。他很好奇地问："你已经一个月没有下山挑水了，难道你可以不用喝水吗？"

左边这座山的和尚说："来来来，我带你去看。"于是他带着右边那座山的和尚走到庙的后院，指着一口井说："这5年来，我每天做完功课后都会抽空挖这口井，即使有时很忙，能挖多少就算多少。如今终于让我挖出井水，我就不用再下山挑水，我可以有更多时间练我喜欢的太极拳。"

◆ 问题

1. 你认为哪个和尚的做法更合理？说明理由。
2. 两个和尚的不同取水方式反映了什么样的心态？对你有什么启发？

◆ 分析

没有发现就没有进步，没有进步，也就意味着没有时间做工作以外的事情，左边山上的和尚懂得发现问题并积极寻求解决问题的方法，这是值得我们学习的，但他身上也有不足之处，试想，如果他找右边山上的和尚帮忙的话，也许可以缩短挖井的年限，提早实现"练我喜欢的太极拳"的愿望，当今我们提倡合作，讲究双赢。因此，我们要学会合作，不要孤军奋战。

🚚 **必备知识**

一、客户服务关系

客户服务关系是指企业为达到其经营目标，主动与客户建立起的某种联系。这种联系可能是单纯的交易关系，也可能是通信联系，也可能是为客户提供一种特殊的接触机会，还可能是为双方利益而形成某种买卖合同或联盟关系。

客户服务关系具有多样性、差异性、持续性、竞争性、双赢性的特征。它不仅可以为交易提供方便，节约交易成本，也可以为企业深入理解客户的需求和交流双方信息提供机会。通常所说的客户服务关系管理即与客户服务关系维护相关。

对于物流公司这个服务行业来说，客户大多是需要我们高度重视的具有持续合作关系的大客户。正因为如此，与他们维持持久的关系十分重要，且具有较大的挑战性。因为企业客户对供应商选择的正确与否直接影响到自身的生意，因此通常在选择供应商时考虑的因素较多，决策非常慎重且过程比较复杂，不像普通消费者那样简单快捷。但一旦决定下来，也不会轻易改变，因为企业客户从自身发展出发也需要有稳定的供应商关系，除非供应商在某些方面让他们感到失望。

二、物流客户关系维护的规范

基于客户的特性，作为代表公司直接面对客户的服务人员在与客户长期关系的维护中扮演着非常重要的角色。建议物流服务人员按照以下态度和步骤来维护与客户的长期关系。

1. 前一单业务成交履行情况的回顾维护规范

随着前一单业务合作的成功和对客户合作后服务的开始，前一单业务的合作过程单从合作本身的定义上来说已经完成了，紧接着新一轮的合作过程又将开始，重视对客户的维护工作能够在新的合作过程中取得比以前更高的胜算。

与客户保持长期友好合作的基础是要从一开始就真诚地对待他们。在合作前一定非常自信地对客户做出能做到的承诺；而维护阶段最重要的工作之一就是认真履行对客户的承诺。在中国目前的市场环境下，按合同甚至适当超值地履行你的承诺是建立商誉和信任的最好的佐证。

在向客户询问本公司的合同履行情况时，可能会发生两种情况。一种可能是我们所期望的，也是最普遍的情况：一切都很好。这就创造了一种非常友好的气氛，从而使这次会面有了一个良好的开端。

另一种情况可能是服务人员最不愿意见到的：合作履行的情况不尽如人意，客户感到特别不高兴。当客户对你公司的项目或服务抱怨时，你决不能推诿，而应当站在对方的角度理解客户的心情，并让客户感到你特别重视他的问题，并立即征得你上司的支持，调动公司的资源在尽可能短的时间内把客户抱怨的问题解决好。把这种危机转变成为一个证明自己是可以信赖的、是坦诚的、是关注客户利益的一种机会。

知识链接

客户服务质量标准

（1）可靠性：主要看是否遵守国家标准、行业标准。

（2）反应性：是否对客户需求做出快速反应能力。

（3）权威性：是否通过服务得到客户信任。

（4）体贴性：能否为客户设身处地着想。

（5）有形性：是否能证明为客户提供了良好的服务。

总之，在合作后第一次拜访时，回顾前一单合作履行的情况是一个不可忽略的步骤。在收到前一单合作后反馈还能认真地关注合作的履行情况，会使客户觉得你是一个负责任、进而值得长期信赖的人，而不是一个急功近利、只能做一锤子买卖的"生意人"。

2. 前一单合作项目或服务的使用效果审视

维护阶段为服务人员提供了和客户一起探讨合作项目、服务的效果及其改进方法的机会，同时也提供了把握未来合作需求的机会。客户接受了某个项目，绝大多数情况下是用于自身发展的需要，如主板、SMT、学生实习服务等。这类项目本身具有一定的专业、专注的特点，所以这类项目的合作多属于顾问式的合作，并常常伴随着长期的后续服务。客户一旦提出需要解决的问题，服务人员应和公司相关支持人员一起做出分析和判断，并推荐合适的解决方案。

维护阶段不仅为服务人员提供了一个很好的让客户进一步满意的机会，同时也为未来的合作提供了恰当的机会。但是，不管在什么情况下，要想与客户保持长久的合作关系，首先要想客户之所想，并诚信有效地解决他们希望你能解决的问题。

三、物流客户服务系统的管理

1. 客户服务系统的分类

（1）已服务的客户：实行客户档案分类细化管理，分期定时进行网络跟踪。

（2）正在服务的客户：从销售开始进行网络跟踪到客户资料进入客户档案分类细化管理区。

（3）准客户：对现行客户进行分析并根据分析后的需求进入网络培养服务期，增强客户对企业的信赖感，从而达成促成的效果。

（4）转介绍的客户：让其感受优质的服务和科学的管理。

2. 开展客户后续服务工作

（1）亲自拜访：虽是高成本，却可以收到最好的效果，能够与客户面对面进行双向沟通的唯一方法。

（2）联系客户的关心电话：如果你打算寄致谢卡或感谢信，在此之后可以打一个表示谢意的电话。

（3）电子邮件：很多时候，发一封电子邮件比打一个电话迅速得多。有些客户更喜欢使用电子邮件，而且你如果不按他们喜欢的方式与其沟通的话，他们可能会很不高兴。如果你知道哪个客户不习惯总是查收电子邮件的话，最好还是打个电话以防万一。如果不能确定，可以两种方法一起使用。

（4）感谢函及致谢卡：给你的客户寄感谢函是一种既方便又便宜的客户服务方法。信函和卡片可以用于感谢客户签下订单并承诺继续为其服务。致谢卡应先印好，在销售结束后的一段时间内由销售人员寄出。

（5）访问报告：访问报告是一种有助于客户服务人员之间交流的报告形式。很大一部分的销售人员都没有什么访问报告，这说明他们缺乏制作销售计划，缺乏计划就等于计划失败。

3. 做让客户感动的物流服务

被你感动的客户，才是最忠诚的客户。

（1）服务人员提供的服务是否有水平、有品质，服务人员行为是否得体，是否能让客户感到舒服。

（2）产品或服务。你的产品或服务是否符合客户的需求，同时是否超越了客户的期望。

（3）服务的流程。是否有一流的流程，能够充分照顾到客户的感受。

总之，在激烈的市场竞争中，在网络与营销相结合的快节奏时代，通过网络、传真等现代通信技术进行物流销售，成功的网络营销能够扩大客户群、提高客户满意度、维护客户等市场行为的手段，实现利润最大化。

知识链接

客户服务基本规范

（1）良好的心理素质及自控能力。

（2）富有团队合作精神。

（3）良好的倾听与沟通能力（七分话客户说，三分话客服说）。

（4）高超的引导与判断能力。

（5）勇于接受大工作量带来的充实感。

（6）乐于全身心投入工作（享受为每一位客户服务后的快乐）。

（7）能够很好地辨明公司与客户之间的利益关系。

（8）保持语调抑扬顿挫，令人愉悦。

（9）具备持续的学习能力。

（10）说话前后富有逻辑性，能够熟练驾驭语言。

任务实施

掌握客户服务关系维护的方法技术前提下，分组开展物流客户服务关系维护技术比赛，增强教学实践性。

交流讨论

你生活中遇到过客户服务关系维护吗？结合自己的生活体验，谈一下对目前客户维护现状的认识与感想。

任务考评

知识巩固

（一）单项选择题

1. 企业为达到其经营目标，主动与客户建立起的某种联系是（　　）。
　　A. 客户服务关系　　B. 公共关系　　　　C. 生产关系　　　　D. 一体化关系

2. 实行客户档案分类细化管理，分期定时进行网络跟踪的适用对象是（　　）。

  A. 转介绍的客户   B. 准客户

  C. 正在服务的客户   D. 已服务的客户

3. 从销售开始进行网络跟踪到客户资料进入客户档案分类细化管理区的适用对象是（　　）。

  A. 转介绍的客户   B. 准客户

  C. 正在服务的客户   D. 已服务的客户

（二）多项选择题

1. 客户服务关系具有的特征有（　　）。

  A. 多样性   B. 双赢性   C. 竞争性   D. 差异性

2. 物流客户服务系统的基本分类有（　　）。

  A. 已服务的客户 B. 准客户   C. 转介绍的客户 D. 正在服务的客户

3. 开展物流客户后续服务工作的方法有（　　）。

  A. 联系客户的关心电话   B. 感谢函及致谢卡

  C. 亲自拜访   D. 赠送财物

（三）简答题

1. 物流客户服务关系维护的规范有哪些？

2. 开展客户后续服务工作的内容有哪些？

技能提高

客户服务维护是物流企业发展的根本保证，你认为现在的物流客户维护效果如何？试结合实例开展分析。

模 拟 实 训

实训一　物流客户信息收集

一、实训目的

通过物流客户信息收集实训，理解物流信息质量的要求和作用，合理运用物流客户信息收集的方法。

二、实训内容

在学校快递服务点练习分类填写客户信息表,表格的填写在整理客户信息中是极为重要的一步,实训的关键是要同学们领会如何填写各类表格,分类整理物流快递点的客户反馈信息,客户分类和资料的汇总。

三、实训要点

物流客户信息的人工整理方式,内部客户工作协调信息的分类整理,外部客户服务信息整理。

四、实训要求

教师将学生分成若干小组,每一组选择一张基本情况整理表进行填写,其他组的同学们进行点评,以此来复习和巩固所学的知识。

实训二　物流客户满意度调查

一、实训目的

1. 掌握市场调研的过程,市场调研的设计方法。

2. 能够在将物流企业经营中面临的问题转换成具体的调研目标,能够根据调研目标设计合理的调研方案。

3. 了解调查问卷的构成以及各部分的撰写技巧,能够根据调研问题对问卷进行整体设计,能够设计合理问卷及答案。

二、实训内容

请为自己熟悉的某快递公司设计一份用来调查顾客满意度的调查问卷。

三、实训要点

1. 确定调研目标。

2. 设计相应的调研方法。

四、实训要求

以 8~10 人为一小组,安排组长 1 名,明确分工,以小组为单位完成任务。

实训三　物流客户投诉

一、实训目的

1. 掌握客户服务技巧。

2. 具备较强的沟通能力与应变能力。

3. 培养一切为客户服务的良好意识。

二、实训内容

1. 受理物流客户投诉。
2. 处理物流客户投诉。
3. 对客户投诉事件进行企业内解决。

三、实训要点

1. 接听电话技巧。
2. 回访方案实施方法。
3. 处理客户投诉的关键点。

四、实训要求

以 10 人为一小组，设立小组长 1 名，实训前对小组长进行培训，指导学生设计物流企业投诉场景，学生模拟受理客户投诉，并妥善处理客户投诉。各小组派一名代表担任评委，检验学生的物流客户服务能力。

实训四　物流客户关系维护

一、实训目的

1. 掌握物流客户回访步骤及回访要求。
2. 学会撰写物流客户回访方案。

二、实训内容

物流客户回访步骤、要求、方案内容。

三、实训要点

1. 物流客户回访的准备工作。
2. 回访过程中客户提出的方案及应对措施。
3. 物流客户回访方案的撰写要求。

四、实训要求

课前将学生分成若干小组，以小组为单位提交一份物流客户回访方案。

项目九选择题答案

参 考 文 献

陈百建，2011. 物流业务流程[M]. 上海：华东师范大学出版社.

姜春华，2015. 第三方物流[M]. 大连：东北财经大学出版社.

蓝仁昌，2011. 仓储与配送实务[M]. 北京：中国物资出版社.

李创，王丽萍，2008. 物流管理[M]. 北京：清华大学出版社.

李升全，毛艳丽，2012. 物流基础[M]. 北京：高等教育出版社.

刘万军，2015. 快递实务[M]. 北京：中国财经出版社.

彭麟，2016. 现代物流基础[M]. 北京：机械工业出版社.

石玫珑，2010. 仓储实务[M]. 北京：中国财政经济出版社.

孙璐，2013. 仓储实务[M]. 成都：四川大学出版社.

王爱霞，2017. 运输实务[M]. 北京：高等教育出版社.

王桂姣，2010. 配运实务[M]. 北京：中国财政经济出版社.

王之泰，1995. 现代物流学[M]. 北京：中国物资出版社.

严瑜筱，杨云，2007. 电子商务下的第三方物流研究[J]. 商场现代化(11):12.

张敏霞，毛宁莉，2015. 快递基础[M]. 北京：高等教育出版社.

赵岚，2013. 运输实务[M]. 成都：四川大学出版社.

郑彬，2009. 仓储作业实务[M]. 北京：高等教育出版社.

庄敏，2014. 物流客户服务[M]. 北京：科学出版社.